MIEKE MOSMULLER

Arabeske

Das Integral Ken Wilbers

OCCIDENT VERLAG

ISBN 978-3 - 00- 028629-2

Internet: www.occidentverlag.de
E-Mail: info@occidentverlag.de
Umschlagabbildung: Arabeske in der Alhambra, Granada

INHALT

ERSTER TEIL

Die integrale Weltsicht

Eine Meditation

An einem Abend stellte ich mir Folgendes vor. Wenn die Weltentwicklung und die Entwicklung des Menschen in dieser Welt nun nicht von Anfang an in gewissem Sinne prädestiniert wäre? Wenn nicht gelten würde: Im Anfang war das Wort ... sondern: Im unendlichen Ende waltet der Telos?

Dann wäre alles in der Welt einerseits durch evolutionäre Kräfte, andererseits aber durch die Attraktion von Telos so geworden, wie es nun einmal geworden ist. Dann hätte es zwar ein Alpha gegeben; dieses Alpha wäre jedoch nicht ein bereits vollkommenes göttliches Wort gewesen, indem alles als göttliche Idee (Wesen) bereits gegeben wäre, sondern es wäre ein erstes Ganzes gewesen, unentwickelt noch und Teil eines sich evolvierenden, höher entwickelten Ganzen. Dieses zweite Ganze wäre dann durch Telos hervorgelockt, und bei der Emanation dieses zweiten Ganzen wäre Telos selbst auch ein wenig weiter vorgerückt. Oder vielleicht stünde Telos als Attraktor im unendlichen Ende. Die Evolution wäre nicht zielgerichtet, sondern vom Ziel gezogen. Jedes folgende Ganze wäre Teil von wiederum folgenden Ganzen. Vor dem Alpha hätte es eine unendliche Vergangenheit gegeben, immer weiter zurück, zurück, zurück: Vor dem Urknall war das ‚I am'. Und über Omega hinaus gäbe es eine unendliche Zukunft, weiter, weiter, weiter: Beim Telos wird sein das ‚I am'.

Hier setzt die Vision von Ken Wilber ein…

Dann könnte die Evolution aus verschiedenen Quadranten zusammengesetzt sein, denn es gibt nicht nur eine dingliche Welt, sondern außerdem das Individuum, die Gemeinschaft. Jedes Ganze hat vier grundsätzliche Betrachtungsweisen: Eine äußere individuelle, eine innere individuelle, eine äußere gesellschaftliche und eine innere gesellschaftliche. Das äußere Individuelle gipfelt bis jetzt in dem menschlichen Körper mit dem menschlichen Gehirn; das innerlich Individuelle bringt es bis jetzt bis zu einer ‚Schau-Logik' (siehe weiter unten); das äußere Gesellschaftliche zeigt seinen heutigen Höhepunkt im Informationszeitalter mit seiner globalen Einheit; das innere Gesellschaftliche wäre dann der kulturelle Quadrant, der eine Entwicklung von Archaisch über Magisch, Mythisch, Rational bis zum heutigen Telos durchmacht: Zentaurisch.

Tagsüber hatte ich diesen Inhalt aufgenommen – beim Lesen des Buches ‚Eros, Kosmos, Logos' von Ken Wilber.[1]

Seine Vision hatte sich gleichsam auf meinen Lebenspfad gestellt, ich konnte an ihr (und ihm) nicht vorbei. In der Meditation an diesem Abend dachte ich die Gedanken Wilbers dann so kräftig wie nur möglich mit meinem entwickelten meditativen Denken, mit der innerlich anschauenden Urteilskraft. Ich wollte sie so rein wie nur irgend möglich aufnehmen und anschauen, mich in sie versenken, um ihre Bedeutung zu erleben.

Ich führte also den ganzen oben dargestellten Prozess im Denken noch einmal aus, als wären es meine eigenen Gedanken. Wenn man eine Vision ergründen will, darf man sie ja nicht nur inhaltlich aufnehmen, sondern muss

---

[1] Ken Wilber, Eros, Kosmos, Logos. Eine Jahrtausendvision. Fischer Taschenbuch Verlag, 2006. (Ursprüngliche Ausgabe: Sex, Ecology, Spirituality. Boston, 1995).

versuchen, sie im eigenen Gedankenelement erlebend anzuschauen.

Diese ‚Ganzen', die immer wieder auch Teile sind, sind die ‚Holons'. Das Wunderbare eines Holons ist, dass es sich erhalten und anpassen kann, dass es eine Tiefenstruktur hat (wie die Entelechie bei Aristoteles), dass es sich auflösen kann, dass es sich aber auch durch Selbsttransformation transzendieren kann. Das höhere Holon trägt die niederen in sich, hat aber außerdem eine neue Entwicklungsebene erreicht.

Die fortschreitende Evolution wird durch Telos so angezogen, dass sich die Qualitäten verfeinern, das höhere Holon dagegen immer umfassender wird – bis es sich zum Integral erhoben hat, das die ganze Welt mit allen darin lebenden Individuen unterschiedslos, integral, umfassen kann.

Bis hierhin war alles noch immer inhaltlicher Gedanke. Nun jedoch schien er eine Art Kraft zu bekommen. Der Gedanke wollte aus sich heraus etwas tun, er wurde lebendig und fing an, mich als Zuschauer mitzuführen. Ich wurde in die Höhe geführt, immer höher (und auch immer tiefer), immer seliger, die Kontur meines Ich löste sich allmählich auf. Ich wurde aber auch in die Weiten geführt, in die Seligkeit der Einheit mit allem, mit allen Welten, allen Bewusstseinen, allen Menschen, allen Standpunkten, Anschauungen, Religionen ... Erkenntnissen. Tief da unten und zugleich sehr nahe, innerhalb der Weltenweite – die immer weniger ‚mein' wurde – schaute ich etwas wie Rudolf Steiner und seine Anthroposophie, Holon einer vergangenen Zeit ... einst war sie meine Welt, aber diese Welt löste sich selig auf, wurde eins mit meinem immer weniger wichtigen Ich, das ja Kontur der Anthroposophie gewesen war.

Ist dies nicht die allergrößte, allerhöchste Sehnsucht des Menschen? Das Auflösen jeglichen Unterschieds, allen Kampfes... Alle Menschen sind Ganze, sind Teil des Ganzen, Holons in Holons in Holons, immer weiter aufwärts, der Zukunft entgegen, immer weiter abwärts, der Vergangenheit entspringend. Eine Spirale kommt aus unendlicher Vergangenheit und rankt sich zur unendlichen Zukunft empor. Wir Menschen sind eins; Teile eines von der Evolution und vom Telos transzendierten Holons, das uns alle integriert, umfasst. Wie alle Sterne zusammen einen Tierkreis bilden, so bilden wir Menschen alle zusammen einen höheren Menschen, der die Ich-Kontur nicht mehr braucht, weil es eine Gesamt-Kontur gibt – und das Erleben dieser Gesamtkontur könnte man ‚I am' nennen...

Ein furchtbarer Kampf brach los, um mich herum, in meinem schwindenden Ich-Erleben. Eine Erinnerung leuchtete am Horizont meines Bewusstseins: ‚Du sollst Deinen Namen individuell gestalten, Buchstabe bist Du Meines Namens!' Von der anderen Seite kam das Flehen: ‚Das ist dein Ego, das sich erhalten will. Löse es auf! Fasse den Mut, dich in das All-Eins zu verlieren! Das Ego bringt nur Streit, Krieg, Unfrieden!'

Ach, wie sehr liebe ich die Harmonie, sehne ich mich nach Frieden, nach Zusammenklang der Empfindungen. Alle Menschen sind gut, sie werden Brüder werden. Wir alle tragen etwas zum Telos des All-Menschen bei. Das ist doch das Ideal des Christentums? Und eine Bewegung der Seligkeit durch Auflösung erhob sich wie ein Sturm, führte mich weiter mit sich fort, breitete mich weiter aus... Aufgehen in einen nichtdualen Gott, das wollte ich so sehr... Einheit mit dem All, mit allem was war und ist ... und werden will.

Und dennoch ... gab es da etwas, das es mir nicht gestattete, weiter zu gehen. Ich suchte die Seligkeit, aber meine Ich-Haut wollte sich nicht völlig hingeben. Sie sprach eine Sprache, die sich meiner Sehnsucht widersetzte.

‚Mehr als zwanzig Jahre hindurch hast Du deine Ich-Haut entwickelt, in disziplinierter Meditation. Diese Haut ist durchlässig, lässt wie eine permeable Membran alles ein und aus – doch beim Durchlass erkennst Du genau, was passiert. Willst Du diese Haut auflösen? Die Du mit so viel Anstrengung gestaltet hast? Die höheren Sinne, die Dich die Welt – die sinnliche und die übersinnliche – erkennen lassen, wohnen in dieser Haut. In der Auflösung verlierst Du sie! Dann wirst Du blind und taub im All schwimmen, unfähig zur Unterscheidung von Gutem und Bösem, von Offenbarungen und Wesen. Im All wütet ein Kampf um den Menschen – willst Du in Seligkeit unwissend sein?'

Aber die Anziehungskraft der seligen Harmonie war ungeheuer groß. Ich musste mich halten, *wollte* mich jetzt wieder halten, konnte es aber kaum – hatte ich mich schon zu weit aufgelöst?

Michael, ich musste Michael rufen, den Streiter! In diesem vergangenen ‚Holon der Anthroposophie' hatte ihr Begründer einmal gesagt: Du musst Michael danken, *so stark sein zu dürfen!*

So stark ... der Gedanke rief meine Ich-Hülle zurück, mein Ich konnte sich wieder halten. Im Ich muss der Mensch das All wiederfinden. Kein Integral, sondern ein Differential muss er werden; nicht im Umkreis ausfließen, sondern in den Punkt untertauchen:

Das Kamel muss durch das Nadelöhr gehen.

Dass diese starke Kraft meine Hand in der Widerlegung einer so einleuchtenden Vision wie der Vision Ken Wilbers führen möge, das ist meine Bitte an Michael, den real existierenden Erzengel, den Kämpfer par excellence.

Das Holon

‚Das Spiel der Differenzen setzt in der Tat Synthesen und Verweise voraus, die es verbieten, dass zu irgendeinem Zeitpunkt, in irgendeinem Sinn, ein einfaches Element als solches präsent wäre und nur auf sich selbst verwiese.'
(Zitat aus Jacques Derrida: ‚Positions', in Wilber, a.a.O.)

Wilber schreibt:

‚Anders gesagt, es gibt nichts, was nicht ein Holon wäre, ein Kontext in einem Kontext in einem Kontext. Man kann nicht auf irgendein Ding zeigen und sagen, es sei nur das und sonst nichts, denn jedes Holon ist auch Superholon und zugleich Subholon: Es ist, über Raum und Zeit, aus anderen Holons zusammengesetzt und hat Teil an der Zusammensetzung wieder anderer Holons; nichts ist je einfach präsent.'[2]

‚Evolution verlangt also sowohl Differenzierung als auch Integration, und in der Tat treten die beiden normalerweise, das heißt in gesunden Holarchien, gemeinsam auf, weshalb ich meist Differenzierung/Integration schreibe. Als Gegensätze oder völlig gegenläufige Tendenzen erscheinen sie nur in der Flachland-Ontologie, für die ein Mehr des einen zwangsläufig ein Weniger des anderen bedeutet. Im vieldimensionalen Kosmos jedoch ist ein Mehr des einen auch ein Mehr des anderen. Sie wirken Hand in Hand, eine Dialektik der Tiefe eingehend, um endlos neue Ganze/Teile oder Viele/Eines oder Holons hervorzubringen.'[3]

---

[2] Ken Wilber, a.a.O., S. 98.
[3] Ebd., S. 100.

‚Das Wort selbst (individuelles Holon, MM) *bedeutet ursprünglich ‚unteilbar' oder ‚untrennbar', und wenn wir uns daran halten wollen, müssten wir sagen, dass es nirgendwo im Kosmos Individuen gibt. Es gibt nur Holons, oder ‚Dividuen'. Aber wir sehen auch, dass beständige Holons eine bestimmte Form, ein spezifisches Muster haben, und dieses Muster ist mehr oder weniger autonom, besitzt ein gewisses Beharrungsvermögen gegenüber seiner Umwelt. Das meinen wir im allgemeinen, wenn wir ein Holon als Individuum bezeichnen – ein dauerhaftes zusammengesetztes Individuum; es setzt sich aus seinen Junior-Holons zusammen und fügt seine eigene definierende Form oder Ganzheit hinzu, seinen Kanon oder seine Tiefenstruktur, und das ist das neue Holon mit seiner ganz eigenen,* aber zusammengesetzten Individualität.'[4] (Hervorhebung M.M.)

Wilbers ‚Vision' hat einige sehr starke Punkte, durch die die Vision sich schwierig widerlegen lässt.

Erstens baut er seine Vision auf den bestehenden philosophischen, psychologischen und naturwissenschaftlichen Erkenntnissen und Anschauungen auf. Zudem gründet er seine spirituelle Vision auf die großen spirituellen Traditionen. Er steht also keineswegs alleine da, hat eher das ganze Heer der Modernen und Postmodernen hinter sich. Er versteht es, von allen Anschauungen, allen Richtungen, allen Erkenntnissen genau dasjenige zu nehmen, was er jeweils als das Richtige, das Wahre, das Schöne ansieht. Er zieht alle diese eingebürgerten, konsensualen Meinungen, Tatsachen usw. zusammen und macht daraus sein Integral. Er stellt sich selbst also als ganz der heutigen Welt hingegeben dar. Seine Kenntnisse sind sehr umfangreich, er wertet nicht deutlich ab, nimmt nur das, was ihm passt,

---

[4] Ebd., S. 92.

heraus, und wenn man seinen Ausführungen folgt, scheinen sie klar und einleuchtend zu sein.

Ein zweiter starker Punkt ist, dass er alles aus Holons entwickelt sieht. Nichts existiert für sich, es gibt eine ‚Holarchie'. Die Entwicklung der Holons schreitet voran, ein Zeitalter ist selbst ein Holon, die Bewusstseins-Arten sind Holons, die Menschen sind Holons usw. Wer nun mit seinen Fähigkeiten zu einem bestimmten ‚stage' (Stadium) gehört – d.h. seine Fähigkeiten nicht vorübergehend, sondern beständig hat –, der hat Erkenntnisse und Möglichkeiten, die durch Teilnehmer eines niedrigeren ‚stage' nicht erfasst werden können. Das gibt jenen Holons bzw. Menschen, die sich zur höchsten in unserer Zeit möglichen Fähigkeit (der transpersonalen) erhoben haben, selbstverständlich eine gewaltige Macht: Sieht man ihre Aussagen nicht ein, so zeigt man damit, dass man noch nicht zu ihrer Höhe aufgestiegen ist. Die Mühe also, die ich mir in diesem Buch mache, wird bei den ‚Integralen Transpersonalen Erleuchteten' nichts erreichen können, weil sie mich immer einem niedrigeren Holon als dem ihrigen zuordnen werden: Mieke Mosmuller hat die transpersonale Stufe noch nicht erreicht, ja vielleicht noch nicht einmal die zentaurische oder die rationale...

Ich wende mich also an andere Leser: an Menschen, die versuchen wollen, in ihr eigenes selbstständiges Denken Gedanken aufzunehmen und diese dann zu *erleben*, wodurch die Wahrheit aus den erlebten Gedanken selbst evident wird. Im Erleben der Gedanken findet jeder Mensch seine eigene Wahrheit – und es ist doch immer dieselbe.

Das Buch von Ken Wilber, auf das ich mich beziehe, umfasst 828 Seiten Text. Ich kann hier also keine umfassende inhaltliche Zusammenfassung geben. Ich werde einige

Grundbegriffe aufgreifen, die charakteristischen Züge aufzeigen und ihnen gegensätzliche Begriffe gegenüberstellen.

So geht zum Beispiel aus den obigen Zitaten klar hervor, dass ein Holon nicht völlig individuell sein kann. Alles ist Holon, und Holon ist Kontext in einem Kontext in einem Kontext – Teil eines Ganzen und selbst auch Ganzes, das Teile umfasst: Holons immer weiter abwärts, Holons immer weiter aufwärts. Zeitlich entstehen indivduen-artige Holons, die ein Beharrungsvermögen gegenüber der Umwelt haben. Man muss sich also vorstellen, dass die Evolution vom Einfachsten, das zugleich am grundlegendsten ist, ausging; dass die Entwicklung zu immer Komplizierterem voranschreitet, wobei die emergierenden Holons weniger grundlegend, aber um so bedeutender werden. Sie reichen tiefer, tragen alles Vorangegangene in sich, ihre Anzahl wird dagegen immer geringer.

Will man einen solchen Gedanken in den Griff bekommen, wirklich ergreifen, genügt ein Lesen und Verstehen nicht. Man muss sich energisch Vorstellungen von dieser Welt der Holons formen, die wie Zellen in einem mächtigen Körper alle zusammenhängen, wobei auch die Prozesse Holons sind und das Ganze kein Ganzes ist, sondern immer wieder Teil eines noch umfassenderen spezialisierteren Ganzen. ‚Panta rhei' – nur mit dem vergänglichen Auge gesehen scheint es Bleibendes zu geben, dies ist jedoch immer nur eine zeitweilige Beharrung. Die Welt ist ein sich entwickelnder Organismus, mit dem Urknall emergiert, vielleicht aber auch zuvor schon in anderer Art dagewesen: Holons immer weiter abwärts, ohne Anfang. Die Attraktion der Entwicklung kommt aus der Zukunft, lässt immer höhere Holons evolvieren, die das Vorhergehende in sich aufgenommen haben, immer weiter aufwärts, der Zukunft entgegen. Nichts existiert für sich, alles wächst beständig weiter, in einem großen, erhabenen Zusammenhang, wo es zwar auch Misslingen, Krankheit, Pathologie geben kann, jedoch auch wieder nur vorübergehend. In einem Menschenleben wird die ganze Evolution kurz wiederholt, sowohl äußerlich, als auch innerlich – und wird möglichst weit vorangeschritten, abhängig vom Kontext im Kontext im Kontext: von kulturellen, soziologischen, körperlichen und ‚vorübergehend individuellen' Kontexten.

Einen solchen wachsenden, sich entwickelnden, sich differenzierenden und integrierenden Organismus muss man sich in Gedanken kräftig vorstellen, dabei immer wieder die Bedeutung der obigen Zitate und auch des folgenden dazunehmend:[5]

‚Holons in Holons in Holons bedeutet folglich, dass die Welt weder in Ganzen noch in Teilen ihr Fundament hat (und was jegliche ‚absolute Wirklichkeit' im spirituellen Sinne angeht, werden wir sehen, dass auch diese weder Ganzes noch Teil, weder eines noch vieles ist, sondern reine grundlose Leere oder absolut nichtdualer GEIST). Das ist wichtig, weil es dem Gedanken einer totalisierenden und dominierenden Ganzheit vorbeugt. ‚Ganzheit' ist, wie wir in diesem Buch immer wieder sehen werden, ein sehr gefährlicher Begriff, nicht zuletzt deshalb, weil er sich so bereitwillig ideologischen Zielen leiht. Wo auch immer von Ganzheit als dem Allerhöchsten die Rede ist, müssen wir wachsam sein, denn solche Propagandisten wollen uns einreden, dass wir nur Teile der von ihnen geschauten Ganzheit sind – und uns ihrer Vision besser unterordnen sollten.'

[5] Ken Wilber, a.a.O., S. 59.

Alles hängt mit allem zusammen, nichts existiert für sich. Ein Mensch ist ein Holon, aus Holons erwachsen, sich zukünftigen höheren Holons opfernd: Seine Taten werden Grundlagen dieser neuen Holons, verlieren jedoch in gewissem Sinn ihre Bedeutung. Die Anthroposophie zum Beispiel war Äußerung ihrer Zeit, ist u.a. grundlegend für die heutige Spiritualität, hat aber keine aktuelle Bedeutung mehr, ist durch das neue emergierende transpersonale, ko-evolvierende Holon verschlungen und verdaut worden.

Können wir uns das energisch vorstellen und anschauen? Und können wir die Anschauung erleben?

Dann empfinden wir die Wahrheit, jeder in seiner eigenen Art. Nur *ohne* Erleben, in der verstandesmäßigen Anschauung können wir diese Holon-Gedanken für eine wirkliche Idee halten. Sobald wir *erlebend* anschauen, verfällt die Idee zum ‚Idol': eine Konstruktion von Gedanken in Gedanken in Gedanken, immer werdend, entwerdend, stützend, lockernd: abstrakt.

Als polaren Gedanken dazu möchte ich den Leser mitnehmen in die Anschauung der Idee des Wesens (oder der ‚Substanz'). Aristoteles zeigt diese Idee in seiner Kategorienlehre. Ein altes, vergangenes, überholtes Holon, anfänglich rationales Bewusstsein mit magischen und mythischen Anhaftungen? Oder noch immer lebendige Idee? Das erlebende Anschauen wird es uns sagen.

‚Substanz im eigentlichsten, ursprünglichsten und vorzüglichsten Sinne ist die, die weder von einem Subjekt ausgesagt wird, noch in einem Subjekt ist, wie z.B. ein bestimmter Mensch oder ein bestimmtes

Pferd.'[6] So lautet der erste Satz über das Wesen in Aristoteles' Kategorienlehre. Hier finden wir also eine Art Definition eines Grundbegriffes, der nach Wilber gar nicht existieren kann. Nichts existiere ja für sich, alles sei Teil/Ganzes. Ein Daseiendes, das nicht Teil sein kann, ist im Sinne der Wilberschen Vision absurd.

In der modernen bzw. postmodernen Philosophie wird die aristotelische Philosophie als ‚Prima Philosophia' als überholt betrachtet. Wir müssen jedoch *selbst* anschauend erleben. Wo sind wir am wenigsten abstrakte Denker? Dort, wo wir unser eigenes Denken in der Selbsterkenntnis denken. Wo haben wir die größte Sicherheit, wo finden wir eine natürliche Einheit zwischen unseren Gedanken und dem gedachten Objekt? Im ‚Bedenken' unseres eigenen Ich. Man kann zum Beispiel folgendes Experiment machen.

Der Mensch erlebt sich als Wesen. Erlebt er sich vor allem als körperliches Wesen, so empfindet er sich als vergänglich. Erlebt er sich jedoch für Augenblicke frei von seinem Körper, von diesem unabhängig existierend, so hat er die Sicherheit eines nicht-leiblichen Daseins und die Hoffnung auf Unvergänglichkeit seines Wesens.

Wollen wir den Begriff ‚Wesen' ergründen, vertiefen wir uns am besten in uns selbst als Wesen. Wenn ich mich auf mein Ich als Wesen besinne, empfinde ich es dann als Möglichkeit, dieses Ich könne Teil von etwas Anderem sein? Hier muss man sich vor Abstraktionen hüten. Leicht antwortet man sich hier: Mein Ich ist Teil des Christus-Ich – oder so etwas. Das ist eine Abstraktion, solange man dies nicht wirklich ‚sehen' oder

---

[6] Aristoteles, Kategorien, Felix Meiner Verlag, S. 45.

real erleben kann. Der Gedanke soll jedoch nicht bis ins Abstrakte ‚durchrollen', er soll bei dem haltmachen, was man wirklich real erleben kann.

Die Frage, die wir uns also stellen, ist: Kann mein Wesen eine Eigenschaft sein, ein Kennzeichen eines Anderen, wie das Rot Eigenschaft einer Rose ist? Oder existiere ich für mich, an sich, und zeige mich *in* meinen Eigenschaften? Bin ich Eigenschaft eines anderen Ich oder der Gesellschaft, des Kosmos usw.?

Und die zweite Frage lautet: Kann mein Wesen Teil eines Anderen sein? Empfinde ich es als individuell, unteilbar und selbstständig? Ist es vorstellbar, dass mein Ich unbemerkt Kontext in Kontext, Holon in Holon ist? Mitglied ist etwas anderes als Teil. Ein Mitglied existiert für sich, fügt sich einer Gemeinschaft ein, in der es – wenn es nicht assimiliert wird – noch immer ‚selbst-ständig' bleibt. Mitglieder sind unsere Iche immer. Aber Teil? Teil kann man nur von etwas sein, was dem Wesen nach gleich ist, nur größer. Eine Körperzelle ist Teil des Körpers, trägt genau dieselbe DNA-Signatur wie alle anderen Zellen desselben Körpers. Ist mein Ich in ähnlicher Art Teil eines Wesens, das dieselben Wesenszüge trägt, nur umfassender ist?

Diese Fragen muss man sich stellen – und die Antwort im anschauenden Erleben lesen. Sie steht da, kann von jedem menschlichen Ich gelesen werden, ich brauche sie nicht vorzulesen.

Gilt für das innere Ich-Erleben der Satz: Alles hängt mit allem zusammen, nichts existiert für sich? Und: Das Ich ist zugleich Superholon und Subholon? Bin ich in meinem Ich Mitglied oder ein bloßer Teil des Ganzen?

Die Antwort muss der Mensch sich selbst geben. Sie sagt aus, ob man Ken Wilbers Vision teilen kann – oder nicht.

Die Quadranten oder das Kreuz

Je tiefer man sich auf Wilbers Vision einlässt, desto schwieriger wird es, sie zu widerlegen. ‚Dann hör doch damit auf!', könnte man sich sagen. ‚Vielleicht hat er einfach Recht?'

So einfach liegt die Sache jedoch nicht. Wie ich am Anfang erzählte, kommt man in einen Kampf hinein. Von Wilbers Vision aus gesehen wäre das ein Kampf des Ego mit dem Transpersonalen. *Meine* Schau sagt mir aber etwas ganz anderes, und vielleicht wird dieses andere allmählich auch für den Leser deutlich werden können, während ich Wilbers Grundbegriffe meditativ anschaue und sie dann beschreibe.

Eine Grundstruktur in *Wilbers Vision* ist das Kreuz. Er greift die westlichen Kategorien für die menschliche Würde auf und sagt Folgendes:

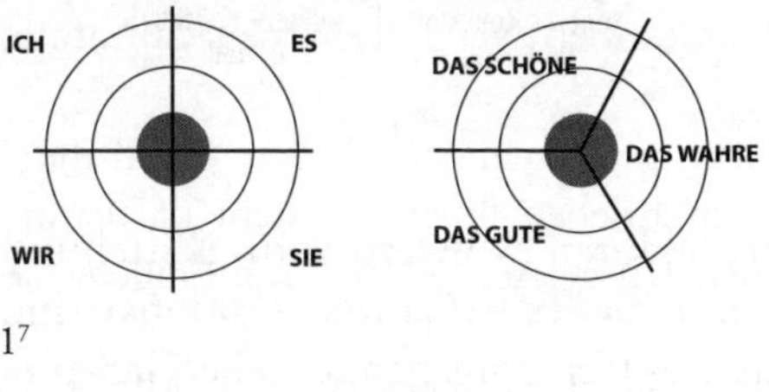

Abbildung 1[7]

Wahrheit gehört zum ‚Es/sie' und begründet die Quadranten Wissenschaft und Gemeinschaft; Güte gehört zum

[7] Abbildung aus: Ken Wilber, Integrale Spiritualität. Spirituelle Intelligenz rettet die Welt. Kösel Verlag München, 2007, S. 38.

'Wir' und begründet die Quadranten Kultur/Moralität; Schönheit gehört zum 'Ich' und begründet vor allem die Kunst.

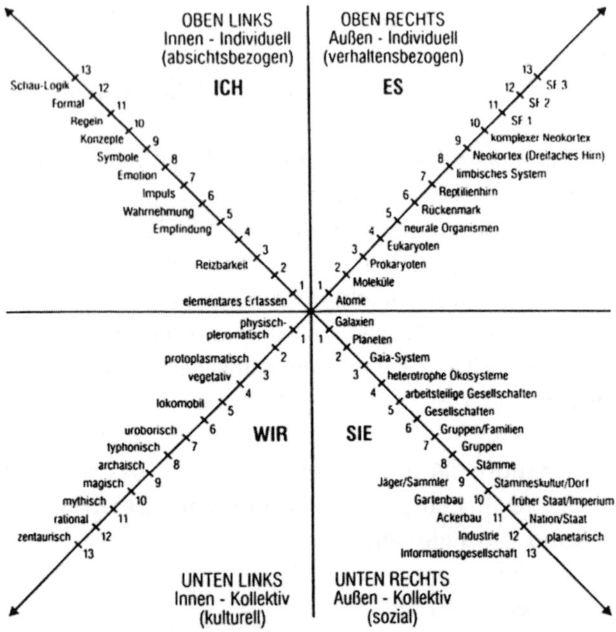

Abbildung 2[8]

Die Entwicklung evolviert vom Mittelpunkt zur Peripherie, und die Teile/Ganzen (Holons) sind in jedem Quadranten auf entsprechende Teile/Ganze der anderen Quadranten bezogen.

Im Aufbau der Stufen erkennt man die gängigen Erkenntnisse der Wissenschaft wieder, die soziologischen

---

[8] Ebd., S. 39.

Begriffe z.B. entsprechen jenen, die man in der umfassenden ‚Theorie des kommunikativen Handelns' von Habermas dargestellt findet.

Wilber gründet seine Quadranten-Vision also einerseits auf die Ergebnisse anerkannter Wissenschaftler und andererseits auf Erlebnisse von Mystikern, Buddhisten und Yogis – obwohl letztere in dieser Abbildung nicht unmittelbar abzulesen sind. Dadurch hat er eine feste Grundlage geschaffen, die entsprechend beeindruckend wirkt. Er integriert tatsächlich, er fasst sämtliche Erkenntnisse zusammen und formt daraus das Integral der Entwicklung.

Es ist jedoch kein Integral, was er gibt – auch wenn es so scheinen mag. Denn Wilber lässt mindestens *einen* bedeutenden Wissenschaftler und Eingeweihten vollständig außer Acht. Das ist um so merkwürdiger, als er – ein belesener Mensch – von dessen Existenz wissen müsste. In seinem Hauptwerk ‚Eros, Kosmos, Logos' findet man im Register diesen Namen nicht, und in den Büchern, die ich bis jetzt gelesen habe, wird der Name ebenfalls nicht genannt. Und so wird auch der durch ihn weitergeführte europäische Einweihungsweg – der Rosenkreuzerweg – nicht integriert.

Rudolf Steiner wird vollkommen negiert. *Sein* Kreuz kann auch gar nicht in das Kreuz Wilbers aufgenommen werden, es passt nicht hinein. Trotzdem gibt es bekanntlich eine Anzahl von Anthroposophen, die das Kreuz Wilbers mit dem der Anthroposophie in Kongruenz bringen wollen.

Ich gebe hier einige Beispiele für das Kreuz der Anthroposophie in den verschiedenen Wilberschen Quadranten:

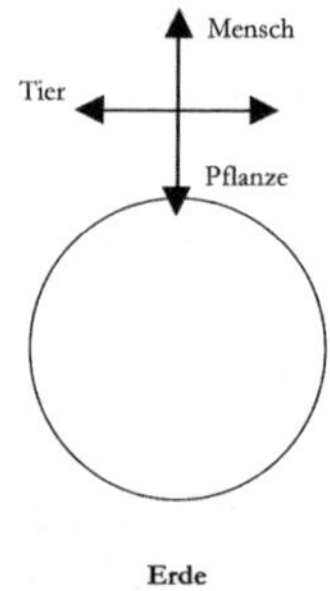

Abbildung 3: Alternative für den Quadranten Oben Rechts

Auch hier gibt es vier Glieder, wobei das gleichsam unterste Glied auch Teil des zweiten ist, diese zwei wiederum Glieder des dritten, diese drei Glieder des vierten ... und darüber hinaus. Das unterste Glied ist das mineralische Reich, das am Boden liegt, es ist die Erde, es ist Substanz der Pflanze, des Tieres, des physischen menschlichen Leibes. Diese Physis ist auf der Erde zum Mineral erstarrt, zum Material, das aus Atomen, Molekülen usw. aufgebaut *gedacht* werden kann. Der menschliche physische Leib kann jedoch nicht als ultimatives Stadium einer Evolution, die mit dem Atom angefangen hat, angesehen werden. Eher sollte man empfinden, dass es das erhabenste, komplizierteste Gebilde der Schöpfung ist, das als eine hehre Gestalt unsichtbar schon lange da war, allmählich jedoch materielle Schwere und Sichtbarkeit bekommen hat. Gegen alle Schwere richtet der Mensch seinen Körper auf, in die Vertikale, in die Höhe strebend.

Man kann eine schöne Liste aufstellen: Atome, Moleküle, Prokaryoten, Eukaryoten ... und den Abgrund zwischen Materie und Leben einfach durch die Attraktion des Telos, des Geistes – oder wie man die ziehende Entwicklungskraft nach Wilber auch nennen will – für ‚erklärt' behaupten. Zwischen dem leblosen Molekül und der lebenden Zelle liegt ein Abgrund. Das Denken vermag es nicht, sich über diesen Abgrund hinüber zu denken. Deshalb lässt es das Leben einfach zur Materie hinzutreten.

Tatsächlich jedoch wirkt hier eine andere Welt, ein ganz anderes Glied in die Materie hinein. Vom Molekül zur Zelle ist es keine durchgehende Linie, auch nicht ein Sprung in derselben Welt. Es ist das Eingreifen einer ganz anderen Welt: einer nicht physischen, sondern ätherischen Welt, die ihre Kräfte nicht von der Erde in den Kosmos sendet, sondern von der Peripherie zum Zentrum. In der Pflanze sehen wir den Menschen auf den Kopf gestellt:

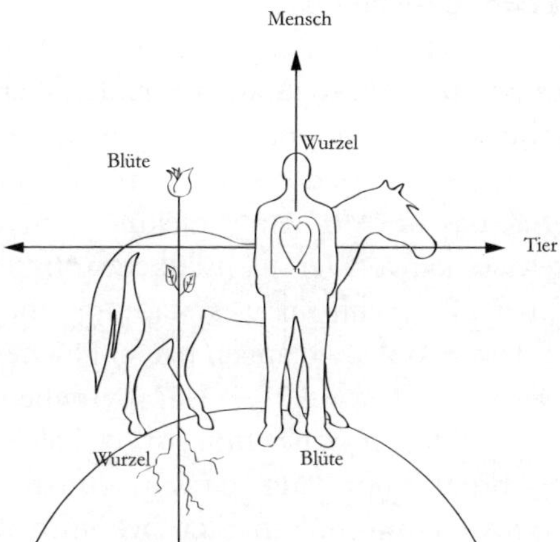

Abbildung 4: Tier, Pflanze und Mensch

Eine dritte Welt greift ein, die Welt der Seele, der Anima, die animalische Welt mit ihren Empfindungen, Instinkten, Trieben, Sympathien und Antipathien. Diese Welt reicht nicht ganz bis zur Erde, greift nicht in die Erde ein. Sie hält das Tier in der Horizontalen, es richtet sich nicht auf, es streckt sich horizontal in die Weiten.

Eine vierte Welt gibt dann die Aufrichtekraft, es ist die Welt des eigentlich menschlichen Ichs. Das Ich gibt die Möglichkeit, sich über die Welt und sich selbst zu erheben, zur Übersicht zu gelangen – und der menschliche physische Leib gibt auch wirklich die Position der Übersicht, der Erhebung.

Das wäre das Kreuz der Physis mit den hineinspielenden rein physischen, ätherischen, animalisch-astralischen und schließlich den Ich-Kräften.

Ein zweites Kreuz kann man als Kreuz der Weltanschauungen ansehen.

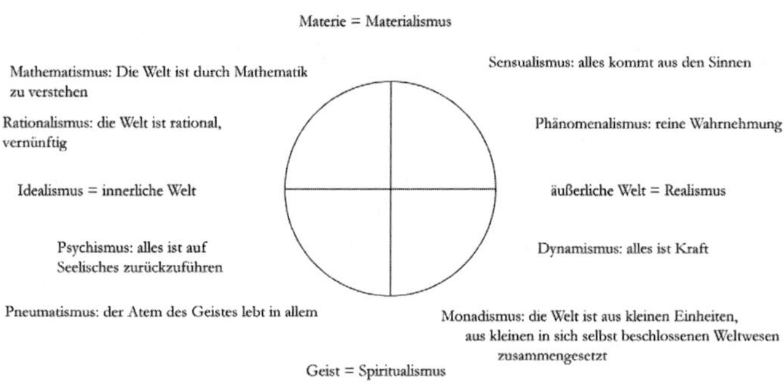

von der Materie zur Welt, von der Welt zur Materie (rechts oben, vom Materialismus zum Realismus, v.v.)
vom Geist zur Welt, von der Welt zum Geist (rechts unten, vom Spiritualismus zum Realismus, v.v.)
von der Idee zum Geist, vom Geist zur Idee (links unten, vom Idealismus zum Spiritualismus, v.v.)
von der Idee zur Materie, von der Materie zur Idee (links oben, vom Idealismus zum Materialismus, v.v.)

Abbildung 5: Das Kreuz der Weltanschauungen – Alternative für den Quadranten Unten Links

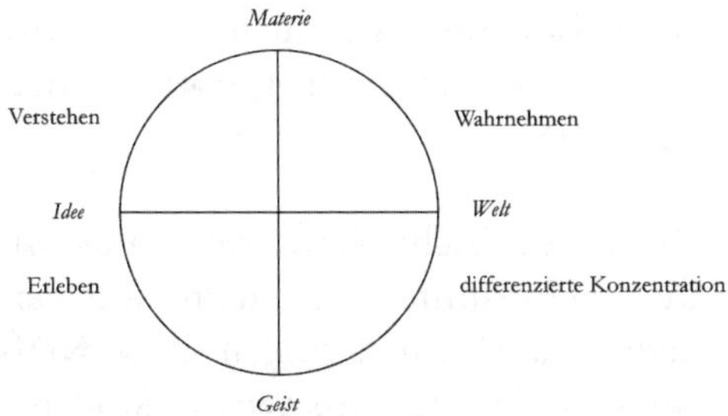

Abbildung 6: Die Quadranten der Weltanschauung

Dann gibt es noch das soziale Kreuz, das man dem Wilberschen Quadranten Unten Rechts entsprechend denken kann. Es ist das Kreuz Christi, das erst errichtet werden kann, wenn das Kreuz der Erkenntnis aufgenommen worden ist.

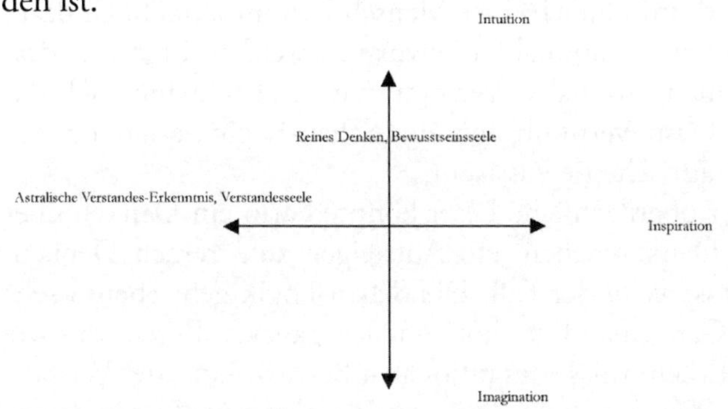

Abbildung 7: Das Kreuz der Erkenntnis (Alternative zum Ich-Quadranten ‚Oben Links') und zugleich des individuell Guten (Alternative zum Wir-Quadranten ‚Unten Links').

Die gewöhnliche Verstandeserkenntnis liegt in der horizontalen Ebene. Wir empfangen die Sinneswahrnehmungen aus der uns umgebenden Welt und durch das Empfangen der damit zusammenhängenden Begriffe bilden wir unsere Erkenntnisse. Auch das Lesen eines Buches, das gewöhnliche Studieren, gehört zur horizontalen Erkenntnisebene.

Durch starke irdische Kräfte werden die Erkenntniskräfte in dieser Horizontalen gehalten. Wer dafür eine Empfindsamkeit hat, kann es fühlen; diese Kräfte wirken der Konzentration kräftig entgegen, sie wollen das Erkennen in der passiven horizontalen Sphäre halten.

Das horizontale Verstandesdenken spielt sich im obersten ‚Teil' der Seele ab, in der Verstandesseele. Dies entspricht der rationalen Stufe bei Wilber. Bei ihm jedoch wird nicht deutlich, wie gewaltig die Anstrengungen und Überwindungen sein müssen, wenn der Mensch sich zur innerlichen Bewusstseinsseele erheben muss und will. Wilber hält es für einfach: Der Mensch kommt allmählich dazu, sich seiner Rationalität bewusst zu werden. Er ‚sieht', dass er einen rationalen Verstand hat, und schwingt sich dadurch zur Vernunft auf, zur ‚Schau-Logik', er erlangt das ‚zentaurische Bewusstsein'.

Der oberflächliche Leser könnte darin ein Denken über das Denken sehen, ein Aufsteigen zum reinen Denken. Das ist *nicht* der Fall. Die Schau-Logik geht ebenso sehr am Gängelband der horizontalen passiven Erkenntnis wie die Erkenntnisse des rationalen Bewusstseins, des Verstandes. Wie der Blick passiv nach außen gelenkt sein kann, kann er es auch nach innen sein. Der Mensch hat zwar beim Lenken des Blickes nach innen eine leise Aktivität entfaltet, gibt sich dann aber dieser Innenwelt passiv hin, wie er es gegenüber der Außenwelt gewohnt ist. Die irdischen Kräfte ziehen seine Erkenntniskraft in die Horizontale, halten sie hier, sie ist schwer und ungezügelt, lässt sich nicht zähmen.

Um das reine Denken, das Denken des Denkens zu gestalten, ist weit mehr notwendig – und in der ganzen Darstellung Wilbers kommt dieser Schritt nicht zur Sprache: Er wird nicht gesehen und nicht gemacht.

Das reine Denken hat zwei Eigenschaften. Erstens vermag es das Denken in einer Gedankenwelt zu handhaben, in der keine Reminiszenzen an die sinnliche Welt mehr leben. Das reine Denken hat also keine Formen, keine Farben, keine Klänge, keine körperlichen Eindrücke, keine Gerüche, keine Geschmäcke usw. als Gegenstand. Es hat nur begriffliche Gedanken und hat die Kraft, sich darin zu halten. Auch eigene Erinnerungen und persönliche Empfindungen müssen ganz verschwunden sein. Das bedeutet – und das muss jeder, der es anstrebt, schmerzlich erfahren –, dass das Denken sich aus den irdischen, hinunterziehenden, in das Horizontale ausbreitenden Kräften befreien muss. Es muss eine aufstrebende Kraft in sich aufnehmen, eine Vertikale. Es bedarf also einer starken Konzentration, um das Denken ‚auf der Höhe' zu halten, dort, wo alles Sinnliche abgefallen ist, wo der eigene Wille nicht nach unten oder in die Weiten weist, sondern hinauf, zur Sternenwelt. Sogar die Ebene der Wandelsterne ist noch zu horizontal. Auf, auf, weiter hinauf, lass alles Sinnliche in Vergessenheit geraten, denke nur in Begriffen, von denen alles Farbige, Wärmende usw. abgefallen ist. Der reine Verstand enthüllt sich, muss jedoch *mehr* als Verstand werden.

Und damit berühren wir die zweite Eigenschaft des reinen Denkens: So wie es die reinen Begriffe denkt, denkt es auch sich selbst. Während des Denkens kann es das Licht auf sich selbst fallen lassen. Dies ist keine Schau-Logik – denn diese liegt in der astralisch-horizontalen Ebene –, sondern anschauende Urteilskraft im Denken oder schauendes Bewusstsein. Das Denken verläuft sehr, sehr aktiv in reinen Begriffen, und ist sich seiner selbst klar, leuchtend, schauend bewusst. Die Fähigkeit der Bewusstseinsseele erwacht, ist da. Man fühlt bei dem Sich-Aufrichten zur Vertikale die übernatürliche Hilfe, man fühlt das Kreuz Christi – nicht als Allegorie, als Symbol, sondern als lebendige Anwesenheit: die Überwindung der irdischen Schwere, der hinunterziehenden Kraft. In Christo morimur. Außerdem fühlt man das Leuchten, das Beleuchten des eigenen Denkens, ein Licht, das uns zum freien Wollen geschenkt wird, ein Erkenntnislicht ist es, das Licht des Spiritus Sanctus: Per spiritum sanctum reviviscimus.

Im reinen Denken sterben wir für unser sinnliches Dasein in Christo und werden durch den Heiligen Geist für den Geist erweckt.

Die höheren Stufen der Erkenntnis, die in der Vertikalen wirken und eine neue Verbindung mit der Horizontalen schaffen, kommen später zur Sprache, wenn wir uns in die höheren Erkenntnisstufen bei Ken Wilber vertiefen: Integral, I-Amness, Transpersonal oder Non-Dual.

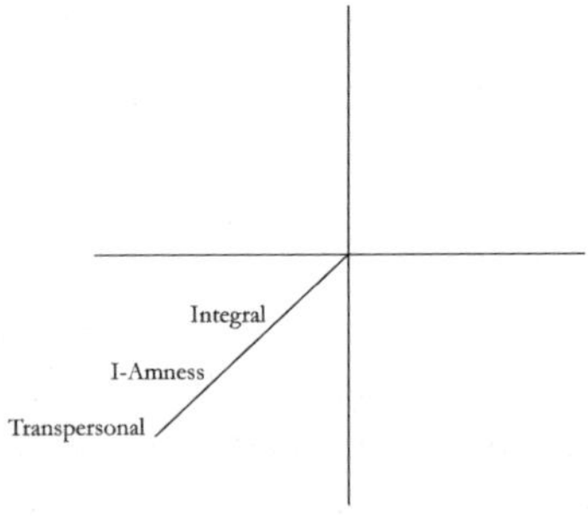

Abbildung 8: Integral, I am, Transpersonal

Oder in der Anthroposophie: Intuition, Inspiration, Imagination.

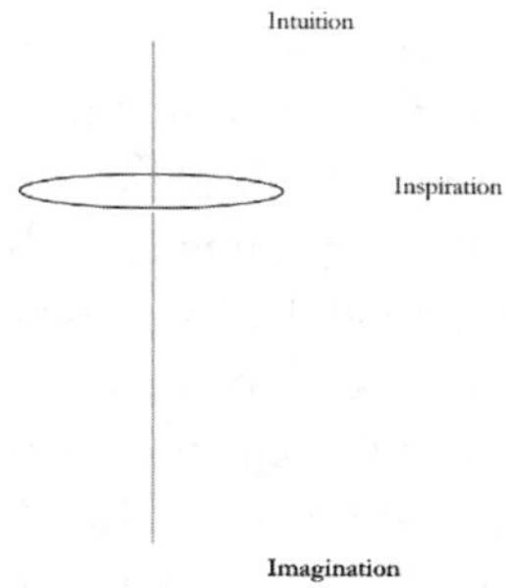

Abbildung 9: Intuition, Inspiration, Imagination

Das vierte Kreuz ist das soziale Kreuz:

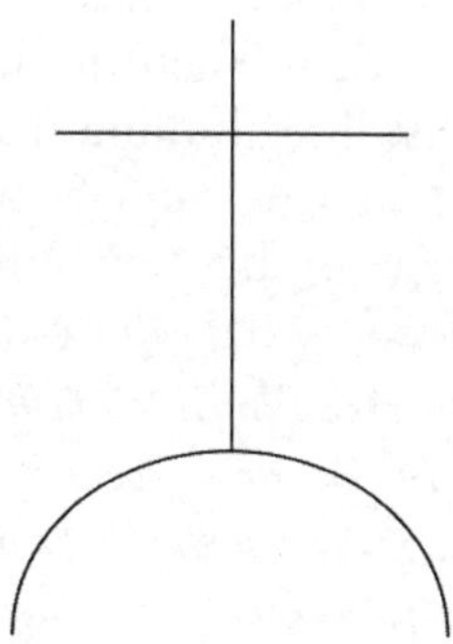

Abbildung 10

In Wilbers Vision finden wir das Soziale im Quadranten ‚Es Plural' (sie). Dort werden die heutigen soziologischen Ansichten aufgezählt. Jürgen Habermas ist für diese ein wichtiger Soziologe, seine Sicht auf das Soziale kann in drei Worten zusammengefasst werden: Kollektiv, kommunikativ, Diskurs.[9] Kennzeichnend für die Soziologen ist, dass sie die Gemeinschaft von außen beschreiben, als wären sie selbst kein Teil von ihr. Sie nehmen einen objektiven wissenschaftlichen Standpunkt ein, nehmen geschichtlich und aktuell wahr und suchen die zusammenfassenden, ordnenden Begriffe dazu. So wird die heutige soziale Gemeinschaft aufgefasst als eine kommunikative, die sich allmählich globalisiert, was durch die Möglichkeiten der Kommunikation im Internet noch beschleunigt wird. Das Ich mit seinen Intentionen gehört einem anderen Quadranten an; wenn es sich so weit entwickelt, dass es sich zur Schau-Logik erhebt, wird es fähig, den Ansprüchen von Kollektiv, Kommunikation und Diskurs (oder normativer Richtigkeit, Wahrhaftigkeit bzw. Authentizität und Wahrheit) gerecht zu werden. Eine absolute Toleranz entsteht, die nur noch *eines* nicht toleriert: die Intoleranz. Damit wird selbstverständlich das Prinzip der Toleranz grundlegend verletzt, denn auch Intoleranz hat unter bestimmten Umständen ihre absolute Berechtigung.

Ken Wilber sagt:[10]

‚Dieses Ringen um Anerkennung ist einfach das von Hegel bis Habermas entwickelte Thema, dass gegenseitige Anerkennung (wir haben auch vom freien Austausch der Selbstachtung unter allen Völkern gesprochen, vom Emergieren der egoistisch-rationalen Selbstachtungsbedürfnisse) ein Omega-Punkt ist, dessen Zug sich auf Geschichte und Kommunikation auswirkt. Kommt es nicht

[9] 1998 erschien von der Autorin eine Kritik der ‚Theorie des kommunikativen Handelns' in niederländischer Sprache: ‚Ethisch Individualisme versus Kommunikatief Handelen'.

[10] Ken Wilber, ‚Eros, Kosmos, Logos', S. 383.

zum Emergieren der gegenseitigen Anerkennung, so ist Geschichte nur die mehr oder weniger brutale Durchsetzung eines Ich oder einer Gruppe gegen andere.'

Ein selbstständiges Ich-Wesen, eine reine Individualität gibt es nicht, die Menschheit ist in ihrer Gesamtheit als sich entwickelndes Holon anzusehen.

Man erlebt eine weitreichende Abstraktion von der täglichen Wirklichkeit, wenn man sich auf eine solche Vision der Menschheit einlässt. Diese Schlussfolgerung ist nicht apodiktisch gemeint, sondern als Beschreibung eines Erlebens – und als Aufruf, dieses Erleben nachzuvollziehen.

Es kann nicht geleugnet werden, dass Wilber als Person seine Schicksalsschläge erlitten hat. Er hat seine große Liebe durch Krebs verloren, die Krankheit offenbarte sich kurz nachdem die beiden geheiratet hatten. Und so wird es zweifellos im Leben Wilbers noch andere Tragik gegeben haben – und noch immer geben. Er aber kann sich daraus loslösen und eine höhere Warte betreten, von der aus sein persönliches Leben und Leiden sich nicht mehr vom Leben und Leiden anderer unterscheidet. *Wie* er das tut, kommt in einem anderen Kapitel zur Sprache. Er tut es jedoch, und er sieht in dieser seiner Fähigkeit einen weiteren ‚Omega-Punkt' für alle Menschen.

So wird die soziale Struktur von außen betrachtet, der persönliche Standpunkt verlassen. Die Gemeinschaft wird objektiv angeschaut und objektive integrale Omega-Punkte, Attraktoren aus der Zukunft, werden im Integral zusammengeschaut.

Das soziale Kreuz, das das Symbol der Erde bildet:

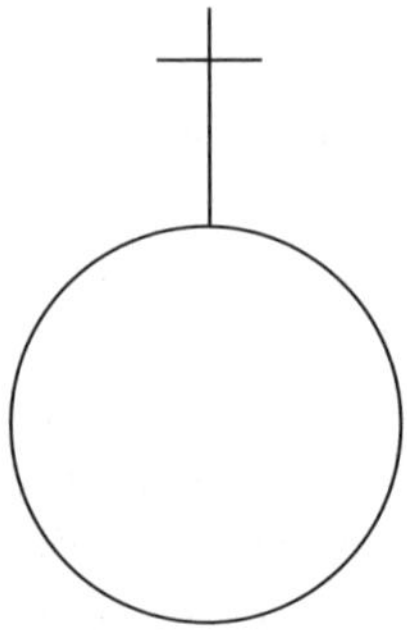

Abbildung 11

fordert jedoch eine ganz andere Entwicklung. Man bildet nicht gleichsam das Integral, man taucht in die Persönlichkeit unter, in seine eigene, in die anderer. Das Kreuz auf dem Hügel ruft jede Persönlichkeit auf, *selbst* auszumachen, was sie als wahr, wahrhaftig, gut erkennen kann. Nicht der Diskurs entscheidet, nicht das Integral, sondern das Differential. Es kommt auf das Untertauchen an, nicht auf das schnelle Erfassen und Integrieren...

Jede Persönlichkeit sollte sich nicht aus sich selbst herauslösen, sondern sich selbst durch und durch objektiv (als Objekt) erkennen und entdecken, dass in der Selbsterkenntnis die Erkenntnis der Welt verborgen liegt. Nicht integral, sondern im Sonderfall der Einzigartigkeit der Persönlichkeit. Man muss sich die Mühe machen, nicht nur nach den Übereinstimmungen zu suchen und zu lauschen, sondern die Unterschiede kennenzulernen und zu ertragen – indem man sie auf dem Felde der Erkenntnis zur Wahrheit gestaltet, auf dem Felde der Gesellschaft zur Güte und auf dem Gebiet der höheren Selbstdarstellung zur Schönheit ausbildet.

Einfach wird das Leben so nicht, es tut sich eine Welt von Unterschieden auf. In *dieser* jedoch trägt man das soziale Kreuz, nicht in einer Welt der Einheit, die lebensfremd ist. Ein Kollektiv gibt es nicht, wenn der Mensch sich selbst und den Anderen in seiner Einzigartigkeit erlebt. Brüder sind wir, unterschieden, aber vereint durch vielseitige Liebe. Kommunikation gibt es selbstverständlich, aber sie soll wirklich auf wechselseitiger Andacht beruhen, auf Interesse an dem vollkommenen Anderssein der Anderen. Hier ist die Toleranz zu Hause, hier gehört sie hin. Auf dem Gebiet der Wahrheit jedoch waltet der Heilige Geist, dort kommt Toleranz gegenüber einer sicheren Unwahrheit der Sünde gegen den Heiligen Geist gleich. Ein Diskurs im Sinne von Wilber und Habermas kann es dort nicht geben, weil Tatsachen sich nicht nach Willkür ändern lassen.

Die Wahrheit wird nie eine Ideologie sein, sie braucht allein die Überzeugungskraft der in ihr selbst waltenden Logik. Nur Vorurteile und Meinungssysteme verdunkeln die Wahrheit. Durch Klarheit setzt sie sich durch. Das Wunderbare der Wahrheit ist, dass jeder Mensch sie selbst einsehen kann, dass er keine Dogmen braucht. Aber für die Wahrheit darf und muss der Mensch kämpfen, er muss mit Hilfe der Rationalität kämpfen, mit der Vernunft der Mitmenschen rechnen dürfen. Wilber sieht einen solchen Kampf um die Wahrheit als überholtes Stadium des magisch-mythischen Bewusstseins an. Seine Vision ist weitgehend eingebürgert, und deshalb wird der heutige Kampf für die Wahrheit als schlecht, überholt usw. angesehen, auch durch Menschen, die sich überhaupt nicht klar machen, dass sie diesem Paradigma hörig sind.

Problematisch ist die zunehmende Passivität und Flüchtigkeit des Denkens, die auch zum oberflächlichen Lesen und Studieren führt. Wer zur Wahrheit gelangen will, muss sein Denken schärfen und kräftigen – und dann *erleben*. Die Vision von Habermas und Wilber muss in einem solchen Denken *leben* können und erlebt werden.

Daneben muss das soziale Kreuz durchdacht, gelebt und erlebt werden. Dann sieht der Mensch es immer deutlicher:

Ken Wilber sucht das Integral.
Rudolf Steiner findet im Differential.

Integral und Differential

Die Affinität Ken Wilbers zum Integralen wird wohl kein Leser bestreiten wollen. Wer auch nur flüchtig seine Werke überschaut, findet Folgendes:

1996: A Brief History of Everything
1997: The Eye of Spirit: An Integral Vision for a World Gone Slightly Mad
1998: The Marriage of Sense and Soul: Integrating Science and Religion
2000: Integral Psychology
2001: A Theory of Everything: An Integral Vision for Business, Politics, Science, and Spirituality
2006: Integral Spirituality
2007: The Integral Vision

Wer tiefer in die Arbeit Ken Wilbers eintaucht, findet ihn tatsächlich integrierend. Er möchte ‚Alles' in eine Übersicht bringen, die in allen Verzweigungen des Lebens verwendet werden kann (Aqual oder IOS[11]).

Dies weckte in mir den Impuls, mich noch einmal eingehend mit dem mathematischen Begriff ‚Integral' und dann selbstverständlich auch mit dem polaren Begriff ‚Differential' zu befassen. Ich bin keine Mathematikerin, liebe diese Wissenschaft jedoch schon seit meiner Schulzeit – ungefähr in demselben Maße, wie ich die Musik liebe. Mein Mathematiklehrer im Gymnasium hatte eine

[11] Abkürzungen für ‚all quadrants, all levels' bzw. ‚Integral Operating System'.

Stereoanlage in seinem Klassenraum aufgestellt, und wenn wir schnell und tüchtig arbeiteten, machte er sie am Ende der Stunde an und wir hörten ... Bach. Von diesem Lehrer lernte ich die Differential- und Integralrechnung.

Der Begriff ,Integral'

Der Begriff ,Differential' geht dem Begriff ,Integral' eigentlich voraus. Da hier aber die umgekehrte Bewegung gemacht werden muss, fange ich mit dem Integral an. Beim mathematischen Integrieren sucht man zu einer gegebenen Funktion (und dem sie abbildenden Graphen) die ursprüngliche Funktion. Man sucht jenen Graphen, von dem der gegebene Graph der abgeleitete – die Ableitung – ist. Hat man z.B. eine Gerade gegeben, so findet man durch Integrieren, welche quadratischen Funktionen dieser zugrunde liegen. Die Gerade - mit Ausnahme der Horizontalen und der vertikalen Gerade - zeigt in jedem Punkt, wie groß die Zunahme (Steigung) im entsprechenden Punkt der zugrundeliegenden (Stamm-)Funktion ist. Integrieren bedeutet, von jener abgeleiteten Funktion zu der Stammfunktion zurückzugehen. Man findet in der abgeleiteten Funktion also die Zusammenfassung desjenigen, was in der Stammfunktion *in allen ihren Varianten* gegeben ist.

$F'(x) = 2x$

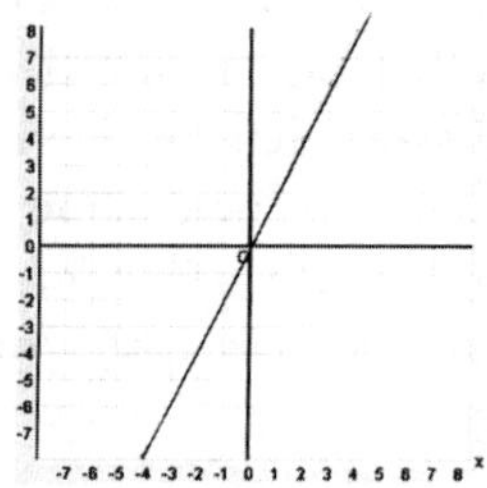

Abbildung 12: Graph der abgeleiteten Funktion

Dieser Graph der abgeleiteten Funktion F' gibt die Zunahme in jedem Punkt der Stammfunktion F wieder, d.h. die Steigung der Kurve. Der unten abgebildete Graph der Stammfunktion F gibt nicht unmittelbar diese Zunahme wieder, sondern die eigentlichen – beschleunigt zunehmenden – Werte der Funktion x^2.

$F(x) = x^2$

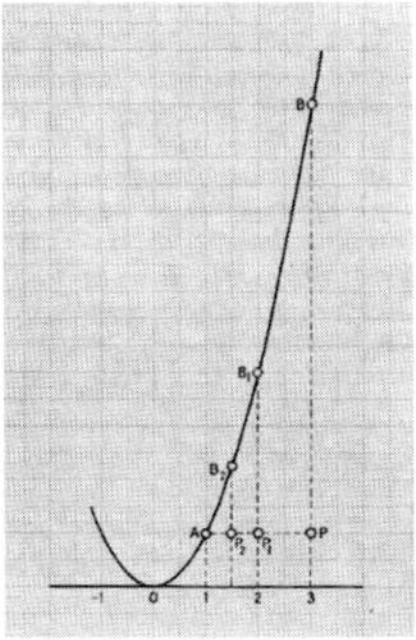

Abbildung 13: Graph der Stammfunktion

In jedem Punkt dieses Graphen entspricht die Steigung der Kurve genau dem Wert, der sich für x in dem Graphen für $F'(x) = 2x$ – die für jeden Punkt x das Differential von x^2 gibt – ablesen lässt. (Es mag langweilig und schwierig erscheinen, diese grundlegenden Ausführungen wirklich nachzuvollziehen, doch wenn man sich die Mühe macht, es zu kontrollieren und zu verstehen – und dann zu *erleben* –, wird der Enthusiasmus bestimmt erwachen!).

Diese Funktion $F'(x) = 2x$ gilt nun jedoch nicht *nur* für $F(x) = x^2$. Betrachten wir einmal weitere Möglichkeiten:

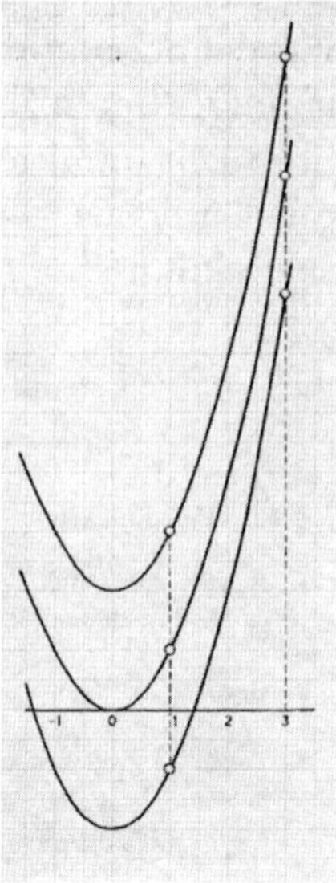

Abbildung 14

F(x) ist also: $F(x) = x^2 + \text{Konstante} = x^2 + c$.

Man kann also zu der einen Funktion $F'(x) = 2x$ eine Reihe von Funktionen finden, für die diese Zunahme gilt. Man sieht dann, dass für einen bestimmten Wert von x das Bild für alle Funktionen gleich ist, d.h. dass die Zunahme zwischen zwei Werten von x bei allen diesen Kurven absolut gleich ist.

Suchen wir die universelle Zunahme in der Reihe der Funktionen $F(x) = x^2 + c$ zwischen z.B. $x=1$ und $x=2$, dann finden wir für alle Kurven (welchen Wert für c man auch nimmt) das gleiche Bild, und wir können die Zunahme von $x=1$ zu $x=2$ durch das Integral von $F'(x) = 2x$ zwischen den Grenzen $x=1$ und $x=2$ berechnen.

Allgemein: $\int f(x)dx$ ist gleich dem Flächeninhalt zwischen dem Funktionsgraphen und der X-Achse (zwischen zwei Punkten $x=a$ und $x=b$).

Was ist nun der Begriff des Integrals in der Mathematik? Durch ihn finden wir die allgemein gültige, immer identische Änderung für eine unendliche Anzahl von Zuständen, die demselben Gesetz unterliegen.

Holons immer aufwärts, Holons immer abwärts.

Aqal: All quadrants, all levels.

A theory of everything: an integral vision for business, politics, science and spirituality.

Alles auf eine natürliche Weise begrenzt durch die natürlichen Grenzen, die sich aber ausdehnen können, bis das Integral das All in Eins umfasst...

*

Der Begriff ‚Differential'

Wenn wir uns den Begriff des Differentials ganz klarmachen können, haben wir auch das Integral (als Umkehrung) nochmals besser verstanden.

Das Integral fasst eine Zunahme innerhalb bestimmter Grenzen in allen betreffenden Kurven zusammen. Im Differential gehen wir den anderen Weg. Hier wird die Steigung einer Kurve gesucht, nicht über eine längere Strecke, sondern in einer ‚Strecke', die *so* gering ist, dass sie ‚gerade nicht Null' ist. Indem man die Steigung einer solchen bis ins Kleinste minimierten Strecke berechnet, hat man die größtmögliche Exaktheit für die Zunahme in einem bestimmten Punkt einer Kurve gefunden. Bei einer Geraden braucht man sich nicht so viel Mühe zu machen, denn hier ist die Zunahme in jedem Punkt gleich. Bei einer Krummen jedoch ist die Zunahme in jedem Punkt verschieden.

Die Steigung wird in der Mathematik durch den Tangens (tan) eines Winkels (α) ausgedrückt:

$$\tan \alpha = \frac{BB^1}{AB^1}$$

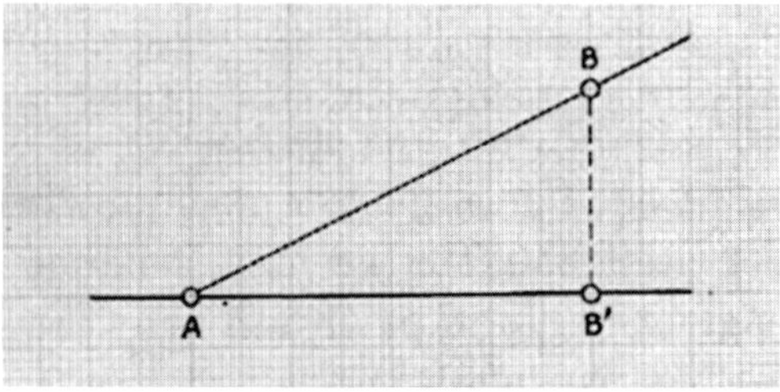

Abbildung 15

Bei einer Geraden ist der tan α in jedem Punkt gleich. Bei einer Krummen wird es schwierig, für einen Punkt genau zu berechnen, was die Steigung ist. Im Punkt selbst wäre die so berechnete Steigung gleich Null, aber eine sehr, sehr kleine Strecke weiter könnte man schon von einem Winkel in Punkt A sprechen:

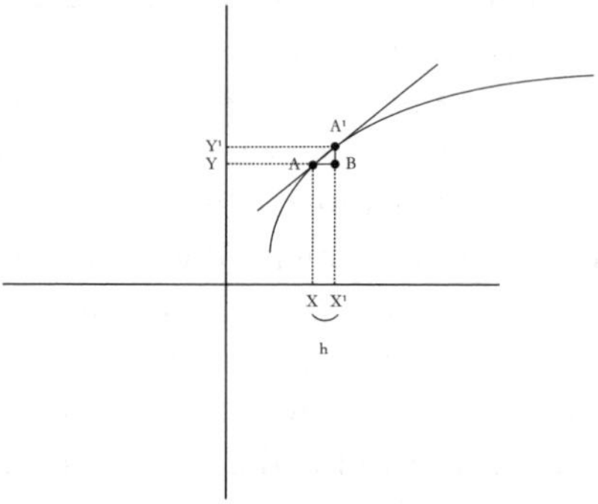

Abbildung 16

Das Differential macht es möglich, diese Zunahme zu berechnen. Dazu wird der Abstand x - x' als winzig klein, jedoch nicht Null gedacht. Der Unterschied zwischen y und y' wird geteilt durch den Unterschied zwischen x und x', wobei dieser Unterschied nicht Null werden darf. In einer Formel ausgedrückt:

$$(\tan \alpha) = \lim_{h \to 0} \frac{y' - y}{x' - x} = \lim_{h \to 0} \frac{f(x+h) - f(x)}{h} = \frac{df(x)}{dx}$$

Man findet also die Steigung einer Kurve, nicht über eine längere Strecke, sondern in einer ‚Strecke', die so gering ist, dass sie ‚gerade nicht Null' ist.

Wenn man den Unterschied zwischen Integral und Differential übertreibt, kann man sagen, dass man sich im Integral in einen Satelliten begibt, um von dort Gaia vollständig zu überblicken, in all ihren Orten und Ereignissen; dass man im Differential dagegen mit der Röntgen-Diffraktion die DNA untersucht. Oder dass man im Integral die Erdenentwicklung vom Urknall bis jetzt in allen vier Quadranten und ‚Zuständen', ‚Stufen', ‚Strukturen' und ‚Ebenen' überblickt – oder im Differential in den Augenblick untertaucht und sieht, was die Zeit ergibt, wenn man sich so konzentriert, dass man im ‚Beinahe-Punkt' schauen kann.

Verstand und Vernunft integrieren. Sie suchen immer Relationen, Kausalitäten, Zusammenhänge. Sie erstreben den umfassenden Überblick, sie suchen eine immer höhere Warte, vielleicht ist sogar der Satellit noch nicht hoch genug, denn sie wollen das Ganze einfach vollkommen in Einheit überblicken. Zwar sehen sie die Teile, sie wollen sie jedoch sinnvoll miteinander verbinden. Es ist ja die Frucht der rationalen Epoche, dass der Mensch die kommunikative Epoche betreten kann, in welcher er global wird, erdenweit, weltweit. Die Wissenschaft liefert die Tatsachen über ‚beinahe alles', die Gemeinschaft der Menschen ist global statt national, die Schau-Logik weitet sich zum Transpersonalen, der Zentaur nähert sich dem Gott.

Wie spirituell dieses Integral aber auch anmutet, es ist ein mit dem Verstand und der Vernunft konstruiertes. Wilber hat seine Weltanschauung aus dem ganzen Umfang der wissenschaftlichen (Oben Rechts), soziologischen (Unten Rechts), kulturellen (Unten Links) und spirituellen, intentionalen (Oben Links) Daten integral konstruiert. Er stellt fest, dass alle Richtungen, alle Perspektiven immer doch wieder Perspektive in Perspektive in Perspektive sind, die kontextual bestimmt sind, also nie verabsolutiert werden dürfen. Auch der Erleuchtete schaut kontextual, und er erhebt sich darüber erst, wenn er sich seines Kontextes bewusst wird.

Und Ken Wilber selbst? Er bemerkt nicht, dass auch er in seinem *amerikanischen* Kontext gefangen ist. Er meint, zum Einen aufsteigen zu können, um von dort wieder zum Vielen absteigen zu können. Er bemerkt aber nicht, dass er integrierend in der Rationalität gefangen ist, dass er alles, was er berührt, ‚rational verzaubert', in die Erstarrung bringt. Er nimmt aus allem das, was er verwenden kann, und sieht nicht, dass das, was er *nicht* verwenden kann, gerade dasjenige ist, was er bräuchte, um wirklich von sich loszukommen. Der drastischste Beweis dafür ist sein vollständiges Negieren von Rudolf Steiner und seiner Anthroposophie. Diese existiert für ihn einfach nicht. Sie würde ihn überfordern, denn er weiß mit *wirklicher* Überrationalität, Überlogik nichts anderes anzufangen, als sie in das überholte magisch-mythische Zeitalter zurückzuverweisen. Mit der Anthroposophie könnte er dies nicht so leicht machen, also übersieht er sie. Und eigentlich auch zu Recht, denn die Anthroposophie entsteht im Differential.

In der Anthroposophie wird die Einheit nicht integral gesucht, sondern durch disziplinierte Konzentration. Die Seele, die sich weiten will, muss lernen, sich zusammenzuhalten, klein zu werden, immer kleiner, so klein, dass sie sich der Null nähert – dies aber nicht wird, denn durch das Nadelöhr des Differentials stülpt sie sich völlig um. Sie zieht sich in einen Beinahe-Punkt zusammen und stülpt sich darin um, indem sie die differenzierte geistige Welt findet. *Was* sie finden kann, werde ich in einem späteren Kapitel an einem Beispiel schildern.

Im Differential liegt die Garantie für eine exakte Hellsichtigkeit, die die geistige Welt nicht integral als eine nichtduale Leere findet, sondern bis in die kleinsten Wirkungen, Offenbarungen und Wesen differenziert erforschen kann. Ken Wilber ist ein ‚Hell-Blinder', weil er den Verstand unverwandelt lässt – und dies nicht einmal erlebt.

Ich zitiere Rudolf Steiner, ein Autoreferat seines Vortrages beim Kongress der theosophischen Gesellschaft in Amsterdam (1904):[12]

‚Beim Teil ‚Philosophie' hielt Dr. Rudolf Steiner einen Vortrag über Mathematik und Okkultismus. Er ging davon aus, dass Plato von seinen Schülern eine mathematische Schulung forderte, dass die Gnostiker ihre höhere Weisheit als ‚Mathesis', als Mathematik bezeichneten und dass die Pythagoreer Zahl und Form als

---

[12] Rudolf Steiner: Der theosophische Kongress in Amsterdam, übersetzt aus: Rudolf Steiner in Nederland, S. 225f. Pentagon Amsterdam, 1994.

die Grundlage allen Daseins betrachteten. Er erklärte, dass all diese Menschen nicht die abstrakte Mathematik meinten, sondern das intuitive Schauen des Okkultisten, der mit Hilfe eines spirituellen Erlebens in den höheren Welten die Gesetzmäßigkeiten wahrnimmt; dies bedeutet für das Geistige dasselbe, was Musik für unsere gewöhnliche Sinneswelt ist. Wie die Luft durch Schwingungen, die sich in Zahlen ausdrücken lassen, musikalische Gefühle weckt, so kann der Okkultist – wenn er sich dafür vorbereitet, indem er Einsichten in die Geheimnisse der Zahlen erlangt – in höheren Welten eine spirituelle Musik wahrnehmen; bei einem besonders weit entwickelten Menschen steigt dies auf bis zum Niveau der Sphärenmusik. Diese ist kein Produkt der Phantasie. Für den Okkultisten ist diese Sphärenmusik eine wirkliche Erfahrung. Indem ein Mensch die Mathematik in sein eigenes Wesen hineinbringt, indem er seinen Astral- und Mentalkörper mit der intimen Bedeutung durchdringt, die sich in den Zahlenverhältnissen ausspricht, bereitet dieser Mensch sich vor, Erscheinungen aus verborgenen Welten auf sich einwirken zu lassen. In der modernen Zeit ist die okkulte Bedeutung aus den Wissenschaften verschwunden. Seit Kopernikus und Galilei ist das Ziel der Wissenschaft die Eroberung der physischen Welt. Doch im ewigen Plan der Menschheitsevolution liegt beschlossen, dass auch diese Wissenschaft des Physischen den Zugang zur geistigen Welt finden lernt. In dem Zeitalter, in dem wir die physische Welt untersuchen, wurde die Mathematik durch Newtons und Leibniz' Analyse des Unendlichen, durch die Differential- und Integralrechnung bereichert. Wenn man nun versucht, dasjenige, was ein Differential wirklich beschreibt, nicht abstrakt zu begreifen, sondern innerlich zu erleben, dann erwirbt man sich eine Art des Wahrnehmens, die nicht an die Sinne gebunden ist. Denn durch das Differential wird die sinnliche, räumliche Betrachtung selbst im Symbol überwunden, das Erkenntnisvermögen des Menschen kann für einige Augenblicke rein geistig werden. Dem Hellsehen-

den offenbart sich das durch die Tatsache, dass die Gedankenform des Differentials nach außen hin offen ist, im Gegensatz zu den Gedankenformen, die der Mensch über die sinnliche Wahrnehmung bekommt. Diese Gedankenformen sind nach außen hin geschlossen. So wird durch die Analyse des Unendlichen einer der Wege erschlossen, entlang derer die höheren Sinne des Menschen sich nach außen öffnen. Dem Okkultisten ist bekannt, welcher Prozess in jenem Chakra (Lotusblume) stattfindet, das zwischen den Augenbrauen liegt, wenn er den Geist des Differentials in sich entwickelt. Ist nun der Mathematiker ein selbstloser Mensch, dann kann er dasjenige, was er sich auf diese Weise erobert, auf den ‚Altar der allgemeinen Verbrüderung der Menschen' legen. Und aus der scheinbar trockensten Wissenschaft kann dann ein wichtiger Quell für den Okkultismus hervorgehen.'

Und in GA 35 schreibt Rudolf Steiner:[13]

‚Mit der Analyse des Unendlichen, die wir Newton und Leibniz verdanken, ist das geschehen. Dadurch haben wir zu der Mathematik, die man die Euklidische nennt, eine andere hinzu erhalten. Die Euklidische Mathematik bringt nur das in mathematische Formeln, was auf dem Felde des Endlichen darstellbar, konstruierbar ist. Was ich über einen Kreis, über ein Dreieck, was ich über Zahlenbeziehungen im Sinne der Euklidischen Mathematik aussage, ist im Endlichen, in sinnlich überschaubarer Weise zu konstruieren. Das ist nicht mehr möglich bei dem Differential, mit dem uns Newton und Leibniz zu rechnen lehrten. Das Differential hat noch alle Eigenschaften, die es ermöglichen, mit ihm Rechnungen auszuführen, aber es ist als solches der sinnlichen Anschauung entrückt. Die sinnliche Anschauung wird im Differential erst zum Verschwinden gebracht; und dann

[13] Rudolf Steiner, Philosophie und Anthroposophie, GA 35, S. 12f.

haben wir die neue, die sinnlichkeitfreie Grundlage für unsere Rechnung. Das Sinnlich-Anschaubare wird errechnet aus dem, was nicht mehr sinnlich anschaubar ist. So ist das Differential ein Unendlich-Kleines gegenüber dem Endlich-Sinnlichen. Das Endliche ist mathematisch auf etwas von ihm ganz Verschiedenes, auf das wirkliche Unendlich-Kleine zurückgeführt. Mit der Infinitesimalrechnung stehen wir an einer wichtigen Grenze. Wir werden mathematisch aus dem Sinnlich-Anschaulichen hinausgeführt, und wir bleiben dabei so sehr im Wirklichen, daß wir das Unanschauliche berechnen. Und haben wir gerechnet, dann erweist sich das Anschauliche als das Ergebnis unserer Rechnung aus dem Unanschaulichen heraus. Mit der Anwendung der Infinitesimalrechnung auf die Naturvorgänge in Mechanik und Physik vollziehen wir in der Tat nichts anderes, als daß wir Sinnliches aus Übersinnlichem errechnen. Wir erfassen das erstere aus seinem übersinnlichen Anfange oder Ursprunge heraus. Für die sinnliche Anschauung ist das Differential ein Punkt oder die Null. Für die geistige Erfassung aber wird der Punkt lebendig, die Null wird zur Ursache. Der Raum selbst wird damit für die geistige Auffassung belebt. Fassen wir ihn sinnlich, so sind seine Punkte, seine unendlich kleinen Teile tot; fassen wir diese Punkte aber als Differentialgrößen, dann kommt innerliches Leben in das tote Nebeneinander. Die Ausdehnung selbst wird zum Erzeugnis des Ausdehnungslosen. So kam durch die Infinitesimalrechnung Leben in die Naturerkenntnis. Das Sinnliche ist bis zu dem Punkte des Übersinnlichen zurückgeführt. – Die Tragweite dessen, was hier gesagt ist, sieht man nicht durch die gebräuchlichen philosophischen Spekulationen über die Natur der Differentialgrößen, sondern vielmehr dadurch ein, daß man durch Selbsterkenntnis sich klarmacht, wie man sich verhält in seiner Geistesarbeit, wenn man vom Unendlich-Kleinen aus das Endliche durch die Infinitesimalrechnung erobert. Man steht da fortwährend vor dem Momente der Entstehung eines Sinnlichen aus einem nicht mehr Sinnlichen. Es ist daher nur erklärlich, daß dieses geistige Leben in übersinnlichen mathematischen Größenverhältnissen für die Mathematiker in neuerer Zeit ein kräftiges Erziehungsmittel geworden ist.'

Die Bewusstseinsentwicklung

Ken Wilber schaut die Entwicklung des Bewusstseins im Zeitenlauf so an, als wenn sie räumlich zu überschauen wäre. Er folgt den üblichen soziologischen Anschauungen, wie sie auch bei Habermas zu finden sind. Ich lasse seine Beschreibungen von Archaisch, Magisch und Mythisch außer Acht und beschränke mich auf den Übergang von Mythos zu Vernunft und ‚weiter hinauf'. Ich zitiere Ken Wilber hier wieder nach verschiedenen Stellen seines Buches ‚Eros, Kosmos, Logos':

‚Das Maß der echten Tiefe und Spiritualität der Vernunft ist ihre Anlage zu universalem Pluralismus, ihr Beharren auf universaler Toleranz, ihre Befähigung zu einer globalen Perspektive, ihr Eintreten für Wohlwollen und Mitgefühl über alle Grenzen hinweg. All das wird der Vernunft nicht aus mythischen Quellen von außen geoffenbart, sondern geht aus sich selbst, aus ihrer eigenen Tiefe hervor. Deshalb muss sie nicht auf mythische Gottheiten zurückgreifen, um ihren Plan des universalen Wohlwollens als abgesegnet ausgeben zu können, und deshalb ist ein ‚Atheist', der aus rational-universalem Einfühlungsvermögen handelt, spiritueller als ein Fundamentalist, der die Welt zu seinem mythischen Gott bekehren möchte. Dass der Geist der Vernunft nicht am Himmel schwebt und Donnerkeile schleudert oder sich die Zeit mit der Verwandlung von Spinat in Kartoffeln vertreibt, spricht eher für ihn als gegen ihn.' [12]
‚Tatsächlich versucht die Mehrheit der Menschen in rationalen Gesellschaften, sich irgendwo im Mythisch-Rationalen einzurich-

[12] Ken Wilber, a.a.O., S. 311.

ten; sie bieten alle erdenklichen Mittel des Verstandes auf, um ihre spezielle imperialistische Mythologie oder irgendein aggressives fundamentalistisches Programm systematischer Intoleranz zu rechtfertigen. Dadurch befinden sie sich ständig im Krieg mit der Magie, mit anderen Mythologien und mit der Vernunft – all das ist für sie nur Teufelswerk.' [14]

Dagegen ist Wilber Prediger der Toleranz, aber...

‚Die moderne Lösung für dieses Entwicklungsdilemma besteht darin, dass die Rationalitätsstruktur des demokratischen Staats magische und mythische Subholons toleriert (Christentum, Anthroposophie, M.M.), durch die so wichtige Trennung von Kirche und Staat aber erreicht hat, dass die Weltbilder dieser Subholons nicht mehr an der Organisationsstruktur der Gesellschaft beteiligt sind – und diese Gesellschaft definiert sich nun durch rationale Toleranz gegenüber allem außer Intoleranz.' [15]

‚Die einzeln dastehenden großen Mystiker der Vergangenheit – von Buddha bis Christus, von al-Hallaj bis Yeshe Tsogyal, von Huineng bis Hildegard –, sie waren ihrer Zeit voraus und sind unserer immer noch voraus. Sie sind nicht Gestalten der Vergangenheit, sondern Gestalten der Zukunft.' [16]

‚Sri Aurobindo:
Dieses eine Sein und Bewusstsein ist hier in Materie involviert. Evolution ist der Prozess seiner Selbstbefreiung. Bewusstsein taucht auf in dem, was ohne Bewusstsein zu sein scheint, und, einmal aufgetaucht, treibt es sich selbst an, immer höher hinauf

---

[14] Ebd., S. 312.
[15] Ebd., S. 313.
[16] Ebd., S. 314.

zu wachsen und sich zugleich zu weiten und zu immer größerer Vollkommenheit hin zu entwickeln. Das Leben ist der erste Schritt dieser Freisetzung von Bewusstsein; der Geist ist der zweite. Doch die Evolution bleibt beim Geist nicht stehen. Sie wartet auf ihr Einmünden in etwas noch Größeres, ein Bewusstsein, das spirituell und supramental ist. Nichts gibt uns daher Anlass, die Möglichkeiten der Evolution als begrenzt anzusehen und den gegenwärtigen Status unseres Daseins für endgültig zu halten.' [17]

‚Die Fähigkeit, sich weiter nach innen zu wenden und die Rationalität zu betrachten, führt zum Überschreiten der Rationalität, und die erste Stufe dieses Überschreitens ist das, was ich Schau-Logik nenne. Wenn Ihnen bewusst wird, dass Sie rational sind, von welcher Art ist dann dieses Bewusstsein, das ja größer sein muss als die Rationalität? Sich der eigenen Rationalität bewusst zu sein, muss doch wohl heißen, dass man nicht länger nur rational ist.' [18]

‚Und noch ein Stück weiter verlangt die reife oder kommunikative Vernunft – die Schau-Logik – ‚moralische und politische Freiheit' für ‚alle Menschen als Mitglieder einer Weltgesellschaft.' Rationalität beginnt also als weltzentrische Ausrichtung, als universaler Pluralismus, und erreicht ihr voll entwickeltes, ausgereiftes Stadium durch die Schau-Logik, die nicht mehr nur rechtliche und moralische Freiheit fordert, sondern rechtliche, moralische und politische Freiheit; sie bewahrt also die früheren Stadien und fügt etwas entscheidend Neues hinzu: Sie transzendiert und schließt ein.' [19]

---

[17] Ebd., S. 315.
[18] Ebd., S. 319.
[19] Ebd., S. 322.

‚Eben weil das Bewusstsein sich von der ausschließlichen Identifikation mit Körper, Persona, Ich und Geist gelöst hat, kann es sie nun in einem neuen und höheren Holon, an dem sie alle als untergeordnete Holons teilhaben, wahrhaft vereinigen. Physiosphäre, Biosphäre, Noosphäre – jetzt gibt es keine ausschließliche Identifikation mit irgendeiner dieser Sphären mehr, und deshalb können sie alle integriert werden.'[19]

Zugleich entsteht der Existentialismus:

‚Das Grauen, wie Heidegger sagt, ist auf der existentiellen (zentaurischen) Stufe die authentische Reaktion, ein Grauen, das uns aus der Selbstvergessenheit in die Gegenwart unseres Selbst zurückruft, das nicht nur meinen Körper oder meine Persona oder mein Ich oder meinen Geist erfasst, sondern die Totalität meines In-der-Welt-Seins. Wenn ich mein Leben vorurteilslos sehe, dann sehe ich sein Ende und seinen Tod – und ich sehe, dass meine anderen Ichs, meine Personae, auf Illusion beruhten, weil ich das Bewusstsein meines Todes gemieden habe.'[20]

‚Der Zentaur muss transzendiert werden, aber so, dass er in einem höheren und umfassenderen Bewusstsein aufgehoben, das heißt negiert und bewahrt wird. Wir tun hier den ersten Schritt aus der Noosphäre in die Theosphäre, in die transpersonalen Regionen des nicht mehr allein Selbstbewussten, sondern auch Überbewussten.'[21]

‚Und wo auch immer ihre Lehren (die Lehren der Lehrer der transpersonalen und transrationalen Ebenen, M.M.) von den Massen aufgegriffen wurden, da erfuhren sie eine Umdeutung un-

---

[19] Ebd., S. 322.
[20] Ebd., S. 326.
[21] Ebd., S. 328.

ter magischen, mythischen und egoistischen Gesichtspunkten, die eine Heilslehre, eine Lehre vom ewigen Leben der individuellen Seele (siehe z.B. das Christentum, M.M.), aus ihnen machte.' [22]

Dann folgt eine Aussage Ken Wilbers, die seine Art der Toleranz offenbart:

,Was die transpersonale Entwicklung angeht, dürfen wir nur die Aussagen derer gelten lassen, die sich selbst schon so weit entwickelt haben und an denen die deutlichen Zeichen dieser Entwicklung zu erkennen sind.' [23]

Und wer erkennt diese Zeichen der Entwicklung?

Und über die kontemplativen Wege [24]

,Die großen (kontemplativen, M.M.) Traditionen, die wir in ihren Ursprungssprachen studiert haben, präsentieren die Entfaltung der Meditationserfahrung als Stufenmodell. [...] Diese Modelle stimmen so weitgehend überein, dass trotz aller Unterschiede der Sprache, der Kultur und der Praxis der Eindruck einer grundlegenden gemeinsamen und invarianten Stufenfolge entsteht.' (Zitat aus Brown & Engler, ,Transformations of Consciousness')[25]

*

Ken Wilber hat eine großartige Fähigkeit, die Erkenntnisse der heutigen sozialen Wissenschaften zusammenzu-

---

[22] Ebd., S. 329.
[23] Ebd., S. 332.
[24] Die Kontemplation führt zu vier Stadien: das Psychische, das Subtile, das Kausale und das Nichtduale.
[25] Ebd., S. 343.

bringen. Er nimmt wirklich alles zusammen und macht daraus das Integral.

Wenn man dieses Integral in allen seinen Teilen/Ganzen in sich aufnimmt, kommt eine Selbsterkenntnis zustande. Es wird nämlich sehr deutlich erlebt, in welchem Kontext wir Menschen global erzogen werden und folglich leben. Das Zeitalter der Medien macht es möglich, ‚alles' zu wissen, und dabei verstehen die Programm-Macher die Kunst, eine öffentliche Meinung global zu verbreiten, ohne dass der übergroße Teil der Menschheit sich dessen bewusst ist.

Es ist ein Verdienst Ken Wilbers, dieses *Bewusstsein des Kontextes* zu wecken. Es spielt gar keine Rolle, ob man die öffentliche Meinung bejaht oder verneint, sie ist da. Und wenn sie in das bewusste Erleben eintritt, geht damit zugleich die Einsicht einher: Ja, so denken, empfinden und handeln wir. Das ist bei uns globalen Menschen die 'richtige Sitte'. Wir haben Erkenntnisse in vier Quadranten, jeder Quadrant hat außerdem einen äußeren und einen inneren Aspekt (z.B. schauen wir den Menschen von außen als rationales Wesen an *und* erkennen uns selbst als rational). Wir haben also Naturwissenschaft, Soziologie, Bewusstseinsentwicklung (Psychologie, Kunst usw.) und eine biologisch-mentale Wissenschaft (auch Psychologie, Philosophie, Pädagogik usw.). Die Entwicklung geht vom Zentrum, vom Urknall aus und verläuft von primitiv zu kompliziert, vom Detail zum Integral (das alle Details in sich enthält) – und darüber hinaus.

Der zweite Weltkrieg u.a. hat uns klar gezeigt, wie magisch-mythische Ideologie vernichtend wirkt, wenn sie in die Politik hineinwirkt. Die globale Menschheit muss sich also davon distanzieren, muss die Rationalität, die Vernunft vollständig realisieren und weiter transzendieren, darf jedoch nie in die alten Ideologien zurückfallen. Die Toleranz ist universell: Alles ist gestattet und wird zugelassen, nur nicht die Intoleranz.

Das ist der Kontext, in dem wir leben, und so müssen wir, sollen wir sein. Im ersten Kapitel habe ich die meditative Erfahrung beschrieben, die beim Meditieren dieses Kontextes eintrat. Und ich habe sehr, sehr intensiv erlebt, wie *nahe* dieses Weltbild ist, wie stark dieser Kontext uns bestimmt und wie man in einen geistigen Kampf hineingezogen wird, einen Kampf zwischen Geistern, die dieses Weltbild unterstützen und es dem Menschen inspirativ eingeben, und Geistern, die etwas ganz anderes vom Menschen erwarten.

Seitdem verstehe ich noch realer, dass dieser Kontext auch in der heutigen Anthroposophischen Gesellschaft leitend ist.

Man kann diesen Kontext in allen Diskussionen im Internet wiederfinden – wenn man ihn einmal in sich selbst gesehen hat. Sieht man ihn nicht, dann führt er einen unbewusst und um so stärker. Der Mensch – ob er nun Anthroposoph ist oder nicht – ist immer sehr stark vom Weltbürgertum geprägt und wird es immer mehr werden.

Dieser Weltbürger (der etwas anderes ist als ‚ein Mann oder eine Frau von Welt') spricht seine eigene kräftige Sprache und benutzt unsere Sprachorgane und unsere schreibende Hand – bis wir ihn in uns selbst angeschaut haben. Und *wenn* wir ihn sehen, ist es schwierig, sich nicht unmittelbar in ihn zu verlieben, denn er spricht schöne Worte: Toleranz, Frieden, Global, Integral, Transpersonal, Verständnis, Offenheit, Harmonie, Glück für Alle. Ist das nicht der Christus selbst, der da spricht...?

Neben den Wissenschaften hat Ken Wilber auch die Spiritualität integriert. Er hat sie völlig durchschaut und erkannt (so meint er) und auch erfahren, denn er widmete sich der Praxis von Zen und tibetanischem Buddhismus und hat auch die abendländische Spiritualität eingehend studiert, was aus dem Kapitel ‚Die Tiefen des Göttlichen' in ‚Eros, Kosmos, Logos' und z.B. aus seinem Buch ‚Integrale Spiritualität'[26] hervorgeht. Wilber hat natürlich auch die Moderne und Postmoderne studiert, und sein Integral umfasst die Anschauungen vieler Forscher. Im Cover-Text des eben erwähnten Buches heißt es in der englischen Ausgabe:[27]

‚Ken Wilber is the author of over twenty books. He is the founder of Integral Institute (www.integralinstitute.org), a visionary think-tank for studying issues of science and society, with outreach through local and online communities, see www.integralnaked.org, www.kenwilber.com, and www.integralspiritualcenter.org.'

Wilber meint zwar, dass die Forscher aus ihren Befunden ein Integral machen könnten, dass er selbst das könne. Er selbst ist jedoch auch in seinem Kontext im Kontext im Kontext eingeschlossen. Deshalb muss er die Spiritualität und die Erkenntnis der Bewusstseinsphasen, wie Rudolf Steiner sie dargestellt hat, negieren, *ohne* sie zuvor aufgenommen zu haben – und damit kann er sie also auch nicht ‚bewahren'. Die Anthroposophie steht völlig außerhalb der Holarchie, fällt aus der Holarchie heraus, ist ein Holon für sich, das nicht in die dargestellte

[26] Ken Wilber, Integrale Spiritualität. Spirituelle Intelligenz rettet die Welt. Kösel-Verlag, München 2007.

[27] Ken Wilber, Integral Spirituality. A Startling New Role for Religion in the Modern and Postmodern World. Integral Books 2006.

Entwicklung passt.

Es gibt Anthroposophen, die meinen, sie könnten die Anthroposophie in Wilbers Vision integrieren. Wilber selbst hat mehr Verstand, er lässt sie außer Acht, sie lässt sich in seine Vision nicht integrieren. Warum nicht? Es gibt doch Übereinstimmungen?

	Aurobindo u.a	*Gebser*	*Steiner*
Klares Licht	Super-Geist		
Ultraviolett	Über-Geist		Atman
Violett	Meta-Geist (intuitiv)		Buddhi
Indigo	Para-Geist (transglobal)		Manas
Türkis	Höhe Schau-Logik	Integral	Bewusstseinsseele
Petrol	Niedere Schau-Logik	Integral	Bewusstseinsseele
Grün	Pluralistischer Geist	Pluralismus	Vernunft
Orange	Formal Operational	Rational	Verstandesseele
Bernstein	Konkret Operational	Mythisch	Empfindungsseele
Rot	Prärationaler Geist (konzeptionell)	Magisch	Astral
Magenta	Prärationaler Geist (symbolisch)	Magisch	Ätherisch
Infrarot	Sensomotorisch	Archaisch	Physisch

Abbildung 17[28]

So könnte die Menschheitsentwicklung nach Rudolf Steiner integriert werden. Warum erwähnt Wilber ihn nicht? Weil er ihn nicht kennt? Das scheint ausgeschlos-

---

[28] nach Ken Wilber, Integrale Spiritualität, Abbildung zwischen S. 96 und 97. Integration der Erkenntnisstufen nach Rudolf Steiner durch die Autorin.

sen, wo er doch so integral entwickelt ist.

Wir müssen das obige Schema (das man bezüglich der Anthroposophie auch noch in anderer Weise ergänzen könnte) eingehend anschauen.

Die von Wilber aufgeführten Forscher untersuchen die Entwicklung in *einer* Welt. Welt und Geist (wenn sie ihn anerkennen) sind für diese Forscher identisch. Es gibt nur eine Welt, und das ist die vorhandene. Sie kann von vielen Gesichtspunkten (Quadranten) aus erkannt werden, es sind die vielen Ausgestaltungen des Einen, und das Eine ist die Vielheit.

Ähnliches sagt auch Steiner, wenn er den Dualismus für nicht gültig erklärt, wenn er in seiner ‚Philosophie der Freiheit' setzt, man brauche nur diese Welt, um zur vollständigen Erkenntnis zu gelangen. Was ist dann aber der Unterschied, und warum kann man Steiner nicht in die Reihe der Erleuchteten einfügen, warum bringt er einen Mann wie Wilber so in Verlegenheit, dass dieser ihn negieren muss?

Zwar verweist auch Steiner auf die eine Welt, in der alles als offenbares Geheimnis verborgen liegt. Wir brauchen tatsächlich nicht über diese eine Welt hinauszugreifen, wenn wir erkennen wollen, denn uns wurde alles gegeben, was wir brauchen. Das Eine gestaltet sich als Vieles. Es gestaltet sich jedoch nicht nur in einer Holarchie, in immer weiter sich entwickelnden Holons, die mit Quadranten erkannt werden können. Es gestaltet sich nicht nur in vielen Formen; es gestaltet sich auch in vielen ‚Welten', die – für die Sinne und den Verstand – unsichtbar sind. Der Mensch kann sie jedoch finden, da er sie alle in sich hat. Was außen ausgebreitet liegt und Ausdruck des Einen in den vielen Formen ist, ist im Menschen in Einem, das sich vielfältig gestaltet, zugegen – oder man kann sagen: es ist im Menschen aus vielen Welten kommend, denen die Einheit zugrunde liegt.

Die Erkenntnis der Welt und des Menschen, der Natur, des Geistes, des Lebens, des Bewusstseins, kann nicht in *einer* Welt überschaut werden. Diese *eine* Welt gibt nur die Resultate als Wahrnehmungen. Das sind jedoch Illusionen. Es ist jedoch nicht so, dass die Anthroposophie bestätigt: Die Welt ist Illusion, aber Gott ist die Welt – so einfach kann man es nicht sagen. Sie sagt: Die Welt, wie sie sich als Resultat den Sinnen und dem Verstand darbietet, ist Illusion. In ihr wirken viele Welten, viele Bewusstseine zugleich. Und der Mensch hat sie alle, muss sie jedoch erst erkennen lernen.

Die Frage, war der Mensch am Anfang der Erdenentwicklung primitiver als jetzt, muss mit ja *und* nein beantwortet werden. Der Mensch war reiner, weiser, noch vollständig transpersonal, aber physisch noch nicht imstande, sich seiner Umwelt und seiner Fähigkeiten so zu bedienen wie der heutige Mensch. Weise war er, ohne Verstand. Realitäten träumte er, war jedoch nicht wach. Das hehre Bild, reales Wesen des göttlichen Menschen, war noch da, auch Adam Kadmon genannt.

Wilber würde eine solche Vorstellung mythisch, magisch, sogar archaisch nennen. Deshalb lässt sich sein Integral nicht mit der Anthroposophie integrieren. Denn die letztere weiß, dass jeder Mensch die vollständige Weisheit des Menschen, wie sie aus vielen Welten kommt, in sich trägt ... und die Stufe der Entwicklung eines Menschen ist nur bestimmt durch die Reinheit seiner Seele, die, indem sie immer durchlässiger wird, die Weisheit im Menschen, die Anthroposophie in das Bewusstsein bringen kann.

Welches sind diese Welten?

Auch ich kann Steiners ‚Vision' nicht in die Wilbersche integrieren. Wenn wir also nicht integrieren können, müssen wir differenzieren. Zuerst noch einmal Wilbers Vision: Alles ist Holon. Holons in Holons in Holons. Die Entwicklung geht aus einem Zentrum, dem Urknall, hervor, und die verschiedenen Holons entwickeln sich spiralig aufwärts, spezialisieren sich, werden in der Noosphäre jedoch allmählich umfassender, umfassen vollständig die vorhergehende Holarchie, die vorherigen Stufen werden negiert, aber trotzdem bewahrt. Die Dialektik Hegels, wie er sie in seiner ‚Wissenschaft der Logik' [29] entfaltet, offenbart sich hier als grundlegendes Muster. Aus einem Begriff entwickelt sich durch Negation ein neuer. Das Neue erhält jedoch das vorherige, obwohl es in die Negation gebracht wurde.

Sein
↓ → Werden
Nicht-Sein

Oder:

Wasserstoff	$2H^{+}$		
	+	→	H_2O Wasser
Sauerstoff	O^{2-}		

$H_2O \rightarrow H^{+} + OH^{-}$

[29] G.W.F. Hegel, Wissenschaft der Logik, 1. Teil, Felix Meiner Verlag, Leipzig 1923.

Kohlenstoff kommt hinzu: $C^+ + OH^- \rightarrow COH$

Die organische Substanz entsteht → Pflanze

Wenn COH und N_2 sich zu einem höheren Holon zusammenschließen, entsteht die Möglichkeit zu Eiweißsubstanz → Tier.

Wenn man die vier Quadranten in dieser Weise noch einmal erlebend durchdenkt, bekommt man eine Ahnung dieses Weltbildes. Wilber denkt sich auch *vor* dem Urknall noch Holons: Holons immer weiter abwärts – er kann sie in sein Schema jedoch nicht aufnehmen, weil sie sich der Empirie entziehen. Und das ist ein grundlegender Zug in Wilbers Vision. Er nennt seine Spiritualität rational. Steiner nennt die Anthroposophie auch rational. Die Bedeutung dieser gleichen Worte ist jedoch unüberbrückbar verschieden. Wilber sieht die Rationalität als absolute Überwindung der vorherigen Bewusstseinsstufen – das ist in der heutigen Wissenschaft üblich. Das archaische Bewusstsein, das magische, das mythische Bewusstsein sind primitive Vorstufen der Vernunft. Das Kind durchschreitet sie (und zwar schnell, innerhalb von sieben Jahren), und es wird dann höchste Zeit, das Kind mit der Erkenntnis zu erleuchten, dass der ‚Weihnachtsmann nicht existiert'.

Das rationale Zeitalter bedeutet, dass der Mensch, der auf der Höhe seiner Zeit steht, nicht mehr Bilder verwendet, sondern Begriffe, wenn er etwas verstehen oder verständlich machen will. Alle Spiritualität, die mythische Bilder oder Symbole verwendet, ist für Wilber ‚mythische Dissoziation' oder ‚Regression'. Aus der Rationalität geht geradlinig-spiralig die Schau-Logik und das Transpersonale hervor – und schließlich das (vorläufig) höchste, das nichtduale Bewusstsein. Was jeweils zuvor erreicht wurde, wird zwar nicht aufgegeben, aber negiert. Die Spiritualität Wilbers, die integrale Spiritualität, kann also nie mythisch/magisch/archaisch geprägt sein. Die Ratio hat die Welt entzaubert, vom mythischen Charakter erlöst, und die Spiritualität, die daraus ersteht, erkennt keine Wunder an. Nur was empirisch bestätigt werden kann, kann mitgenommen werden. Das übrige darf als Zeuge einer vorigen Stufe bestehen bleiben, darf jedoch nicht mitwirken, muss negiert werden. Wilber ist der neue Assistent von Faust, ein neuer Wagner, der nur sieht, wie herrlich weit wir es gebracht haben, der jedoch nicht des Pudels Kern sieht – denn dass dieser einen Kern haben könnte, der der Teufel selbst ist, ist eine mythische Dissoziation. Rationale Spiritualität bedeutet also die Unmöglichkeit, ‚Spinat in Kartoffeln zu verwandeln'.[30]

Auch Rudolf Steiner nennt die moderne Spiritualität, die Anthroposophie, ‚rational'. Was meint er damit? Er meint, dass die Logik, die wir mit dem Verstand erworben haben, zum Prüfen der Geisteswissenschaft verwendet werden kann. Zwar geht der Inhalt dieser Geisteswissenschaft weit über das entzauberte, ‚entwunderte' Rationale hinaus; die irdische Logik kann jedoch, wenn sie unvoreingenommen eingesetzt wird, verwendet werden, um die Ergebnisse des Geistesforschers zu verstehen und durch das Verstehen anzuerkennen, zu bejahen. Hier wird also nie der Glaube an ein Dogma gefordert – sei es mythisch, magisch, rational oder was auch immer –, sondern in der Geisteswissenschaft waltet die Logik, so wie in der Naturwissenschaft. Der *Inhalt* unterscheidet sich in beiden, die Form des Begreifens jedoch nicht – *wenn* nur eine Unvor-

[30] Ken Wilber, a.a.O., S. 311, siehe das Zitat auf S. 195 ff.

eingenommenheit da ist.

Es darf also auch bei Steiner die Vernunft behalten werden, und auch bei ihm wird sie beim Aufsteigen in die spirituellen Höhen negiert – sonst bliebe man im Verstand stecken. In der Anthroposophie bedeutet ‚rational' jedoch, dass die Vernunft es vermag, auch archaische, magische, mythische Bilder zu durchschauen und sogar zu verwenden, wo sich etwas ausdrücken will, was das phrasenhafte Wort nicht benutzen darf.

Die Spiritualität von Ken Wilber werde ich in einem folgenden Kapitel weiter besprechen. Jetzt schauen wir uns noch einmal das Schema der Bewusstseinsstufen an.

Die Entwicklung nach Wilber verläuft in *einer* einzigen nichtdualen Welt, in der es immer wieder neue Omega-Punkte gibt, Ziele, zu denen die Entwicklung hingezogen wird. Ideale gibt es nicht, denn diese sind nicht zielgerichtet und schon gar nicht ‚zielgeführt'. Omega-Punkte gibt es, Keime, die ziehen. So wie der Jüngling Arzt werden möchte und sich für das Ende der sechs oder sieben Jahre des Studiums dieses Ziel setzt, das ihn dann durch die Schwierigkeiten ‚zieht', so verläuft alle Entwicklung. Und wenn der Jüngling dann ein junger Mann, ein Arzt geworden ist, nimmt er das Studium als Ergebnis zwar mit, negiert es jedoch als Studium – denn es liegt glücklicherweise endlich hinter ihm. Die Struktur dieser Entwicklung wird zum Integral gemacht: Alle Entwicklung verläuft im Großen genau wie im Kleinen.

Wollen wir dieser Vision die Geisteswissenschaft gegenüberstellen, dann können wir nicht so leicht derartige Schemata aufstellen. Wir können es zwar, aber sie sind ohne Bedeutung. Im Schema von Wilber liegt die Bedeutung in den Inhalten der modernen und postmodernen Wissenschaft. Wollen wir die Stufen der geisteswissenschaftlich erforschten Erdenentwicklung ergründen, so müssen wir im Einzelnen untertauchen – wir müssen differenzieren. Dazu wähle ich die physische, ‚archaische, sensomotorische' Stufe (s. Schema auf S. 62, unterste Stufe). Wenn wir erlebend, sehr konzentriert und differenzierend mitdenken, finden wir eine Welt.

Man stelle sich zunächst vor, wie an einem bestimmten Punkt der Erdenentwicklung (nicht am Anfang, sondern nach einer gewissen Entwicklung) der Mensch da ist, ohne schon einen selbstständigen physischen Leib zu haben.[31]

Der menschliche Astralleib (Träger der Seele) ist da und hat den physischen Leib und den Lebensleib – man stelle sich die beiden als vollentwickelten lebendigen Gedanken vor – noch gleichsam ‚aufgelöst' in sich. Man muss diese physischen und ätherischen Leiber als real betrachten, nicht als Anlage. Sie sind da, voll differenziert, aber noch ‚aufgelöst'. Dann treten Trennungen auf, etwas wie eine Art geistige Chemie. Der Astralleib wird vom Erdenfeuer entzündet. (Ken Wilber würde sagen, magisch-mythische Dissoziation führe hier die Gedanken. Wir aber können dieses Urteil negieren und weiter intensiv mitdenken und vorstellen). Der Astralleib wurde vom Erdenfeuer entzündet, und eine Gliederung tritt ein: Das Feinere strebt ‚nach oben', das Gröbere ‚nach unten'. Nach oben differenziert sich der Astralleib in die Empfindungsseele, nach unten in einen ätherischen Teil, der unten vom Irdischen berührt wird. Dadurch tritt der ätherische Leib voll hervor, ‚kristallisiert' gleichsam (natürlich nicht mineralisch).

Dann geht die Differenzierung, die Gliederung weiter:

---

[31] siehe hierzu: Rudolf Steiner, Die Geheimwissenschaft im Umriss, S. 232ff.

Nach oben entstehen die Verstandesseele und sogar die Bewusstseinsseele, insoweit diese bereits geformt sind, nach unten wird der Ätherleib immer gröber: War er zuerst nur für das *Leben* empfänglich, formen sich jetzt Glieder, die für Ton und Licht empfänglich sind. Der Ätherleib verdichtet sich weiter bis hinab zum Feuer und berührt hier das Feuer der Erde, verbindet sich mit diesem.

Man muss sich dies bildlich erlebend vorstellen, dann empfindet man allmählich eine tiefe Verwandtschaft, eine Bejahung. Ja, so war es! – das fühlt man. Das ist nicht eine empirische Bestätigung; es ist auferstandene, lebendige Logik.

Bis hierhin geht also alles aus dem Menschen selbst hervor. Er kann bis zum Feuer hinuntersteigen und erlebt dieses noch als vollständig eigenes Element. Die Luft kann er jedoch nicht selbst handhaben. Er kann seinem Erdenleib, den er durch das Feuer herangezogen hat, ausgestaltet hat, der sich bis zum Festen verdichtet hat, nicht selbst den Atem einflößen. Die Luft wird außerhalb seines eigenen Tuns in seinen Körper gelenkt, dadurch erhält der physische Leib sein Leben von außen, er wird unabhängig vom seelischen Teil des Menschen. Es entsteht also eine ‚duale Welt', eine seelische und eine physisch-ätherische. Erst jetzt tritt auch der Tod ein, wenn die Seele das Abbild ihrer selbst auf Erden zurücklässt.

Die ‚Geister der Form' bleiben nun mit diesem Abbild, das auf Erden hinterlassen wurde, vereinigt, sie führen das von ihnen verliehene Leben auch auf die Nachkömmlinge über, wenn die Menschenseele aus dem Leibe gewichen ist. So bildet sich das heraus, was Vererbung genannt werden kann. Und wenn die Menschenseele dann wieder auf der Erde erscheint, empfindet sie sich in einem Leibe, dessen

Leben aus den Vorfahren herübergeleitet worden ist. Sie fühlt sich gerade zu einem solchen Leibe besonders hingezogen. Es bildet sich dadurch etwas aus wie eine *Erinnerung* an den Vorfahren, mit dem sich die Seele eins fühlt. Diese Erinnerung durchzieht die Folge der Nachkommen wie ein gemeinsames Bewusstsein. Das ‚Ich' strömt herunter durch die Generationen.[32]

So kann man sich differenziert – immer intensiv vorstellend – auch mit den anderen Entwicklungsstufen auseinandersetzen. Untertauchen in die verschiedenen Punkte der Entwicklung sollten wir, wir finden dann verschiedene Welten.

Die Integration von Seele und Leib – was Wilber als Zentaur bezeichnet – finden wir also in der Erdenentwicklung an dem Punkt, wo der Astralleib die beiden anderen Leiber noch aufgelöst in sich enthält. Prä-archaisch, könnte man sagen, ist diese Integration. Wilber aber kennzeichnet den *Zentaur* als Menschen mit der Fähigkeit der rationalen Schau-Logik, also als den Menschen der heutigen Zeit. Für ihn ist es der moderne Mensch, aber eigentlich ist Wilbers Zentaur uralt. Warum er eine solche mythische Figur für die heutige globale Menschheit verwendet, ist mir bis jetzt nicht klar geworden. Nirgends findet man bei ihm Bilder, Mythen, man findet nur Begriffe, die bisweilen griechische Namen haben. Der Zentaur jedoch ist eine mythische Figur. Deshalb tauche ich an dieser Stelle differenzierend in den Zentaur unter und vergleiche den Zentaur Wilbers mit dem Zentaur Steiners. So wird allmählich klar werden, auf welcher Entwicklungsstufe (nach Steiner) sich der Zentaur und das Transpersonale von Wilber eigentlich befinden.

---

[32] Rudolf Steiner, a.a.O., S. 233f.

Der Zentaur

‚Die Weltsicht oder den Welt-Raum der Schau-Logik bezeichne ich auch als ‚existentiell' und ‚zentaurisch'. Der Zentaur ist jenes mythische Fabelwesen, halb Mensch, halb Pferd, das ich (und darin folge ich Hubert Benoit, Erik H. Erikson und anderen) als Symbol für die Integration von Körper und Geist, Biosphäre und Noosphäre benutze.' [33]

‚Mir scheint nämlich, in der Schau-Logik mit ihrem zentaurisch-globalen Weltbild liegt unsere einzige Hoffnung auf die Integration von Biosphäre und Noosphäre, auf supranationale Organisation eines Welt-Bewusstseins, auf den echten Willen zu ökologischem Gleichgewicht, auf ungehemmte und ungezwungene Formen des globalen Diskurses, auf eine Konföderationspolitik ohne Herrschaftsansprüche und verkappte Gewaltanwendung, auf den freien Fluss eines weltweiten kommunikativen Austauschs, auf die Entstehung echter Weltbürgerschaft, auf eine Kultur, die ernsthaft Raum schafft für weibliche Agenz, das heißt auf die Integration des Männlichen und Weiblichen in der Noosphäre ebenso wie in der Biosphäre. Und all das zusammen ist meiner Ansicht nach erst die Plattform für die eigentlich interessante Entwicklung zu höheren und transpersonalen Bewusstseinsformen, die in unserer gemeinsamen Zukunft liegen – sofern es eine Zukunft gibt. [...] Die Schau-Logik oder der integral-aperspektivische Geist nimmt dagegen alle Perspektiven zusammen, hebt also keine einzelne Perspektive als die endgültige heraus – das ist mit ‚aperspektivisch' gemeint.

---

[33] Ken Wilber, a.a.O., S. 236f.

Der aperspektivische Geist ist mit anderen Worten durch und durch holonistisch: Kontexte in Kontexten in Kontexten ohne Ende.' [34]

Dies ist das uns so vertraute Paradigma, in dem wir eingeschlossen sind. Darin wäre eine Anthroposophie nicht möglich, denn sie und ihr Begründer würden sich als einzelne Perspektive, die in unserer Zeit die eine Wahrheit verträte, tatsächlich herausheben. Will man als AAG[35] also überhaupt im globalen Diskurs mitreden, muss man klein beigeben und tolerant, transparent, weltoffen usw. sein.

Die Schau-Logik integriert alle Dimensionen. Diese Dimensionen gehören zur einen Welt. Georg Feuerstein sagt: [36]

‚Diese im Entstehen begriffene Bewusstseinsstruktur erlaubt zum ersten Mal in der Geschichte der Menschheit die Integration aller früheren (aber gemeinsam präsenten) Strukturen, und durch diesen Akt der Integration wird die menschliche Persönlichkeit gleichsam für sich selbst transparent. [...] Das ist ein Fühlen durch den gelebten Körper. Hier gibt es keinerlei Versuch, dem körperlichen Dasein in irgendeiner Weise zu entfliehen. Sondern ein uneingeschränktes Annehmen der Körperlichkeit, ein Urvertrauen in die Körperlichkeit – transparenter Körper-Geist.'

Wilber:[37]

---

[34] Ebd.
[35] AAG = Allgemeine Anthroposophische Gesellschaft, Dornach.
[36] Ebd., S. 239.
[37] Ebd., S. 240f.

‚Der Geist betrachtet nicht mehr Repräsentationen äußerer Objekte – das ist das Reflexions-Paradigma –, sondern der Geist betrachtet den Geist – intersubjektiv. [...]
Die zentaurisch-integrale Dimension als weltzentrische Perspektive bezeichnet Gebser als ‚universal-integral', ‚weltoffen' und ‚welt-transparent' [...] An die Stelle der egoistisch-rationalen Welt tritt nach Gebsers Worten ‚die offene Weite einer offenen Welt', die ‚aperspektivische Welt' – die höchste Entwicklungsform der weltzentrischen Perspektive, zu der die Rationalität den Anstoß gab und die sich in der Schau-Logik vollendet.'

Weltzentrisch steht im Gegensatz zu anthropozentrisch.

Wilber:[38]

‚Die Plattform einer emergierenden Weltkultur wird unterdessen von internationalen Märkten des materiell-ökonomischen Austauschs und durch den zunehmend freien Austausch von Rationalitätsstrukturen geschaffen, womit ich insbesondere die empirisch-analytische Wissenschaft und den Informationstransfer per Computer meine (das ‚Informationszeitalter' ist einfach das ‚Zeitalter der Noosphäre'), also Dinge, die ihrer Natur nach supranational sind.
[...]
Das Weltumfangende und seine pluralistische Weltföderation kann nur von den einzelnen gesehen, verstanden und mit Inhalt gefüllt werden, die bereits eine universale Schau-Logik entwickelt haben und erkennen, dass die neue Ressourcenknappheit nicht nur den materiell-ökonomischen Bereich betrifft, sondern die Ressourrce eines Lebenssinns, der nicht mehr im Ich oder im Stamm, in Rasse oder Nation zu finden ist, sondern als seinen

[38] Ebd., S. 248 und 253.

Kontext und Zielpunkt eine Weltkultur hat, in der das Blut der einen Menschheit strömt und das Herz eines sehr kleinen Planeten schlägt, der jetzt um sein Überleben ringt und seiner eigenen Erlösung zu einem tiefen und wahren Morgen harrt.'

Wunderschöne Worte, die einen, wenn man sie nur so mitdenkt und -fühlt, in die Höhen der Ekstase, der Selbstvergessenheit mitreißen können. Leicht wird der darin verkörperte Machtspruch übersehen: Nur die Zentauren haben das richtige Urteil. Nach diesem Machtspruch darf die Autorin dieses Buches gar nicht mitreden, denn sie lebt nach Wilber in der ‚Dissoziation' von Ansprüchen auf eine für alle Menschen geltende Wahrheit, haftet an Egoistisch-Rationalem oder fällt sogar in einen mythischen Imperialismus der Idee zurück. Oder in den Worten Nietzsches:[39]

„... dass kleine Mucker und Dreiviertels-Verrückte sich einbilden dürfen, dass um ihretwillen die Gesetze der Natur beständig durchbrochen werden – eine solche Steigerung jeder Art Selbstsucht ins Unendliche, ins Unverschämte kann man nicht mit genug Verachtung brandmarken. Und doch verdankt das Christentum (jede Form mythischer Wortgläubigkeit) dieser erbarmungswürdigen Schmeichelei vor der Personal-Eitelkeit seinen Sieg – gerade alles Missratene, Aufständisch-Gesinnte, Schlecht-weg-Gekommene, den ganzen Auswurf und Abhub der Menschheit hat es damit zu sich überredet. Das ‚Heil der Seele' – auf deutsch: ‚Die Welt dreht sich um mich."

Und ein anderes Zitat, diesmal aus dem ‚Manifest der

[39] Ebd., S. 258, zitiert aus ‚Der Antichrist'.

kommunistischen Partei' von Karl Marx und Friedrich Engels:[40]

‚Alle festen, eingerosteten Verhältnisse mit ihrem Gefolge von altehrwürdigen Vorstellungen und Anschauungen werden aufgelöst, alle neugebildeten veralten, ehe sie verknöchern können. Alles Ständische und Stehende verdampft, alles Heilige wird entweiht, und die Menschen sind endlich gezwungen, ihre Lebensstellung, ihre gegenseitigen Beziehungen mit nüchternen Augen anzuschauen.'

Einerseits ist deutlich erlebbar, dass Wilber klar und ausführlich die öffentliche Meinung unserer Zeit ausspricht, wie sie in allen großen Gebieten des Lebens herrscht. Wissenschaft, Kunst, Moral, er nennt sie ‚die große Drei'. Wir fühlen uns – jedenfalls mit einem Teil unserer Wesenheit – in jenem Paradigma zuhause, weil es uns mit geformt hat und noch immer formt.

Wer jedoch die so ganz andere Weltsicht, die so unvereinbar anderen Erkenntnisse der Anthroposophie aufgenommen hat, der kann sich diesem Paradigma – sobald er sich bewusst wird, dass es da ist – nicht mehr hingeben. Schmerzvoll müssen wir doch erleben, dass es ein *anderes* Paradigma hätte geben sollen, von Rudolf Steiner genannt: die Kulmination der anthroposophischen Bewegung, die eine Integration der platonischen und aristotelischen Bewegung hätte sein sollen. Kulturfaktor hätte sie sein sollen. Statt ihrer hat jene andere gesiegt – vorläufig wenigstens.

Wir können an jedem Tag, ja in jeder Sekunde anfangen, die Bewegung aufzurufen die Kulmination zu befördern. Das können wir aber nur, wenn wir einsehen, dass eine *ge-*

---

[40] Ebd., S. 449.

gensätzliche Bewegung droht, der einzige Kulturfaktor zu werden, und dass dieser Faktor die Anthroposophie, wie sie wirklich ist, nicht dulden kann, nicht integrieren kann. Diese Bewegung kann die Anthroposophie nur negieren oder in einer umgeformten (anti-anthroposophischen) Gestalt dem neuen Holon einverleiben. Es muss dann klar sein, dass sie sich ganz auf die zentaurische ‚Höhe' zu bringen hat: Weltoffen, welttransparent, rationale Schau-Logik, keine mythischen Dissoziationen.

Warum lassen die beiden Bewegungen sich nicht integrieren? Wilber weiß, dass es nicht sein soll, er spricht kein Wort über Anthroposophie. Die Anthroposophen jedoch richten sich nach dem Verlangen nach Einigung und ahnen offenbar nicht, dass sie – die Anthroposophie – getötet werden wird. Oder streben sie selbst nach der Vernichtung der Anthroposophie Rudolf Steiners?

Man muss die schönen Worte Wilbers durchschauen. Sein Zentaur zeigt die Integration von Materie und Geist und lässt alle übrigen zehn Weisen, die Welt anzuschauen, außer Acht.

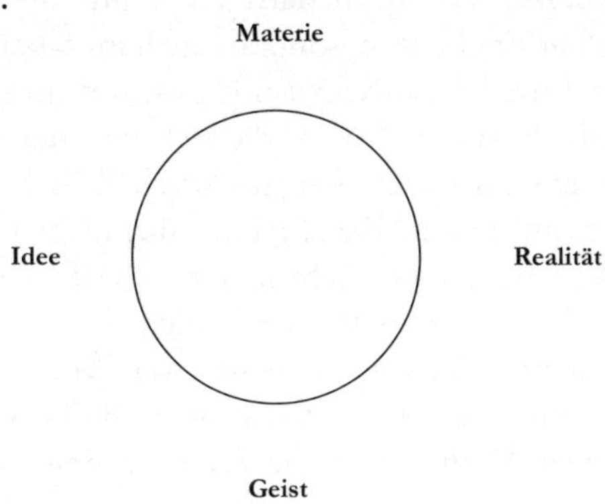

Abbildung 18

Sein Blick haftet vollständig an der einen Welt, in der der Mensch endlich den Existentialismus ausbildet. Er ist aber kein Materialist, sondern auch Spiritualist! Das Eine ist das Andere, das Andere das Eine. Materie *und* Geist sind in *dieser* Welt integriert, andere Welten gibt es nicht – nur andere Dimensionen. Der Körper wird sterben, aber das braucht einen nicht zu beunruhigen, wenn man die Seele im All-Gewahrsein gefunden hat. Die Einzel-Existenz muss zwar aufgegeben werden, das Bewusstsein des Sein jedoch bleibt erhalten, war immer da, wird immer da sein. Es gibt nur *eine Welt*, in der ein klares, leeres, im All-Einen lebendes Gewahrsein lebt – vollkommen, nichtdual, zugleich mit der Vielheit, ja sich in dieser Vielheit unendlich kreativ umformend, ausdrückend. Es gibt keine Welt der Verstorbenen, keine nachtodliche Welt.[41] Alles ist jetzt, hier, in vollem Umfang da.

Man muss sich des Unterschiedes zur Anthroposophie klar bewusst sein: In ihr wird auch *eine* Welt erlebt, in der alles, was war und was sein wird, schon da ist, zugleich und unmittelbar. Nur ist diese eine Welt gegliedert, und sie ist *mannigfaltig* gegliedert: nicht nur im Sichtbaren, unmittelbar Erlebbaren, sondern auch im Übersinnlichen. Zwar sind die Verstorbenen mit uns, um uns, in uns; sie leben jedoch in einer Welt, die sich von der alltäglichen Welt wesentlich unterscheidet – deshalb nehmen wir sie nur vage und nur in Resultaten wahr, nicht unmittelbar. Diese Welt wird vom nichtdualen Gewahrsein nicht bemerkt – also gibt es sie für dieses nicht.

Das siegende Paradigma dient zwei Wesen: dem Drachen der empirischen Wissenschaft und der Schlange der öffentlichen Meinung. Beide Wesen zwingen – zur rati-

---

[41] siehe nächstes Kapitel.

onalen, kontextgebundenen Wissenschaft und zur weltzentrischen, aperspektivischen öffentlichen Meinung, die im Diskurs gebildet wird. Freiheit ist nur noch ein Wort, Gleichheit wird zur geistigen Nivellierung, Brüderlichkeit ist blutleer oder triebhaft.

Das Symbol Zentaur steht für Integration von Körper und Geist, es zeigt also diese *eine* Welt, spirituell-materiell, Eins-All-Vieles. Ich nehme an, dass das Symbol richtig gewählt wurde – denn man kann im Werk Wilbers nicht von ‚unrichtig' sprechen. Für die Absichten eines bestimmten Weltwesens gelten seine Aussagen, das macht es so schwierig, zur Wahrheit zu kommen. Dieses Weltwesen lebt in uns allen, tritt uns überall auch von außen entgegen. Er ist der Geist dieses spirituell-materiellen Weltbildes, er lässt nur eine Welt gelten, und das ist die seinige.

So muss man also wohl annehmen, dass das Symbol Zentaur richtig verwendet wird. Deshalb habe ich das ‚Differential' dieses Zentaurs bei Rudolf Steiner gesucht. Schon sehr früh in der menschlichen Entwicklung zeigt sich das Bild des Zentauren. Das folgende Zitat ist die Weiterführung der obigen Zusammenfassung aus ‚Die Geheimwissenschaft im Umriss'.[42]

‚Der Mensch empfand sich auf dieser Entwickelungsstufe während seiner Erdenzeit als ein selbständiges Wesen. Er fühlte das innere Feuer seines Lebensleibes verbunden mit dem äußeren Feuer der Erde. Er konnte die ihn durchströmende Wärme als sein ‚Ich' fühlen. In diesen Wärmeströmungen, die von Leben durchwoben sind, ist die Anlage der Blutzirkulation zu finden. In dem aber, was als Luft in ihn hineinströmte, fühlte der Mensch nicht ganz

[42] Rudolf Steiner, Die Geheimwissenschaft im Umriss, S. 234f.

sein eigenes Wesen. In dieser Luft waren ja die Kräfte der charakterisierten höheren Wesen tätig. Aber es war ihm doch derjenige Teil der Wirkenskräfte innerhalb der ihn durchströmenden Luft geblieben, welcher ihm schon durch seine früher gebildeten Ätherkräfte eigen war. Er war Herrscher in einem Teil dieser Luftströmungen. Und insofern wirkten in seiner Gestaltung nicht nur die höheren Wesen, sondern auch er selbst. Nach den Bildern seines Astralleibes gestaltete er in sich die Luftteile. Während so von außen Luft einströmte in seinen Leib, was zur Grundlage seiner Atmung wurde, gliederte sich ein Teil der Luft im Innern zu einem dem Menschen eingeprägten Organismus, welcher die Grundlage wurde des späteren Nervensystems. Durch Wärme und Luft stand also der Mensch damals in Verbindung mit der Außenwelt der Erde. – Dagegen empfand er nichts von der Einführung des festen Elementes der Erde; dieses wirkte mit bei seiner Verkörperung auf der Erde, aber er konnte die Zuführung nicht unmittelbar wahrnehmen, sondern nur in einem dumpfen Bewußtsein im Bilde der höheren Wesenheiten, welche darin wirksam waren. In solcher Bildform als Ausdruck von Wesen, die über ihm stehen, hatte der Mensch auch früher die Zuführung der flüssigen Erdenelemente wahrgenommen. Durch die Verdichtung der Erdengestalt des Menschen haben nun diese Bilder in seinem Bewußtsein eine Veränderung erfahren. Dem flüssigen Elemente ist das feste beigemischt.'

Wir können erleben, wie der Gegensatz von Blut und Nerv entsteht.

Im Vortrag vom 11.12.1917 beschreibt Rudolf Steiner den Zentauren in uns:[43]

[43] Rudolf Steiner, Geschichtliche Notwendigkeit und Freiheit, Schicksalseinwirkungen aus der Welt der Toten, GA 179, S. 71ff.

‚In dem Augenblicke, wo wir den Sinnesteppich gewissermaßen enträtseln würden auf einer ersten Stufe, so daß wir nach außen hin mehr sehen würden als die Mannigfaltigkeit der Sinnesimpulse – was würden wir da auf dieser ersten Stufe der spirituellen Enträtselung des Sinnesteppichs sehen? Diese Frage wollen wir uns einmal vorlegen.
Es kann zunächst überraschen, was als dasjenige genannt werden muß, das man zunächst sieht. Was man da zunächst sieht, ist eine Summe von Kräften, die alle darauf ausgehen, unser gesamtes Leben zu impulsieren von der Geburt, oder sagen wir von der Empfängnis bis zum Tode. Nicht in den einzelnen Ereignissen würden wir unser Leben sehen, wenn wir den Sinnesteppich enträtseln, aber in seiner ganzen Artung. Nicht irgend etwas ganz Fremdartiges würden wir zunächst finden, uns selbst würden wir finden auf der ersten Stufe der Enträtselung der Sinneswahrnehmungen - aber uns selbst nicht, wie wir in diesem Augenblicke sind, sondern uns selbst so, wie wir geartet sind dieses ganze Leben zwischen der Geburt und dem Tode. Dieses Leben, das nicht in unseren physischen Leib hereinspielt, daher auch nicht mit physischen Sinnen wahrgenommen werden kann, dieses Leben spielt in unseren Ätherleib, in unseren Bildekräfteleib herein. Und unser Bildekräfteleib ist im wesentlichen ein Ausdruck dieses Lebens, das wir überblicken würden, wenn wir die Sinne, die Sinneswahrnehmungen ausschalten würden. Würde gewissermaßen der Sinnesteppich zerreißen – und er zerreißt, wenn der Mensch zum Schauen aufsteigt –, so findet sich der Mensch selbst, so wie er geartet ist für diese Erdeninkarnation, in der er die betreffende Beobachtung macht. Aber wie gesagt, die Sinne sind nicht geeignet, dies wahrzunehmen.
Was ist geeignet, dies wahrzunehmen? Der Mensch hat es schon, was geeignet ist, dies wahrzunehmen; aber er hat es in einer solchen Entwickelungsstufe, daß von einem wirklichen Wahrnehmen gegenwärtig noch nicht die Rede sein kann. Was da wahrgenom-

men würde, das dringt in kein Auge, kein Ohr, dringt nicht in Sinnesorgane, sondern wird – ich bitte Sie, das wohl zu verstehen – eingeatmet, mit dem Atem eingesogen. Und das, was unserer Lunge ätherisch zugrunde liegt – *von der physischen Lunge kann ja dabei gar nicht die Rede sein, denn die Lunge ist, so wie sie ist, kein unmittelbares Wahrnehmungsorgan –, was ätherisch unserer Lunge zugrunde liegt,* das ist eigentlich Wahrnehmungsorgan, *aber für den Menschen zwischen Geburt und Tod nicht brauchbares Wahrnehmungsorgan desjenigen, was da eingeatmet wird. In der Atemluft, die wir einsaugen, liegt eigentlich in bezug auf jeden Atemzug, wie er sich einfügt in den Gesamtrhythmus des Lebens von der Geburt bis zum Tode, unsere tiefere Wirklichkeit. Es ist nur so eingerichtet, daß das, was dem ganzen Lungensystem zugrunde liegt, beim Menschen auf dem physischen Plan unausgebildet ist, nicht vorgeschritten ist bis zu der Fähigkeit, wahrzunehmen. Würde das, was eigentlich unser Lungensystem aufbaut, was da ätherisch zugrunde liegt, untersucht und richtig erkannt, dann stellte es sich im Grunde genommen als ganz dasselbe dar, was physisch, für die physische Welt, unser Gehirn mit den Sinnesorganen ist. In dem, was unserem Lungensystem zugrunde liegt, haben wir ein Gehirn auf einer früheren Entwickelungsstufe, auf einer, man möchte sagen, noch kindlichen Entwickelungsstufe. Auch in dieser Beziehung tragen wir gewissermaßen – ich sage ausdrücklich: gewissermaßen – einen zweiten Menschen in uns. Und Sie stellen nicht falsch vor, wenn Sie sich denken, daß außer dem physischen Kopf, den der Mensch trägt, noch ein ätherischer Kopf vorhanden ist, der nur noch nicht als Wahrnehmungsorgan im gewöhnlichen Leben brauchbar ist, der aber in der Anlage Wahrnehmungsvermögen hat für das, was hinter dem Bildekräfteleib, als diesen Bildekräfteleib schaffend, liegt. Dies aber, was da hinter dem Bildekräfteleib schaffend liegt, das ist dasjenige, in das wir eintreten, wenn wir durch die Pforte des Todes gehen. Den Bildekräfteleib selbst legen wir dann ab, aber was ihn schafft, was ihn produziert, in das treten wir ein. Es ist vielleicht eine schwierige Vorstellung; allein es ist gut, wenn Sie versuchen, diese Vorstellung wirklich zu Ende zu denken. Schematisch könnten wir uns die Sache doch noch verdeutlichen.*[44]

Wir stellen uns das physische System des Kopfes vor, und wir stellen uns das physische System der Lunge vor (siehe Zeichnung, rot), hereinwirkend aus dem Kosmos die Impulse des Kosmos (blaue Pfeile), die sich rhythmisch ausdrücken in den Lungenbewegungen (rot schraffiert). Durch unsere Lunge stehen wir mit dem ganzen Kosmos in Beziehung, und der ganze Kosmos schafft an unserem Ätherleib. Den Ätherleib selbst legen wir ab, wenn wir durch die Pforte des Todes treten, aber wir treten ein in dasjenige, was hineinspielt in unser Lungensystem; das steht mit dem ganzen Kosmos in Verbindung.

[...]

Die Frage kann aufgeworfen werden – wir dürfen die Sache vergleichsweise, ohne in Teleologie zu verfallen, so sagen: Warum hat es die weisheitsvolle Weltenlenkung eingerichtet, daß der Mensch, so wie er nun einmal ist zwischen Geburt und Tod, nicht wahrnimmt, was da als rhythmisches Leben hinter dem Sinnesteppich liegt? Warum ist der Kopf des Menschen, der verborgene Kopf des Menschen, dem das Lungensystem entspricht, nicht geeignet zu einem entsprechenden Wahrnehmen? Ja, das führt auf eine Wahrheit, welche, man kann sagen, bis in unser Zeitalter von den entsprechenden okkulten Schulen als ein Geheimnis bewahrt worden ist, weil allerdings mit diesem Geheimnis andere Geheimnisse in Verbindung stehen, die nicht enthüllt werden sollen, sollten, bisher. Allein in unserer Zeit ist eben auch die Epoche gekommen, in der solche Dinge zum Bewußtsein der Menschheit gebracht werden müssen.

[…]

---

[44] Die Zeichnung wurde im Zitat weggelassen.

Ein Kopf ist es allerdings, den wir da in uns tragen als den Kopf eines zweiten Menschen, ein Kopf ist es – aber was zu diesem Kopf gehört, ist auch ein Leib, und der Leib, der dazugehört, der ist zunächst ein Tierleib. Der Mensch trägt also einen zweiten Menschen in sich: dieser zweite Mensch hat einen richtig ausgebildeten Kopf, aber einen Tierleib daran, einen richtigen Kentaur. Der Kentaur ist schon eine Wahrheit. Er ist eben eine ätherische Wahrheit. Das Bedeutsame ist das, daß in dieser Wesenheit eine verhältnismäßig große Weisheit spielt, eine Weisheit, die sich auf den ganzen kosmischen Rhythmus bezieht. Was der Kopf sieht, der diesem Kentaur angehört, das ist der kosmische Rhythmus, in dem auch der Mensch als Wesen, das zwischen Tod und neuer Geburt lebt, eingebettet ist. Es ist jener Weltenrhythmus, der hier in dreifacher Weise selbst zahlenmäßig gezeigt worden ist, jener Rhythmus, auf dem viele Geheimnisse des Kosmos beruhen. Dieser Kopf ist viel weiser als unser physischer Kopf. Alle Menschen tragen einen sehr weisen andern Menschen, eben den Kentaur, in sich. Aber zugleich ist dieser Kentaur, trotz seiner Weisheit, ausgerüstet mit allen wilden Instinkten der Tierheit. Jetzt werden Sie die weise Weltenlenkung verstehen. Sie konnte nicht dem Menschen ein Bewußtsein geben, das auf der einen Seite mächtig ist und den Weltenrhythmus durchschaut, aber auf der andern Seite ungebändigt ist, in wilden Trieben lebend. Aber was in der einen Inkarnation tierisch ist an diesem Kentaur, das wird – halten Sie das, was ich jetzt sage, mit andern Vorträgen zusammen, in denen ich das Thema von einem andern Gesichtspunkte aus beleuchtet habe –, das wird in der nächsten Inkarnation gebändigt, indem er durch die Welt des Weltenrhythmus durchgeht zwischen Tod und neuer Geburt. Was unserem Lungensystem in der gegenwärtigen Inkarnation zugrunde liegt, was da verborgen wird, das erscheint als Ihr physischer Kopf, der dann allerdings herabgedämpft ist zu seinem beschränkten sinnlichen Wissen, und es erscheint in der nächsten Inkarnation als der ganze Mensch nun auch den

wilden Trieben nach gebändigt. Was Kentaur in dieser Inkarnation ist, ist der sinnlich wahrnehmende Mensch in der nächsten Inkarnation.
Und jetzt werden Sie ein anderes begreifen. Jetzt werden Sie begreifen, warum ich gesagt habe, daß der Mensch zwischen dem Tod und einer neuen Geburt als unterstes Reich das tierische Reich hat, in dessen Kräften er Meister werden muß. Was muß er denn tun? Woran muß er denn teilnehmen zwischen zwei Inkarnationen? Er muß daran teilnehmen, den Kentauren, das Tierische in ihm für die nächste Inkarnation ins Menschliche umzuwandeln. Dazu sind wirklich Kenntnisse notwendig, welche über die Impulse des ganzen tierischen Reiches sich erstrecken müssen, welche in ihrer Abschwächung atavistisch eigen gewesen sind den Menschen jenes Zeitalters, in dem der Chiron gelebt hat. Wenn auch die Erkenntnisse, von denen der Chiron spricht, Abschwächungen sind dieser Inkarnation, von dieser Art sind sie. Aber Sie sehen den Zusammenhang. Sie sehen, wozu der Mensch zwischen dem Tod und einer neuen Geburt dieses untere Reich braucht, in dem er Meister werden muß: er braucht es, weil er den Kentauren in einen Menschen umwandeln muß.'

Wenn wir die beiden Zentauren, denjenigen in Ken Wilbers Weltsicht und denjenigen in Steiners Ausführungen, meditativ durchdenken, durchleben, auf uns wirken lassen, ergibt sich – unter anderem – das Erleben des Zentauren als Scheidepunkt.

Der Zentaur als Scheidepunkt

Die Luft ist das Element, das uns alle wirklich verbindet, es ist das unegoistische Element par excellence. Denn die Luft, die jetzt meinen Körper durchzieht, war soeben im Körper eines Mitmenschen, eines Tieres oder draußen im Wind. In der Luft sind wir weltzentrisch. Wir sind auch aperspektivisch, denn wir fragen nicht, ob die Luft, die wir jetzt einatmen, vielleicht soeben in einem Menschen war, der ganz anders denkt, anders erzogen ist, also die Luft mit völlig anderen Perspektiven durchzogen hat. Wir sagen nicht: ‚Deine Luft möchte ich nicht einatmen', wir sind unterschiedslos.

Das Symbol Zentaur trifft also wunderbar zu für die Schau-Logik, für das weltzentrische, aperspektivische Denken, Fühlen und Wollen – denn der Zentaur lebt im Luftorganismus in uns, und obwohl Wilber das reale Erfassen eines Symbols als mythisch-magische Dissoziation auffassen würde, übernimmt er das Symbol doch von anderen Forschern und führt es weiter – und macht damit den eigenen Kontext, die eigene Perspektive völlig offenbar. Denn die Luft hat auch eine andere Seite, und diese bleibt Ken Wilber unbewusst, er bemerkt sie nicht als Gegenwirkung gegen den Weltzentrismus und Aperspektivismus.

Der Mensch trägt ja bei jeder Ausatmung seine Todeskeime in die Luft hinein. Das ist seine uregoistische Tat, sagen wir 15 Mal pro Minute. Diese Todeskeime, die Kohlensäure, sind die vernichtenden Kräfte unseres Wesens. Hätten wir eine reine Seele, einen vollständig überwundenen Egoismus, so könnten wir die Kohlensäure selbst umsetzen, bevor wir sie der Luft übergeben würden (der Stein der Weisen). Das wird der Mensch in der fernen Zukunft können, wenn er voll Mensch sein wird. In der heutigen Zeit jedoch ist er noch der Zentaur, der ein Haupt von Weisheit hat, aber einen Leib voller Triebe und Leidenschaften.

Im abstrakten Denken – der Schau-Logik und dem kommunikativen Handeln nach Habermas – kann man sich schöne Vorstellungen eines Weltzentrismus, eines Aperspektivismus bilden. In der Wirklichkeit gibt es einen Gegenpol, der um so wilder reagiert, je mehr er geleugnet wird. Wird er dauerhaft geleugnet werden, so wird er zum Kampf aller gegen alle führen, denn der Mund kann leicht von Verstehen und Einigung reden, der unerkannte Wille spricht eine andere Sprache, und er spricht in *Taten.*

Die Einigung, die Integration von Noosphäre und Bio- bzw. Physiosphäre ist eine Abstraktion. Wilber nennt die Noosphäre („das Informationszeitalter' ist einfach das ‚Zeitalter der Noosphäre") supranational, und beschreibt sie dann abstrakt in einer intersubjektiven Weise, in der die Realität der stark wollenden Persönlichkeit einfach geleugnet wird:

‚Die Plattform einer emergierenden Weltkultur wird unterdessen von internationalen Märkten des materiell-ökonomischen Austauschs und durch den zunehmend freien Austausch von Rationalitätsstrukturen geschaffen, womit ich insbesondere die empirisch-analytische Wissenschaft und den Informationstransfer per Computer meine [...], also Dinge, die ihrer Natur nach supranational sind.' (s.o.)

Es ist das Frontalhirn, das sich hier um das Supranationale bemüht. Der übrige Mensch spricht nicht mit, darf nicht mitsprechen. Der Egoismus ist vom Rationalen *scheinbar* überwunden, weil er schweigen soll. Das wird er nach außen hin eine Zeitlang tun können, doch die Gegenwirkung wird mit Sicherheit ausbrechen, und das Geschrei des Egoismus wird dann dem des zweiten Weltkriegs gleichen. Die Vernunft ist nur dann real anwesend, wenn sie sich ihrer tieferen Schichten bewusst sein darf und wenn der die Vernunft tragende Mensch diese Schichten zu verwandeln anfängt, Schritt für Schritt.

Es gibt also gar keine wirkliche Integration des Geistes, der Seele, des ‚Bios' und der Physis, es gibt sie nur in jenen Gedanken, die das Frontalhirn formt. Dieses Gehirn spiegelt die Weisheit der Welt in blassen Schatten, in wirkungslosen Abstraktionen, die nur *dazu* da sind, dass wir in dieser Wirkungslosigkeit unsere Freiheit finden können.

Wo liegt die Urspaltung dieser Sphären? Wir haben sie in der ‚Geheimwissenschaft' gefunden, im Zitat über die Differenzierung in Blut und Nerv, und in der Selbstsucht, die dem Blut eingeimpft wurde, und in die der Nerv nur teilweise mit hineingezogen wurde. Eine Integration der beiden Sphären – in Unschuld – gab es *vor* dieser Spaltung, die zugleich die Zeit der Trennung der Geschlechter war.

Dass der Mensch es in unserer Zeit vermöge, diese Spaltung durch Abstraktionen des Frontalhirns umzudenken und aufzulösen, ist eine der gewaltigen Illusionen Ken Wilbers und der Seinigen. Die Zeit wird sicher zeigen, dass er Unrecht hat, unsere reine Logik kann es bereits heute. Und wenn wir seinen Fehler einsehen und ihn in unserem Denken berichtigen, in unserem Fühlen schmerzvoll erleben, dann werden in dieser kommenden Zeit *keine* furchtbaren Ereignisse notwendig sein, um die Unwissenheit der Menschheit, ihre Einfältigkeit im Denken zu korrigieren und das Gleichgewicht in der Wirklichkeit wieder herzustellen.

Im Verlauf der Menschheitsentwicklung hat sich eine Rationalisierung vollzogen, die entzaubernd gewirkt hat. Das Staunen über Wunder, über Mythisches wurde ‚überwunden', und die empirische Rationalität hat den Sieg davongetragen. Das ist eine Tatsache, die von Jürgen Habermas klar dargestellt[45] und von Ken Wilber übernommen wurde.

Der Unterschied zu gleichartigen Aussagen in der Anthroposophie liegt in dem *Wert* dieser Entwicklung. Und jeder Mensch, der unvoreingenommen mit-erleben will, kann nachvollziehen, dass die Rationalisierung zwei Seiten hat: Einerseits das Ermöglichen der Freiheit, da im Verstand alles wirkungslos ist (nur Bild, Abbild, Begriff, Satz); andererseits der Verlust der Wahrnehmung der realen schöpferischen geistigen Welt, die im Mythos noch wirksam war, weil sie in Bildern wirksam erlebt werden konnte. In der Magie konnte sie sogar vom Menschen selbst angewendet werden – in den Ritualen (was später im Kultus noch nachwirkt). Dies alles wird durch den Verstand paralysiert: keine Wahrnehmung, keine Wirkung, keine Tätigkeit der geistigen Welt durch den Menschen.

Wilber seufzt erleichtert, da er den mythischen ‚Imperialismus' und ‚Glauben' endgültig überwunden hat. Der Mensch jedoch, der ein Gefühl für die Wirklichkeit hat, weil noch etwas anderes in sein Erleben eindringt als nur

---

[45] vgl. dazu Mieke Mosmuller, Ethisch Individualisme versus Kommunikatief Handelen, Occident 1998.

die Wirkungen im Frontalhirn, fühlt zugleich mit dem Erwerb der Vernunft auch die Trauer und Tragik des Verlustes der geistigen Welt, der göttlichen Welt. Und diese Trauer und Tragik erwecken seine Sehnsucht, diese geistige Welt wiederzufinden, ohne die Rationalität aufgeben zu müssen. Ken Wilber bleibt ebenfalls nicht bei der Rationalität stehen, auch er strebt darüber hinaus, auch er will die Rationalität in der Spiritualität erhalten. Es sind aber entschieden auseinanderführende Wege.

Wilber will das Rationale *selbst* zur Spiritualität erhöhen. Die Anthroposophie erkennt, dass das Rationale zwar Form des Geistes, der Seele bleiben darf, dass es aber in sich erstarken muss, dass die Form selbst erstarken muss – bis sie für die Augenblicke des Schauens ‚zerspringt' und sich umstülpt. Der Mensch findet eine vielfältige, schöpferische, göttlich-geistige Welt, Wesen-erfüllt: die Welt des Mythos, der Magie, des Archaismus (und noch weiter, weiter, weiter zurück) blüht wieder auf, in neuer Gestalt – in einer Gestalt, die durch Ratio und Freiheit bereichert ist.

Ken Wilber muss das Mythische, Magische, Archaische als bleibend überwunden ansehen. Deshalb lässt sich die anthroposophische Spiritualität nicht integrieren, denn sie ist gänzlich auferstandener Mythos, wiedererweckte Magie, lebendig erkannter weisheitsvoller Archaismus ... und weiter, weiter, weiter zurück.

Wer diese Integration trotzdem forcieren möchte, muss in Steiners jungen Jahren etwas anderes sehen als in seinen späteren. Bis zur ‚Mystik im Aufgange des neuzeitlichen Geisteslebens' könnte man in Steiners Entwicklung – wenn man ihr selbst nicht nachfolgt und wenn man hier und dort einiges gewaltsam umbiegt – eine Erleuchtung im Wilberschen Sinne sehen. Im folgenden Kapitel über die Spiritualität werde ich dies weiter ausarbeiten. Hier möchte ich nur auf den Zentaur hinweisen, der es unmöglich macht, die späteren Entwicklungsstufen bei Ken Wilber einerseits und Rudolf Steiner andererseits zu integrieren.

Der Zentaur bei Wilber deutet auf Integration des Körpers, des Lebens, der Seele und des Geistes (Physio-, Bio- und Noosphäre). Der Zentaur bei Rudolf Steiner deutet auf moralische Entwicklung, auf Umstülpungskräfte, die von der einen in die andere Inkarnation gestaltend wirken, auf eine Welt zwischen Tod und neuer Geburt, auf eine nachtodliche, eine vorgeburtliche Welt. Vor allem aber auf eine gewaltige Aufgabe, die zuerst erkannt werden muss und dann erst verwirklicht werden kann: Auf die Aufgabe, innerhalb der Einzigartigkeit, der Individualität, der Person, Denken, Fühlen und Wollen einerseits zu trennen, um sie dann andererseits bewusst moralisch verbinden zu können. Das ist keine Abstraktion, die man nur denken könnte – man muss sie *tun*, diese Erkenntnis.

Der Zentaur bei Wilber ist der schau-logische Mensch. Statt Schau-Logik finden wir bei Rudolf Steiner die Bewusstseinsseele. Sie erwirbt sich die Fähigkeit, sich individuell, einsam zur Wahrheit zu erheben, die dann die eigene Wahrheit ist – und dennoch zugleich dieselbe wie die der anderen. Sie braucht die feste Grundlage der freien Selbsterkenntnis. Wahrheit findet man nie, wenn man sein eigenes Selbst negieren muss. Sie würde zur abstrakten Wahrheit werden, von der Person losgelöst, ‚transpersonal'. Die Wahrheit ist *auch* transpersonal, ist aperspektivisch, weltzentrisch und *kein* Kontext im Kontext im Kontext. Sie wird aber nur in der Selbsterkenntnis gefunden – und man findet dann zugleich den Zentaur: man findet die Weisheit, die für jedes und jeden gilt, und man findet seine eigenen triebhaften Verzerrungen, die Kontexte in Kontexten in Kontexten sind. Und so sagen wir mit Goethe:

‚Kenne ich mein Verhältnis zu mir selbst
und zur Außenwelt,
so heiß ich es Wahrheit.
Und so hat jeder seine eigene Wahrheit,
und ist es doch immer dieselbe.' [46]

---

[46] Goethe, Sprüche in Prosa, 1. Abteilung, Das Erkennen. Naturwissenschaftliche Schriften.

Der aperspektivische Geist

Die Paradigmen-Forscher (und vielleicht doch auch Erzeuger) wie Thomas Kuhn[47] und Ken Wilber, Gebser und Habermas sehen die Dinge natürlich nicht nur unrichtig. Der Mensch wird in einer bestimmten Gegend auf Erden geboren, hat bestimmte Menschen als Erzieher, eine kulturelle wie auch natürliche Umwelt. Er geht in die Schule, erhält dort seinen Unterricht usw. Es macht einen riesigen Unterschied, ob man in der Grundschule täglich ein amerikanisches Volkslied gesungen hat, oder etwa Lieder von Schubert – und das ist nur *ein* Detail. Wurde man als Brahmane in Indien geboren, oder als Mädchen in jenem Bezirk von Amsterdam, wo nicht lange zuvor die Juden gewohnt hatten, bevor sie deportiert worden waren? Wurde man in einer muslimischen, einer christlichen, einer buddhistischen Familie erzogen? In dieser Weise kann man unzählige Kontexte aufzählen, die Kontexte in Kontexten in Kontexten sind. Der erwachsene Mensch ist dadurch stark geprägt. Das ist das eine.

Das andere ist Samskara.[48] Im Wilberschen Sinne wäre das mehr etwas Allgemein-Menschliches, das zu einem bestimmten Holon gehört. Im Sinne der Anthroposophie und auch des ursprünglichen Buddhismus (Gautama Buddha) ist Samskara etwas, was durch die Inkarnationen hindurch gebildet worden ist, was der Mensch immer wieder aufnimmt, wenn er sich inkarniert. Es ist eine Art ‚Brille', die er trägt, wodurch er die Welt persönlich

[47] Thomas Kuhn, The Structure of Scientific Revolutions, Chicago 1962.
[48] siehe Rudolf Steiner, Das Lukasevangelium, GA 114.

färbt, wodurch er auch an ihr haftet, wodurch der Drang nach Dasein entsteht. Die *Sinne* trügen nicht, das Urteil trügt. Samskara sitzt im Urteil, das die Dinge verzerrt. Dadurch wird die Welt nicht rein wie sie ist gesehen, sondern persönlich.

Der buddhistische achtgliedrige Pfad war die Genesung von Samskara. Aber in unserer Zeit, wo die Persönlichkeit so stark da ist, ist es schwierig, diesen Pfad noch zu gehen. Denn wie findet man ‚die richtige Meinung', wenn es immer den Kontext im Kontext im Kontext gibt, der die Dinge färbt? Wir sind in einer Wirrnis von öffentlicher Meinung, Umwelt, Erziehung und Samskara eingesponnen. Und dann haben wir noch nicht einmal die erbliche Anlage erwähnt, in der auch der Astralleib der Familie mitklingt.

Die Lösung von Ken Wilber wäre: Nimm so viele Ansichten wie nur möglich auf, beurteile sie nach den Quadranten, nach Aqal[49], und emergiere in immer höheren Holons, integriere die unzähligen Gesichtspunkt auf diese Weise zu einer integralen Weltsicht, und du findest eine weltzentrische (statt anthropozentrische), aperspektivische Weltsicht, die zentaurische Schau-Logik. Der tierische Teil des Zentauren wird integriert, nicht verwandelt oder überwunden.

Es ist nun aber gerade dieser tierische Teil der Äthergestalt des Zentauren, in dem Samskara lebt. Da man jedoch nicht an eine Vergangenheit glaubt, keine Schuld tragen will, wird das persönliche Samskara geleugnet – und wird gerade dadurch ungezügelt frei. Vielleicht ist dies dem Freiwerden des Sorat gleichzusetzen, wie es für 3 x 666 = 1998 vorausgesehen worden

[49] Ken Wilber: All Quadrants All Levels = Aqal.

war[50]. Das Negieren der niederen Triebe könnte jedenfalls sehr wohl zu einem Ausbrechen dieser furchtbaren Kräfte führen.

Wilber betrachtet die Moralität als eine abstrakte Überwindung der Egoität (durch das Einnehmen einer weltzentrischen, aperspektivischen Weltsicht) und ein damit übereinstimmendes Verhalten. Recht hat er, insofern er sieht, dass Spiritualität nur möglich wird, wenn ein aperspektivischer Geist einzieht. Seine ‚Lösung' jedoch – und die seiner Vorläufer und Mitdenker – ist eine unmögliche. Er sieht nicht, dass auch *er* seine Perspektive hat und mitnimmt; dass er ein Amerikaner ist, der sich mit Wissenschaft und (Zen-)Buddhismus befasst hat; dass er eine unerkannte Vergangenheit hat, ein unerkanntes persönliches Samskara. Das Leugnen der Vergangenheit macht diese jedoch übermächtig.

Wilbers Bewusstsein hat eine räumliche Konfiguration, er schaut die Welt als Raum, und seine Erkenntnisse bekommen zeitliche Formen: Die Quadranten zeigen die ganze Evolution. Da er jedoch mit dem Bewusstsein, dem Verstand, nicht in die Zeit untertauchen kann, kommt er mit den *realen Entwicklungskräften* (guten und bösen) gar nicht in Berührung – und so begeht er den Fehler, Spiritualität aus der räumlichen Bewusstseinsform emergieren lassen zu wollen. Er bemerkt nicht, dass er Schritte versäumt, die man unbedingt setzen muss. Er versetzt gewissermaßen die Rosenblüte irgendwo auf halbem Wege an den Stengel, träumt von einem Keim, ohne real die Blüte erstehen zu lassen. Kontext im Kontext im Kontext – auch in ‚Eros, Kosmos, Logos', auch in ‚Integrale Spiritualität' usw.

---

[50] vgl. Apokalypse 13, 11-18. Auch zu finden bei Rudolf Steiner und Nostradamus.

Gibt es überhaupt eine Möglichkeit, sich aus dieser Wirrnis zu befreien? Sind wir die Spinne, die das Netz selbst gesponnen hat, oder die Fliege, die darin gefangen wurde? Im ersten Fall könnten wir das Netz einfach verlassen, im zweiten Fall wären wir in der Kontext-Wirrnis endgültig gefangen.

Wer sich selbst ernsthaft beim Erkennen, Lesen, Meditieren usw. anschaut, der *sieht* den Kontext im Kontext im Kontext. Vielleicht nicht beim ersten Mal, vielleicht auch noch nicht beim hundertsten Mal, aber irgendwann doch. Wenn man als Kind einen geliebten Menschen durch den Tod verloren hat, und man liest im Johannes-Evangelium über die Erweckung von Lazarus, dann spielt das umfassende Leid, das man selbst einst gelitten hat, sicher eine Rolle, spielt mit im Erleben. Das ist nicht falsch oder schlecht, es gibt selbstverständlich eine Vertiefung des Erlebens. Aber das Erleben hängt doch vom Kontext ab. Auch wenn man eine solche Passage einfach nehmen kann, wie sie geschrieben steht, ist das Erleben dieser Passage dennoch kontextabhängig.

Es ist bekannt, dass die stigmatisierte Anna Katharina von Emmerick das Kreuz Christi nicht als Kreuz sah, sondern in einer gegabelten Form. Dies rührt aus ihrer Kindheit her, wo sie vor einem Gabelkreuz gebetet hatte (in der Lambertuskirche in Coesfeld). Die Visionen dieser Stigmatisierten waren also ebenfalls kontextgebunden, was auch zu erwarten ist, denn Visionen blühen aus dem eigenen Physisch-Ätherischen auf, das Träger der Erinnerungen ist.

‚Über dieses ‚Gabelkreuz' schreibt Hörnemann folgendes: ‚Das Gabelkreuz ist eine Abwandlung des lateinischen Kreuzes in der

Gleichsetzung von Kreuz und Baum, das mit schräg aufwärts gerichteten Querbalken zuerst im 11. Jahrhundert in Spanien, seit dem 12. Jahrhundert in Deutschland und Italien aufkommt' (S.10) ,Gabelkreuze sind hauptsächlich in Deutschland, selten in Italien und Österreich (sogenannte Baumkreuze) und in anderen europäischen Ländern anzutreffen. Als Prototyp der deutschen Gabelkreuze wird das von St. Maria im Kapitol zu Köln von 1304 angesehen (...) Unter den westfälischen Beispielen des Crucifixus dolorosus ist das Coesfelder Gabelkreuz das bedeutendste' (S.21). Das Kreuz hat seinen Standort in der St. Lambertuskirche in Coesfeld, wo es von Emmerick verehrt wurde: ,Schon als Kind war sie oft sonntags mit ihrer Mutter nach Coesfeld gegangen und hatte in der Lambertikirche vor dem großen Gabelkreuz gekniet. Anna Katharina Emmericks geistliches Werden, ihre Frömmigkeit schon als Kind und ihre weitere Identifizierung vor allem mit dem Leiden Jesu sind nicht zu denken ohne ihre konkrete Erfahrung mit dem Coesfelder Leidenskreuz. Sie beschreibt, wie das Coesfelder Kreuz mehrfach auf ihre intensive Meditation antwortet, es war ihr, als neige sich der Gekreuzigte zu ihr herab' (S.50). Zu der Kirche und dem Kreuz gehört auch ein großer Kreuzweg, mit Beginn und Endpunkt bei der Lambertuskirche, den Emmerick allein und barfuß mitten in der Nacht zurückzulegen pflegte. Angesichts dieser Fakten liegt die Nullhypothese auf der Hand: Anna Katharina Emmerick entwickelte ihre Visionen im Anschluss an das Kreuzesbild, das sie in Coesfeld sah und das sie ihr ganzes Leben lang intensiv verehrte, und sie inkorporierte die außergewöhnliche Form des Kreuzes in den von ihr entwickelten Bildern. Neumann und von Halle übernehmen dann dieses visionäre Element, zusammen mit vielen anderen; das war möglich, denn die Visionen von Emmerick waren von Brentano aufgezeichnet und im Buchhandel erhältlich.

Dies bedeutet nicht, dass andere Erklärungen unmöglich sind. Aber mit den Daten, die momentan zur Verfügung stehen, muss die hier skizzierte Interpretation als die weitaus naheliegendste betrachtet werden.'[51]

Können wir dieser Kontext-Wirrnis entfliehen? Wenn nicht, dann wäre Spiritualität immer auch kontextgebunden, dann gäbe es überhaupt keine Wahrheit, jedenfalls nicht für den Menschen. Dann könnte er vielleicht persönlich aus Gnade eine gewisse Wahrheit erlangen, diese wäre jedoch nie universell. Eigentlich gäbe es dann keinen Heiligen Geist, und wenn es ihn nicht gäbe, auch keinen Christus. Nur ein Vater wäre möglich, ein All-Vater.

Auch wenn wir Bücher und Vorträge von Rudolf Steiner lesen, sind wir nicht aperspektivisch. Darüber braucht man nicht lange nachzudenken, die alltägliche Realität macht es deutlich genug. Man braucht nur die Wochenschrift ‚Das Goetheanum' zu lesen, und man liest Anthroposophie im Kontext im Kontext im Kontext. Ob ein russischer Anthroposoph schreibt oder ein deutscher – es macht einen Unterschied. Ob man für oder gegen Judith von Halle ist – es macht einen Unterschied. Gibt es eine über-kontextuale Anthroposophie? Wo kann der Mensch lernen, sich aus *allen* Kontexten zu befreien?

Stellen wir uns einmal einen Kreis vor. Ist diese Vorstellung in allen Bewusstseinen gleich? Man braucht in einem Seminar nur nachzufragen, und man erlebt eine Fülle von verschiedenen Vorstellungen. Der eine sieht Farben, der andere bringt es gar nicht zustande, etwas zu sehen. Der eine sieht einen bestimmten Kreis, der andere denkt sich eher den Zirkel, der den Kreis ziehen kann. Der eine sieht die Sonne, der andere eine Schüssel usw. usw. – Kontext,

---

[51] Jos Verhulst, Over Stigmata en Inedia.

Perspektive, Anlage, Beruf...

Nun versuchen wir, uns *den Begriff* des Kreises zu vergegenwärtigen (‚Ein Kreis ist...'). Es geht nicht um die Definition, sondern um den darin verkörperten allgemeinen Begriff des Kreises. Ist dieser Begriff in allen Bewusstseinen gleich?

Die *Tätigkeit* ist es bestimmt nicht. Auch hier sieht man ein ganzes ‚Spektrum' verschiedener Arten, den Begriff zu formen, zu erfassen, zu behalten. Der eine muss sich den Kreis erst vorstellen und kann ihn nicht mehr loswerden; der andere stellt ihn sich vor und kann ihn dann im Hintergrund verblassen lassen; wieder ein anderer erfasst direkt den Begriff oder sieht im Zirkel die Verkörperung des Begriffes. Ist denn da etwas Bleibendes, Gleiches zu finden? Ja, der Begriff selbst ist bleibend und bei allen gleich. Er gilt heute, er galt gestern, wird auch morgen noch gelten – unabhängig von dem Weg, der zum Begriff führte, unabhängig auch von der Vorstellung des Kreises.

Wenn man den Begriff denkt, durchdenkt, ist zwar noch immer die kontextgebundene Person der Denker; er muss sich jedoch gleichsam streng zurückhalten, er *kann* den *Begriff* nicht persönlich färben. Trotzdem erlebt er sich dem Begriff gegenüber auch nicht wie ein Fremder. Er ist eigentlich ganz selbst dieser Begriff, sonst könnte er ihn ja gar nicht formen. *Sagen* könnte er ihn, aber nicht wirklich begreifen. Er ist nicht mehr die färbende Person, dieser Begriffs-Denker. Die Person wird bescheiden, wird asketisch, hält sich schweigend zurück – und der Begriffs-Denker betätigt sich im Handhaben des ureigenen (und doch universellen) Begriffs. Dies kann jeder denkende Mensch selbst erfahren, es ist kein Dogma, an das man glauben muss. Der Glaube ist für die Trägen. Ein aktiver Begriffs-Denker fühlt sich aus dem persönlichen Kontext befreit, auferstanden im überpersönlichen und rein individuell-universellen Begriff. Die Persönlichkeit ist nicht weg, sie schweigt nur, in das Begriffsdenken kann sie sich nicht einmischen, sie passt da nicht hinein, hat dort keinen Zugang.

Der Begriff ist nicht kontextgebunden, nicht perspektivisch. Der Begriff des Kreises galt für Sokrates ebenso wie für Alexander den Großen, für Petrus und für Mohammed, für den Kalifen von Bagdad und Karl den Großen. Er gilt für Rudolf Steiner, für Nietzsche, für Hitler und für Ken Wilber. Und sie alle denken dasselbe, wenn sie den Begriff denken. Selbstverständlich fällt man unmittelbar in das Persönliche zurück, wenn der Begriff verlassen wird. Deshalb muss der Mensch, der die Geist-Erkenntnis sucht, in sich eine zweite Welt schaffen, die nicht persönlich ist: die Welt der reinen Begriffe.

Es macht nicht einmal etwas aus, welche Begriffe man wählt. Es müssen aber *Begriffe* sein. Wenn man ‚die Güte' durchdenken will, nimmt man seinen Kontext mit. Man kann ‚die Güte' nicht so denken, dass sie für alle Denker kongruent ist, wie es bei einem mathematischen Begriff der Fall ist. Es kann eine sehr wohltuende Meditation sein, sie wirkt jedoch nicht wie das Denken eines reinen Begriffes. Die Kategorien, wie Aristoteles sie gab, sind geeignet, und mathematische Begriffe sind geeignet. ‚Wahrheit und Wissenschaft' ist geeignet, ‚Die Philosophie der Freiheit' ist geeignet, Hegels ‚Wissenschaft der Logik' ist geeignet – für spätere Stufen der Übung sollte man diese Bücher studieren. Am Anfang muss der einfache Begriff erfasst werden, um sicher kontextfrei, aperspektivisch und allgemeingültig zu denken.

Allmählich wird diese zweite Welt ein leuchtendes Zentrum der ersten, persönlichen Gedankenwelt. Es wird eine Gewohnheit, sich nach überpersönlichen, aperspektivischen Begriffen zu sehnen. Es wird eine Gewohnheit, die Persönlichkeit zum Schweigen zu bringen. Der Kontext ist da, wenn er da sein soll und muss, er fällt ab, wenn er stört. Das Netz der Gedanken wird durch den Menschen selbst, den Denker, in die Hand genommen.

Wer nicht weiß, wie er kontextfrei denken kann, kann den Geist nicht finden.

Rudolf Steiner:[52]

‚Ich lehne für den Bereich der geistigen Erkenntniskräfte jede menschliche Verrichtung ab, die unter das reine Denken herunterführt, und erkenne nur eine solche an, die über dieses reine Denken hinausgeleitet. Ein vermeintliches Erkennen, das nicht in dem reinen Denken eine Art Vorbild anerkennt und das sich nicht im Gebiete derselben Besonnenheit und inneren Klarheit bewegt wie das ideenscharfe Denken, kann nicht in eine wirkliche geistige Welt führen.'

Oben wurde die erste Stufe dieses reinen Denkens beschrieben.

[52] Rudolf Steiner, Philosophie und Anthroposophie, GA 35, S. 321.

Die reine Bewusstseinsseele

Wenn wir das Schema auf S. 62 noch einmal betrachten, sehen wir, wie die Schau-Logik dort zweigeteilt wiedergegeben wurde: als niedere (‚paradigmatische') und höhere (‚quer-paradigmatische') Schau-Logik. In ähnlicher Weise können wir auch die Bewusstseinsseele gliedern.

Auf der ersten Stufe des reinen Denkens erhebt dieses Denken sich zwar zu der überpersönlichen Ebene des reinen Begriffs und erhält von dieser Ebene ein *Bewusstsein*. Ein reiner Begriff hat eine rein geistige Seite. Da jedoch der Begriff noch immer mit dem an das Gehirn gebundenen Verstand gedacht wird, ist er nicht ganz zum reinen Geist gehörend. Zwar bleibt die Persönlichkeit (mit ihrem Kontext im Kontext im Kontext) außerhalb, aber das Denken selbst wird in seinen Spiegelungen durch das Gehirn erlebt.

Es gibt nun eine reine Zwischenstufe zwischen dem Verstandes-Geist und dem reinen, leibfreien Geist. Diesen leibfreien Geist finden wir in seiner untersten geistigen Schicht im fast schon sprichwörtlichen ‚Denken über das Denken'.

Da es auch hier eine Kontext-Wirrnis gibt, durch die viele verschiedene Auffassungen, die über diese Tätigkeit existieren, werde ich versuchen, eine kontextfreie Sicht auf das ‚Denken über das Denken' zu entfalten.

Wir haben gesehen, dass nur der Begriff kontextfrei ist. Zu dem Begriff muss man sich jedes Mal aufschwingen, er ergibt sich nicht von selbst. Wenn wir den Begriff des Kreises in Worten aufnehmen, heißt das nicht ohne weiteres, dass wir auch den Begriff haben. Wir müssen über den Satz *denken*, und früher oder später kommt das ‚Heureka!' – ‚Ich habe es verstanden (gefunden)!'.

Dass der Begriff nicht unmittelbar durch den Satz gegeben ist, weist darauf hin, dass das Denken, das Begreifen noch immer leibgebunden, also nicht völlig rein ist. Die Persönlichkeit schweigt, das Denken ist also reiner als das alltägliche Gedankenleben. Es verläuft aber noch immer mit Hilfe des Gehirns. Man kann eine Gesetzmäßigkeit formulieren, die für die Selbsterkenntnis von großer Wichtigkeit ist: Solange Du über einen Begriff noch nachdenken musst, um ihn voll zu erfassen, haftet Dein Denken noch am Gehirn. Das ist auch leicht einzusehen, denn das Gehirn gibt die Trennung zwischen Objekt und Subjekt, zwischen Ding und Denken, zwischen Ding und Denker. In der *Welt* gibt es vieles, was überdacht werden muss, wenn wir den Sinn, den Begriff von etwas erfassen wollen, wenn wir begreifen wollen. In der Begriffswelt, wie wir sie aus der Mathematik oder der Physik kennen, muss ebenfalls nachgedacht werden. Das Denken *sucht* den Begriff, weil es ihn nicht unmittelbar hat.

Es gibt nun aber auch ein Denken, wo dieses Suchen nicht auftritt, weil es nicht nötig ist. Wir brauchen da nichts zu überdenken, denn der Sinn des Gedachten liegt in dem Gedanken an sich. Man hat dann also nicht einerseits die Wahrnehmung eines Gedankens (das Gesetz des Kreises), andererseits den Begriff, der durch das Denken über den Satz gefunden wird. Man hat ein Denken, das im Denken selbst seinen Sinn trägt. *Dieses* Denken ist das Denken, das in ‚Wahrheit und Wissenschaft' und in ‚Die Philosophie der Freiheit' entfaltet wird. Und in der späteren Geisteswissenschaft Rudolf Steiners *bleibt* diese leibfreie Qualität des Denkens erhalten.

‚Wieso?!', fragt der Leser von z.B. ‚Wahrheit und Wissenschaft'. ‚Es macht mir doch sehr viel Mühe, dieses Buch zu verstehen. Der Begriff leuchtet also überhaupt nicht unmittelbar ein.'

Wenn man etwas Derartiges einwenden muss, sollte man sich bekennen, dass man selbst aus ebendiesem Grund nicht rein denken kann. Dass man sich selbst den Gedanken *gegenüberstellt*, wodurch sie auf sich selbst gestellt sind und man sie nicht erreicht. Man will über den Gedanken *urteilen*, meint, man wäre ein Sklave, wenn man das nicht täte. Faktisch bleibt man jedoch gerade dadurch Sklave des eigenen Körpers. Ich werde versuchen, diese schwierigen Aussagen durch ein Beispiel zu erklären. Ich nehme dazu den Satz aus ‚Wahrheit und Wissenschaft', den ich zum Beispiel in ‚Der lebendige Rudolf Steiner'[53] bereits mehrmals verwendet habe:[54]

> *‚Der Umstand, daß das Ich durch Freiheit sich in Tätigkeit versetzen kann, macht es ihm möglich, aus sich heraus durch Selbstbestimmung die Kategorie des Erkennens zu realisieren, während in der übrigen Welt die Kategorien sich durch objektive Notwendigkeit mit dem ihnen korrespondierenden Gegebenen verknüpft erweisen.'*

Möglicherweise begreift man diesen Satz nicht, weil er sprachliche Schwierigkeiten mit sich bringt. Das ist jedoch etwas anderes als das Nicht-Begreifen der in den Worten verkörperten Gedanken. Die Probleme, die sich mit einem solchen komplizierten Satz erge-

---

[53] Mieke Mosmuller, Der lebendige Rudolf Steiner. Eine Apologie. Occident 2008.

[54] Rudolf Steiner, Wahrheit und Wissenschaft, GA 3, S. 53f.

ben, sind also meistens Probleme der Sprache. Hat man den Gedanken daraus befreit, lässt er sich unmittelbar und ohne weiteres verstehen.

Verstehen, Begreifen, ist etwas anderes als Bejahen. Es ist ein Missverständnis, welches wir in der reinen Bewusstseinsseele überwinden müssen, dass Begreifen dasselbe wäre wie Bejahen. In der Bewusstseinsseele soll auch das Urteil unmittelbar einleuchten, und man darf es nicht aus eigener Kraft (die immer kontextgebunden ist) erzwingen wollen. Urteilen ist nicht dasselbe wie Begreifen. Der Begriff ist immer viel größer als der Satz und noch viel größer als das Urteil. Reines, leibfreies Begreifen urteilt nicht, denn das Urteil haftet am Gehirn, das reine Begreifen nicht – wenn es ungezwungen einleuchtet.

Welche Gedanken leben in dem oben zitierten Satz? Das Ich kann beliebig aktiv werden und kann daher nicht nur z.B. den Begriff des Kreises formen (*dieser* Begriff ist durch objektive Notwendigkeit mit dem Gegebenen – dem Kreis – verknüpft), sondern kann sein Begreifen auch zur Bestimmung seiner selbst einsetzen. Wenn nun das Ich (der Denker) sich selbst bestimmt – und das tut er immer aus sich heraus, also ohne äußeren Anlass –, dann realisiert (d.h. verwirklicht) das Ich den *Begriff des Erkennens. Dieser* Begriff ist nicht notwendig da, nicht schon von vornherein mit dem Ich verknüpft. Er wird erst realisiert, wenn das Ich sich dazu aufrafft.

Man kann es selbstverständlich auch anders formulieren, die Bedeutung ändert sich dadurch nicht. Über den Begriff des Kreises muss man denken, um ihn auf den Kreis beziehen zu können. Über den Begriff des obigen Satzes braucht man nur zu denken, wenn man die Sprache nicht versteht. Versteht man sie, hat man auch die Bedeutung. Der Gedanke ist Objekt, der Denker (Subjekt) ist mit dem Gedanken unmittelbar eins. Der Gedanke und auch der Denker sind also über-objektiv und über-subjektiv.

Aber könnten wir nicht vielleicht sagen ‚Der Satz stimmt nicht'? – Nein, dies ginge nur, wenn der Denker in sein Subjekt zurückfiele. Kann er dagegen etwas länger in dem Gedanken verweilen (das wäre dann eine Art Meditation), oder kann er ihn immer wieder neu denken, ergibt sich unmittelbar, dass es hier einer ganz anderen Art des Urteilens bedarf. Das Urteilen geschieht immer im Gegenüber. Möchte man beim Studieren eines Buches wie ‚Wahrheit und Wissenschaft' im Gegenüber verbleiben, so hat das Studium keinen Sinn; man sollte sich dann besser mit anderer Lektüre beschäftigen, denn das Wesen eines solchen Buches wird von vornherein verkannt und kann deshalb überhaupt nicht in Erscheinung treten.

Was ist dann die Art des Urteilens, die hier geeignet ist? Es ist kein Urteilen, kein Integrieren der Gedanken in die bereits vorhandenen Erkenntnisse. Es ist ein innerliches *Prüfen*. Der Satz ließ sich ohne weiteres begreifen. Ob er auch stimmt, kann – und muss auch – geprüft werden. Man muss das Laboratorium der eigenen Seele, des eigenen Geistes betreten und untersuchen, ob die Gedanken der geistigen Wirklichkeit entsprechen. Kommt man in anderer Weise zu einem ‚ja' oder ‚nein', hat man subjektiv *und* abstrakt geurteilt (und so wird ja meistens vorgegangen, auch durch die gelehrten Damen und Herren). Wie prüft man einen solchen Gedanken?

Im Kapitel ‚Philosophia' meines Buches ‚Suche das Licht...'[55] habe ich ihn, von allen Seiten, also im weitesten Sinne, geprüft – obwohl ich ihn dort nicht zitierte. Hier werde ich versuchen, diese Prüfung in einer anderen Weise zu beschreiben.

Wenn ich den in Worten formulierten Begriff des Kreises lese und verstehe, dann habe ich im Begreifen das verstandene Gesetz des Kreises auf seine Erscheinung – den Kreis – bezogen. Ich konnte einen Kreis auch vorher schon wiedererkennen, ohne den Begriff zu haben. Nun jedoch habe ich durch das Begreifen mein Wesen und damit mein ganzes Leben bereichert. Offenbar kann ich also als Denker ein allgemeines Gesetz begreifen, das sich auf einzelne Erscheinungen bezieht, die diesem Gesetz folgen!

Ich kann einen Begriff durchaus erlangen, ohne mir diese Tatsache weiter klarzumachen. Ich *kann* aber auch zu dem oben beschriebenen *Bewusstsein der Bedeutung* des Erlangens eines Begriffes kommen. Das geht jedoch nie von selbst, das muss ich wollen, ich kann es nur frei tun, indem ich mich aus Freiheit selbst in Tätigkeit versetze. Ob ich nun bereits während des Begreifens des Kreisgesetzes unmittelbar sah, wie ich begreifend vorging, oder ob ich mir dies erst nachher gleichsam in Erinnerung gebracht habe, macht für die Realisierung zunächst keinen Unterschied.

So habe ich dann zwei Gedanken ‚bewiesen': Erstens, dass der Begriff des Kreises mit dem ‚erschienenen' Kreis notwendig verknüpft ist; zweitens, dass ich durch das Zurückschauen auf mein eigenes Begreifen erleben konnte, dass dieses Zurückschauen eine

[55] Mieke Mosmuller, Suche das Licht, das im Abendlande aufgeht. Occident 1994.

aus und durch Freiheit in Gang gesetzte Tätigkeit war – oder, wenn ich unmittelbar schauen kann: *ist.* Hätte ich mein Begreifen nicht aus eigenem Impuls anschauen wollen, hätte ich es nicht gesehen – und so könnte mein Leben verlaufen, ohne dass ich je mein eigenes Begreifen verstanden hätte. Frei war ich, als ich den Blick meines Ich auf die eigene Tätigkeit richtete, verstanden habe ich, dass ich damit den *Begriff des Erkennens* selbst als Bestimmung meines Ich gefunden habe, ‚gesetzt' habe, verwirklicht habe.

Diese freie Tätigkeit wirkt dann *selbst* als Befreiung. Denn das Ich, der Denker, das Denken, ist so rein geworden, dass es keine Unterlage des Körpers mehr braucht, um da zu sein. Zwar kann es sich nur kurz so rein halten, muss dann die ‚Denk-Füße' wieder auf den Körper setzen. Das Ich lernt jedoch die freie Reinheit, die auch reine Freiheit ist, kennen. Es soll dann den Mut fassen, ganze Bücher in dieser Weise zu durchdenken und zu prüfen. Dann steht im gewöhnlichen Verstandesmenschen ein wahrhaft zweiter Mensch auf, ein reiner Begriffsmensch. Dieser Mensch hat eine neue Gewohnheit entfaltet, er urteilt nicht, indem er vorhandene Erkenntnisse mit einbezieht, er urteilt durch innerliches Prüfen.

Ich habe diese Tätigkeit bisher ‚innerliches Tun' genannt, sagte immer: man muss die Philosophie der Freiheit *tun.* Mit diesem Tun meinte ich immer dieses verstehende Prüfen, das Ausführen der Gedanken, wodurch sie sich in einer selbstverständlichen Weise *selbst* bestätigen, durch ihre eigene Natur. Und diese eigene Natur der Gedanken erweist sich dann als die Natur des eigenen Ich.

Wenn dann das Ich durch Freiheit *so* aktiv geworden ist, dass es, sich selbst prüfend, aus sich heraus den ganzen ersten Teil der ‚Philosophie der Freiheit', oder sogar den ersten *und* zweiten Teil, ohne Gehirnunterlage denken kann ... ja, dann hat das Denken mit dem Ich sich vollkommen vom Gehirn befreit und hat – außer dem Begriff – zwei Qualitäten im innerlichen Erleben gewonnen. Es hat einen ungeheuren Willen im Denken erlangt – das ist die eine Qualität, die sich als *Kraft* erleben lässt. Und es hat eine *lebendige Beweglichkeit* des Denkens erlangt, weil es nicht mehr der Starrheit des Körpers folgen muss – das ist eine Qualität, die sich als ein innerliches Zeichnen von Formen oder auch eine beherrschte musikalisch-tanzartige Bewegung der Gedanken erleben lässt, wobei man beides auch das Erleben von ‚Bildekräften' nennen könnte, denn die Formen werden durch Kräfte gebildet.

Farblose Form, klanglose Musik, wortloser Gedanke, sprachloses Wort... Es ergibt sich eine reine, sinnlichkeitsfreie geistige Welt.

Es ist das Begreifen des Begreifens, das hier beschrieben wurde.

ZWEITER TEIL

Die integrale Spiritualität

Die Ebenen der Spiritualität

'Der Seher in dir, der Zeuge dieser Seite und der gesamten Welt, die sie umgibt: Er schimmert und funkelt vor lauter aufgeregter Glückseligkeit, welche die Freiheit dieses und jeden Augenblicks tränkt; eine brennende Freiheit, die sich emporschwingt und mit jedem Ausatmen in die Unendlichkeit befreit, deine Wirbelsäule kitzelt mit ihrer lichtvollen Intensität, während sie von deinem Körper aufblitzt in das große Jenseits; Gaben von unendlichem Mitgefühl, radikaler Vollkommenheit und strahlender Anteilnahme in sich tragend, Gaben von so enormem Umfang, dass dein Körper in Stücke bräche, versuchtest du, sie zurückzuhalten. Du kannst sie jetzt spüren, diese Fülle, die deine ist und von innen gegen dich anstürmt in dem Versuch, sich auszudehnen; diese Freiheit, die dir gehört, wenn du nur beiseite treten und zulassen würdest, dass all das zum Durchbruch gelangt. Und genau das passiert, wenn du ruhst als Zeuge dieser und aller Welten, die mit Leichtigkeit in deinem eigenen Gewahrsein entstehen; Weite, die du selbst geschaffen hast mit jedem Sonnenaufgang und jedem Sonnenuntergang, während dieses strahlende Gestirn über den weiten Himmel deiner eigenen transparenten Leere zieht. Die große leuchtende Offenheit, die du bist, von Augenblick zu Augenblick, ist alles, was jemals ist. Schau! Schau! Schau! Was siehst du? Außer diesem Gewebe deines eigenen Selbst, diesem EINEN großen Geschmack deiner eigenen ursprünglichen Präsenz, die überall als die Welt erscheint. Ist diese Welt da draußen etwas anderes als das Gefühl von dir in diesem Augenblick? Hör mir zu:

Alles ist du.
Du bist leer.

Leer manifestiert frei.
Frei manifestieren ist selbstbefreiend.

Noch ein letztes Mal, meine Freunde, wir alle zusammen:

Sei aufmerksam für dein augenblickliches Gewahrsein. Nimm alles wahr, was in deinem Gewahrsein entsteht – die Bilder und Gedanken, die in deinem Verstand entstehen, die Gefühle und Empfindungen, die in deinem Körper entstehen, die unzähligen Gegenstände um dich herum im Raum oder in deiner weiteren Umgebung. All das sind Objekte, die in deinem Gewahrsein entstehen.

Denke jetzt daran, was vor fünf Minuten in deinem Gewahrsein war. Die meisten Gedanken haben sich verändert, und wahrscheinlich hat sich auch deine Umgebung verändert. Aber etwas hat sich nicht verändert. Etwas in dir ist jetzt immer noch dasselbe wie vor fünf Minuten. Was ist jetzt, in diesem Augenblick, präsent, das auch vor fünf Minuten präsent war?

ICH-BIN-heit. Das fühlende Gewahrsein von ICH-BIN-heit ist weiterhin präsent. Ich bin diese immer gegenwärtige ICH-BIN-heit. Diese ICH-BIN-heit ist jetzt präsent, war vor einem Augenblick präsent, war vor einer Minute präsent, war vor fünf Minuten präsent.

Was war vor fünf Stunden präsent?

ICH-BIN-heit. Dieses Gefühl von ICH-BIN-heit ist eine kontinuierliche, um sich selbst wissende und sich selbst erfahrende, sich selbst würdigende ICH-BIN-heit. Sie ist jetzt präsent, sie war vor fünf Stunden präsent. Alle meine Gedanken haben sich verändert, alle meine Körperempfindungen haben sich verändert, meine

Umgebung hat sich verändert, aber ICH BIN ist immer präsent, strahlend, offen, leer, klar, weiträumig, transparent, frei. Gegenstände haben sich verändert, doch nicht diese formlose ICH-BIN-heit. Diese offensichtliche und gegenwärtige ICH-BIN-heit ist jetzt ebenso präsent, wie sie vor fünf Stunden präsent war.

Was war vor fünf Jahren präsent?

ICH-BIN-heit. So viele Dinge sind gekommen und gegangen, so viele Gefühle sind gekommen und gegangen, so viele Dramen und Schrecken, so viel Liebe und Hass sind gekommen, eine Weile geblieben und gegangen. Aber eines ist nicht gekommen und eines ist nicht gegangen. Was? Was ist das Einzige, das in deinem Gewahrsein jetzt in diesem Augenblick präsent ist, und von dem du erinnerst, dass es auch vor fünf Jahren präsent war? Dieses zeitlose, immer gegenwärtige Gefühl von ICH-BIN-heit ist jetzt ebenso präsent, wie es vor fünf Jahren präsent war.

Was war vor 500 Jahren präsent?

Alles, was immer präsent ist, ist ICH-BIN-heit. Jeder Mensch fühlt diese selbe ICH-BIN-heit – denn sie ist kein Körper, sie ist kein Gedanke, sie ist kein Objekt, sie ist nicht die Umgebung; sie ist nichts, was wir sehen können, sondern vielmehr der immer gegenwärtige Seher, der immer existierende offene und leere Zeuge all dessen, was entsteht; in jedem Menschen, in jeder Welt, an jedem Ort, zu jeder Zeit, in allen Welten bis zum Ende der Zeit gibt es nur und immer diese offensichtliche und unmittelbare ICH-BIN-heit. Was sonst kannst du wissen und erfahren? Was sonst weiß und erfährt jede und jeder von uns? Es gibt nur und immer diese strahlende, um sich selbst wissende und sich erfahrende, sich selbst fühlende und sich selbst transzendierende ICH-BIN-heit, ganz gleich, ob sie jetzt, vor fünf Minuten, vor fünf

Stunden oder 500 Jahren präsent ist und war.

Vor 5000 Jahren?

Vor Abraham war ICH BIN. Vor dem Universum war ICH BIN. Dies ist mein ursprüngliches Gesicht, das Gesicht, das ich hatte, bevor meine Eltern geboren wurden, das Gesicht, das ich hatte, bevor das Universum geboren wurde, das Gesicht, das ich von Ewigkeit an hatte, bis ich beschloss, eine weitere Runde Verstecken zu spielen und mich in den Dingen meiner eigenen Schöpfung zu verlieren.

Ich werde NIEMALS wieder so tun, als würde ich um meine eigene ICH-BIN-heit nicht wissen, sie nicht erfahren oder fühlen.

Und damit hat sich das Spiel erledigt. Millionen von Gedanken sind gekommen und gegangen. Aber eines ist nicht gekommen und eines ist nicht gegangen: Das große Nicht-Geborene, das große Nicht-Sterbende, das den Strom der Zeit nie betritt oder verlässt, eine reine Präsenz jenseits aller Zeit, die in der Ewigkeit schwingt. Ich bin diese große, offensichtliche, um sich selbst wissende und sich selbst erfahrende, sich selbst würdigende und sich selbst befreiende ICH-BIN-heit.

Vor Abraham war ICH BIN.

ICH BIN ist nichts anderes als GEIST in der ersten Person, das höchste, sublime, strahlende, alles erschaffende Selbst des gesamten Kosmos, gegenwärtig in mir und dir, ihm, ihr und ihnen – als die ICH-BIN-heit, die jeder und jede von uns fühlt.

Denn in allen bekannten Universen beträgt die Gesamtzahl aller ICH BINs immer nur eins.

Ruhe immer als ICH-BIN-heit, genau die ICH-BIN-heit, die du im Augenblick fühlst, welche nicht geborener GEIST selbst ist, leuchtend als du und in dir. Nimm auch deine persönliche Identität an – als dieses oder jenes Objekt, dieses oder jenes Selbst, dieser oder jener Gegenstand – und ruhe dabei immer im Urgrund von alledem, als diese große und vollkommen offensichtliche ICH-BIN-heit. Und dann steh auf und fahre fort mit deinem Tag in dem Universum, in dem ICH geschaffen BIN und das ICH BIN geschaffen hat.

Ein neuer Tag ist angebrochen, ein neuer Morgen dämmert, ein neuer Mann, eine neue Frau zeigen sich am Horizont. Der neue Mensch ist integral, und das gilt auch für die neue Welt.'[56]

Bis jetzt haben wir Ken Wilber als integralen Wissenschaftler und Psychologen kennengelernt, der sich und seine Weltsicht auf anerkannte Wissenschaftler wie Gebser und Habermas gründet. In diesem zweiten Teil werden wir ihn als spirituellen Meister kennenlernen.

In seinem Werk ‚Eros, Kosmos, Logos' gibt Wilber im zweiten Buch (ab S. 391) eine Art geistige Geschichte der menschlichen Entwicklung ab Plato. Im ersten Buch gibt er seine Jahrtausend-Vision, und am Ende des ersten Buches eine Geschichte ‚von innen', eine Sicht auf die Stufen, die ein heutiger Mensch individuell in sich trägt. Er trägt sie nicht deshalb in sich, weil er sie in früheren Inkarnationen durchgemacht hat, sondern einfach, weil die Evolution durch diese Stufen gegangen ist. Das Holon ‚Mensch' hat alles in sich integriert, bis zu seiner heutigen Evolutionsstufe, die selbstverständlich auch durch

---

[56] Ken Wilber, Integrale Vision. Eine kurze Geschichte der integralen Spiritualität. Kösel-Verlag 2009.

Kontext im Kontext im Kontext mitbestimmt ist. Aus dieser Evolution geht die heutige Spiritualität hervor. Spiritualität war zwar auf jeder Stufe da, aber jeweils nur so umfassend, wie die Entwicklung fortgeschritten war. Die Erleuchtung eines Gautama Buddha ist aus Wilbers Sicht also nicht dieselbe, wie sie der heutige Mensch erlangen kann, denn zwischen beiden Stufen liegt eine Fülle von allem Möglichen aus den vier Quadranten.

Im Kapitel ‚Die Tiefen des Göttlichen' gibt Wilber einen Einblick in die Spiritualität, die er als die richtige ansieht. Er tut dies, indem er einige bekannte Personen zitiert, die nach ihm eine Erleuchtung erreicht haben, jeder auf einer anderen Ebene. Diese Persönlichkeiten sind Ralph Waldo Emerson als Beispiel für eine Erleuchtung auf der psychischen Ebene, die heilige Theresia von Avila auf der subtilen Ebene, Meister Eckhart auf der kausalen Ebene und Sri Ramana Maharshi auf der nichtdualen Ebene.

Man muss sich als Anthroposoph ein wenig ‚umschulen', um Wilber folgen zu können, denn er nennt als drei große Bereiche, die noch zum Personalen gehören: Materie, Leben und Geist; den vierten, transpersonalen Bereich nennt er dann die ‚Domäne der Seele' – d. i. psychisch und subtil. Man muss das Wort ‚Geist' bei Wilber also als den physischen Verstand betrachten, während die ‚Seele' darüber hinausgeht.

Im Buch ‚Integrale Spiritualität' gibt Wilber ein Schema (das ‚Wilber-Coombs-Raster'), an dem man die Entwicklung eines Menschen ablesen kann:[57]

---

[57] Ken Wilber, Integrale Spiritualität. Spirituelle Intelligenz rettet die Welt, Kösel-Verlag, München 2007, S. 130.

	Grobstofflich Natur	Subtil Gottheit	Kausal Formlos	Nondual Nondual
Super-Integral	*	*	*	*
Integral	*	*	*	*
Pluralistisch	*	*	*	*
Rational	*	*	*	*
Mythisch	*	*	*	*
Magisch	*	*	*	*
Archaisch	*	*	*	*

Abbildung 19

Er sagt darüber:

‚Der Punkt ist, dass eine Person eine Gipfelerfahrung machen und tiefe religiöse, spirituelle oder meditative Erlebnisse haben kann mit, sagen wir, einem subtilen Licht oder kausaler Leere, aber sie wird diese Erfahrung mit den Mitteln interpretieren, die ihr als einzige zur Verfügung stehen - nämlich den Werkzeugen der Entwicklungsstufe, auf der sie sich befindet. Eine Person auf der magischen Stufe interpretiert diese Erfahrungen magisch, eine Person auf der mythischen Stufe mythisch, auf der pluralistischen pluralistisch usw. Aber eine Person auf der mythischen Stufe wird sie nicht pluralistisch interpretieren, weil diese Struktur-Stufe des Bewusstseins bei ihr noch nicht emergiert ist oder sich entwickelt hat.'[58]

Obwohl die folgende Aussage in einem anderen Kapitel steht, zitiere ich sie schon an dieser Stelle, weil sie die Seelenverfassung Ken Wilbers, die seiner Sicht zugrunde liegt, klar aufzeigt:

---

[58] Ebd., S. 131

‚Je nachdem, welche Skalen Sie benutzen, befinden sich zwischen 50-70% der Weltbevölkerung auf der ethnozentrischen Ebene oder niedrigeren Entwicklungsebenen. Das bedeutet, auf jeder der Linien bei Bernstein oder niedriger. Um es ganz unverblümt zu sagen: Rund 70% der Weltbevölkerung sind Nazis.'[59]

So also auch Rudolf Steiner, weil er dem deutschen Geist eine besondere Aufgabe für unsere Zeit zugeschrieben hat, weil er die Völker als je nach Zeit und Raum verschieden erlebt hat.

Was Wilber hier tut, ist charakteristisch für seine Art. Zum einen behauptet er, dass man ein ‚Nazi' sei, wenn man ethnozentrisch denkt und fühlt; zum anderen nimmt er in demselben Satz eine grobe Klassifikation vor: 70% der Weltbevölkerung sind Nazis, d.h. eigentlich in der Entwicklung zurückgeblieben. Er selbst zählt sich zu den 30% und eher noch zur Spitze, vielleicht zu den obersten 0,0001%... Das ist auch eine Diskriminierung, nicht nach Rasse oder Volk (es wird zumindest nicht offen *genannt*, natürlich meint er auch dies), sondern nach ‚Weltbevölkerung', wobei man sich denken kann, dass in jedem Volk – gerecht verteilt – überragende Personen leben; wobei man sich aber auch denken kann, dass das eine Volk (z.B. die Amerikaner) überragender ist als das andere, weil der Kontext nun einmal dazu veranlagt.

Eine andere Art, die spirituellen Stufen darzustellen, ist die von Evelyn Underhill:[60]

---

[59] Ebd., S. 247.
[60] Ebd., S. 138f.

1. Erwachen/Einweihung
2. Reinigung/Stillwerden
3. Erleuchtung
4. Dunkle Nacht
5. Vereinigung

Und man kann sie mit den Stufen nach Fowler vergleichen:

0. Präverbal prädifferenziert
1. Projektiv-magisch
2. Mythisch-wörtlich
3. Konventionell
4. Individuell reflexiv
5. Verbunden, Beginn von postkonventionell
6. Postkonventionelles Gemeinwohl

Als Beispiel für eine Entwicklungsstufe sagt Wilber dann folgendes:[61]

'Jeder, der mit den Klostertraditionen in Ost und West von Zen bis zu den Benediktinern vertraut ist, wird jene Seelen wiedererkennen, die in Underhills Sinne spirituell ziemlich weit fortgeschritten sind (was kontemplative Erleuchtung und Vereinigung betrifft) und trotzdem ziemlich konformistische und konventionelle Einstellungen vertreten – manchmal geradezu schockierend fremdenfeindlich und ethnozentrisch sind –, und das gilt leider auch für viele tibetische und japanische Meister der Meditation. Obwohl sie in der meditativen Zustandsschulung sehr weit gekommen sind, liegen ihre Strukturen bei Bernstein bis Orange, und deswegen ist das ihnen zugängliche interpretative Repertoire

[61] Ebd., S. 140f.

durch den unteren linken Quadranten belastet mit sehr ethnozentrischen und engstirnigen Ideen, die als zeitloser Buddha-Dharma durchgehen.'

Vielleicht ist es richtig, was er sagt, denn er hat selbst ja auch seine Erfahrungen gemacht. Ich zitiere dies hier nicht, um zu zeigen, dass er Unrichtiges vorbringt. Aus diesem Zitat geht klar hervor, wie der integrierende Ken Wilber sehr stark differenziert und urteilt, und zwar nach den Maßstäben seiner Quadranten und seiner ‚Raster'. Wie man es auch ausdrücken mag, Ken Wilber sagt hier, dass viele morgenländische Meister in ihrer Bewusstseinsentwicklung sehr stark zurückgeblieben sind, also einem niedrigeren Holon angehören.

Wilber geht einen anderen Weg als Rudolf Steiner, sagt jedoch letztlich ungefähr dasselbe – nämlich, dass die alten Wege nicht mehr gegangen werden sollen, dass die alten Kulturen keine moderne Einweihung geben können –, dies jedoch in einer sehr herablassenden Weise.

Gerade die Wilber-Adepten innerhalb der Anthroposophischen Gesellschaft (z. B. das Team von ‚Info3') attackieren Rudolf Steiner wegen vermeintlicher Diskriminierung, während es in Wahrheit ihr neuer Meister ist, der rücksichtslos diskriminiert. Nur gründet der letztere sein Unterscheiden auf die anerkannte Wissenschaft und die Prinzipien der Computer-Technologie, was aus seinem Büchlein ‚The Integral Vision' klar hervorgeht. Eine solche abstrakte, rücksichtslose Differenzierung ist also gestattet; die lebendige, geistgemäße Differenzierung Rudolf Steiners heißt jedoch ‚Diskriminierung' oder sogar ‚Rassismus'...

Aber kehren wir zurück zu den Persönlichkeiten, die

Wilber beispielhaft für die Erleuchtung auf den verschiedenen Ebenen (*psychisch, subtil, kausal, nondual*) nennt. Es sind schöne, hinreißende Ansichten, die in den Zitaten anklingen. Wenn wir uns meditativ darauf einlassen, werden wir mitgerissen. Sind sie wahr? Sind sie nicht wahr? Wir werden sehen...

Die psychische Ebene

Emerson, nach Ken Wilber:[62]

> *‚Der Betrachter in Ihnen, der Zeuge in Ihnen, transzendiert die isolierte Person und öffnet sich einer ungeheuren Weite des Bewusstseins: Hier ist man nicht mehr so ausschließlich mit dem individuellen Körper und Geist beschäftigt, hier geht es nicht mehr um die Achtung oder Misshandlung der Person, und die flüchtigen Freuden und Privaten Kümmernisse des vereinzelten Ich üben keine Faszination mehr aus. Hier steht man still und schweigend und bildet eine Lichtung, eine Öffnung, durch die Licht fällt, aber nicht aus der Welt herein, sondern in die Welt hinaus – es ‚scheint ein Licht uns auf die Dinge'. Je stärker die Position des Betrachters oder Zeugen des Ich oder der Person wird, desto freier wird er von ihnen, und durch die so entstehende Öffnung können sich das Licht und die Kraft des Selbst, der Seele, ergießen.'*

In Worten von Emerson selbst:

> *‚Ein Mensch ist die Fassade eines Tempels, in dem alle Weisheit und alles Gute wohnen. Was wir gemeinhin Mensch nennen, der essende, trinkende, zählende Mensch, wie wir ihn kennen, stellt sich nicht dar, sondern stellt sich falsch dar. Nicht ihm gilt unser*

[62] Ken Wilber, Eros, Kosmos, Logos, S. 347ff.

Augenmerk, aber die Seele, deren Organ er ist, würde, ließe er sie nur durch sein Handeln erscheinen, uns die Knie beugen. Wenn sie durch seinen Verstand atmet, ist sie Genie; wenn sie durch seinen Willen atmet, ist sie Tugend; wenn sie durch sein Gemüt fließt, ist sie Liebe. Und die Blindheit des Verstandes beginnt da, wo er aus eigenem etwas sein möchte. Die Schwäche des Willens beginnt da, wo der Mensch aus eigenem etwas sein möchte. Alle Besserung zielt darauf ab, die Seele ihren Weg durch uns nehmen zu lassen.'

[...]

‚Denn das Seinsgefühl, das in stillen Stunden wie von ungefähr in der Seele aufsteigt, ist nicht verschieden von den Dingen, vom Raum, vom Licht, von der Zeit, vom Menschen, sondern eins mit ihnen; und so offenbar geht es von derselben Quelle aus wie auch ihr Leben und ihr Sein.'

[...]

‚Weder Klappen noch Wände noch Überschneidungen gibt es irgendwo in der Natur, sondern ein und dasselbe Blut strömt ununterbrochen in endlosem Kreislauf durch alle Menschen, wie auch die Wasser des Globus ein Meer mit einem Gezeitenstrom sind. Ein Licht strahlt aus tausend Sternen. Eine Seele belebt alle Menschen.'

Und die Schlussfolgerung Ken Wilbers:[63]

‚Eines der Hauptkennzeichen der psychischen Mystik besteht in der bewussten Identität mit Physiosphäre und Biosphäre und Noosphäre [...] Diese Mystik besingt die Wunder der Natur vielfach

---

[63] Ebd., S. 354.

geradezu jubilierend, aber es ist eben doch, wie Emerson immer wieder betont, ‚Das Selbst der Nation und der Natur', also die mystische Vereinigung von Materie, Leben und Kultur und nicht bloß ein völliges Aufgehen in der Biosphäre.'

Und:[64]

‚Und was hat das mit Moral zu tun? [...] Wenn ich alle Lebewesen als Ausdruck des einen Selbst erkenne, werde ich sie als mein Selbst sehen und auch so behandeln. Nur aus dieser Erkenntnis [...] erwächst wahres Mitfühlen oder Mitleiden – ein Mitfühlen, das weder das Ich (egozentrisch), noch eine bestimmte Gesellschaft (soziozentrisch), noch die Menschen (anthropozentrisch) obenan stellt, noch bloß im Denken so zu tun versucht, als ob wir alle vereint wären (weltzentrisch), sondern unmittelbar die eine Luft aller Lebewesen atmet und von dem Blut durchströmt wird, das in allen Lebewesen ein und dasselbe ist.'

Für die Luft gilt dies tatsächlich, für das Blut kann man es nur symbolisch meinen, denn der Kreislauf ist ja ein geschlossener und bekanntlich nicht in allen derselbe, denn man kann nicht einmal ohne weiteres eine Bluttransfusion durchführen, wenn man die Blutgruppe nicht kennt – von den weiteren Unterschieden ganz zu schweigen.

Ach, es sind schöne Worte, die Wilber spricht, er spricht mit Emerson und gibt seiner eigenen Sicht die Prägung von Emerson, von dessen Worten und Gedanken.

Hier muss ich den Leser auf einen Video-Clip aufmerk-

---

[64] Ebd., S. 358.

sam machen, der bei YouTube zu finden ist.[65] Dort sieht man, wie Wilber als Meister auftritt und wie er acht Minuten lang zu ‚I-Amness' (also zum ‚Zeugen-Bewusstsein') anregt. Er weist auf das Bewusstsein, *da zu sein*, hin, das immer war, ist und sein wird. Man kann diese Erfahrung nicht bestreiten, sie ist da, selbstverständlich. Außerdem aber kann man den ‚Meister' selbst erleben, seine Mimik, seine Sprache, seine Geste. Ich werde hier kein Urteil geben, es sollte jeder für sich einmal diesen ‚spirituellen Meister' erleben. Das Wort ‚I am' wird durch das Erleben des Videos, durch die Anregung zum Erleben des ‚I am', wie Wilber sie anleitet, eine sehr stark von ihm geprägte Wirkung, so stark, dass man es nicht mit ‚Ich bin' übersetzen kann – denn jenes ‚I am' scheint eine völlig andere Bedeutung zu haben...

Die subtile Ebene

Dieses ‚Zeugen-Bewusstsein' kann auch auf der subtilen Ebene entstehen. Vorbild für Wilber ist hier die heilige Theresia von Avila.

Wilber:[66]

‚Auf der subtilen Ebene vertieft sich diese Verinnerlichung, dieses ‚einwärts und darüber hinaus' – eine neue Transzendenz mit neuer Tiefe, einem neuen Umfang, einem höheren Bewusstsein, einer weiter gewordenen Identität –, und die Seele und Gott gehen eine noch tiefere Vermählung ein, die auf ihrem Höhepunkt eine göttliche Einheit von Seele und GEIST erkennen lässt, eine

---

[65] www.youtube.com/watch?v=BA8tDzK_kPI
[66] Ebd., S. 360.

Vereinigung, die jeder ihrer Manifestationen als Materie, Leben und Geist vorausgeht und jede nur denkbare Natur überstrahlt. An die Stelle der Natur/Nation-Mystik tritt die Gottheits-Mystik, und der innere Gott kündigt sich auf eine Weise an, die im Grobmanifestierten unvorstellbar wäre – mit einem Licht, das die Sonne blendet, mit einem Lied, vor dem Natur und Kultur bestürzt und ehrfürchtig verstummen.'

Dass die heilige Theresia mit ihrem Gott Christus meint, wird eigentlich mit keinem Wort erwähnt. Für Ken Wilber ist dies auch nicht wichtig, ist es doch für ihn nur eine mythische Dissoziation innerhalb einer realen All-Eins-Erfahrung, sozusagen ein Fehler in der Interpretation.

Die heilige Theresia beschreibt in ihren Aufzeichnungen die ‚innere Burg', ein Haus mit sieben Wohnungen: Demut, Gebet, beispielhaftes Leben, Gebet der Sammlung und der Ruhe, geistliche Verlobung, längeres Zusammen-Sein, mystische Hochzeit.

Für Ken Wilber zeigen diese Stufen eine Ähnlichkeit mit seiner Gliederung: Demut ist die äußere Welt, Physis; Gebetsübung sind die ersten Schritte der Verinnerlichung; das beispielhafte Leben ist der Übergang zum ‚Wir'; im Gebet der Sammlung und im Gebet der Ruhe kommt die erste Stufe des Transpersonalen zur Erscheinung:[67]

‚Beide bewirken eine Beruhigung und Verlangsamung der zum Äußeren und Groben hinneigenden Vermögen (Gedächtnis, Gedanke, Sinne) und demzufolge eine Öffnung für tiefere, innere Räume und entsprechende ‚Gnadenerweise', die Theresia auf dieser Stufe ‚geistliche Tröstungen' nennt.
[...]

---

[67] Ebd., S. 362.

In der fünften Wohnung kommt es auf dem Weg über das Gebet der Vereinigung zu einer ‚geistlichen Verlobung', und hier taucht die Seele zum ersten Mal wirklich auf und ahnt, dass der GEIST im tiefsten Innern des eigenen Herzen wohnt.'

Und weiter:[68]

‚In der sechsten Wohnung sehen Braut und Bräutigam, Schmetterling und Gott, Seele und ungeschaffener GEIST einander für längere Zeitabschnitte.' (für Wilber die Vorstufe für das nichtduale Erleben)

Dann tritt die ‚dunkle Nacht der Seele' auf,

‚die Zeit nachdem man das universelle Sein geschmeckt hat, aber noch nicht mit ihm zuhause ist, denn man hat das Paradies gesehen … und hat es verblassen sehen.'

In der siebten Wohnung, in der mystischen Hochzeit, tritt an die Stelle der Visionen ein direktes Innewerden… Die ganze Seele vereinigt sich mit Gott. Dies ist für Wilber die nichtduale Stufe, die eine bleibende geworden ist.

Theresia:[69]

‚Diese geheime Vereinigung vollzieht sich in der allerinnersten Mitte der Seele, also an dem Ort, wo Gott selber weilt. Und er bedarf, wie ich glaube, keiner Türe, um dort einzutreten. […] Was sich bei der Vereinigung der geistlichen Vermählung ereignet, ist völlig anderer Art… Was der Herr hier der Seele in einem Augenblicke mitteilt, ist

---

[68] Ebd., S. 363f.
[69] Ebd., S. 365.

ein so großes Geheimnis und eine so hohe Gnade, und das Entzücken, das die Seele dabei empfindet, ist so übermächtig, dass ich es mit nichts anderem vergleichen kann als der Seligkeit im Himmel.'

Und dann kommt doch ein Zitat, in dem klar wird, dass Theresia sich mit Christus vermählt hat – für Wilber eine Fehlinterpretation, eine mythische Dissoziation, er zitiert es jedoch trotzdem:[70]

‚Denn das ist der Ort, wo der kleine Falter, von dem wir gesprochen haben, stirbt, und dies in höchster Wonne, weil sein Leben nunmehr Christus ist.'

Durch das Einfügen von Zeugnissen von Menschen wie der heiligen Theresia und Meister Eckhart bringt Ken Wilber eine Heiligung seines Buches zustande, die sehr verführerisch ist.

Rudolf Steiner hat übrigens eine ganz andere Einschätzung in Bezug auf die heilige Theresia von Avila. Diese äußert er zum Beispiel in seinem Pastoral-Medizinischen Kurs und auch in den Vorträgen für Priester der Christengemeinschaft:[71]

‚Es ist schon tatsächlich ein religiöser Grund, wenn man sagt, der Seelsorger solle eben dem Menschen etwas geben, was nicht bloß wirkt für seinen Verkehr mit Gott bis zum Tode, sondern über den Tod hinaus. In dieser Beziehung muß Anthroposophie aus ihrer Erkenntnis heraus ehrlich sein. Würde man mehr wissen – was ja möglich ist – über das, was über die Pforte des Todes hinaus bleibt, und was nicht bleiben kann, wo Menschen wie zum Beispiel eine

---

[70] Ebd., S. 370.

[71] Rudolf Steiner, Vorträge und Kurse über christlich-religiöses Wirken, Bd. 2, GA 343, S. 108.

Mystikerin wie die heilige Therese nur eben dasjenige engagiert haben, was vergänglich ist, so würde man sich, selbst wenn man eine solche Mystikerin ist, vorbereiten auf ein Leben nach dem Tode, in das man verkümmert eintritt, gerade wenn man in dieser Weise wollustartiger Mystiker war in diesem Leben. Man tritt natürlich auch ein, aber so, wie man etwa in diesem Leben ohne Hände und Füße wäre. Das ist etwas, was man durch anthroposophische Erkenntnis finden kann und was einem einen religiösen Impuls gibt. Doch zu alldem muß die Scheu überwunden werden, Glauben und Wissen zu vereinigen, wonach Anthroposophie strebt.'

In diesem ganzen Kapitel ,Die Tiefen des Göttlichen', mit dem wir uns jetzt befassen, tritt der Glanz der mystischen Vereinigung hervor und überstrahlt die eigentlichen Absichten Wilbers. (Später, im zweiten Buch von ,Eros, Kosmos, Logos', tritt eine ähnliche Art von ,Heiligung' auf, wenn Wilber anhand der historischen Entwicklung zeigt, wie der Materialismus allmählich den Geist vertreibt, wie die Spiritualität ganz verdrängt wird. In solchen Abschnitten stellt er manches auch richtig dar).

Ich werde zunächst noch Wilbers Darstellungen über das Kausale und das Nichtduale besprechen und dann durch Ausführungen über den geistigen Entwicklungsweg, wie ihn Christian Rosenkreutz und Rudolf Steiner lehren, zeigen, dass beide Wege nicht zu integrieren sind, dass der eine Weg zu einem anderen GEIST führt als der andere.

Die kausale Ebene

Wilber:[72]

'Auf der subtilen Ebene vereinigen sich die Seele und Gott; auf der kausalen Ebene werden sie beide in die uranfängliche Identität der Gottheit aufgehoben, des reinen formlosen Bewusstseins, des reinen Selbst als reiner GEIST (Atman = Brahman). [...]
Dieser reine formlose GEIST gilt als Ziel, Gipfel und Ursprung alles Manifestierten. Und das ist das Kausale.'

Das Kausale gibt das vollkommene Eins-Werden mit Gott. Wenn dieses Erleben dann auch noch die Einheit des Formlosen mit aller Form umfasst, tritt die höchste Stufe der Vollkommenheit ein: Das Nichtduale.

Meister Eckhart:

'Wisset nun, alle unsere Vollkommenheit und alle unsere Seligkeit hängt daran, dass der Mensch durchschreite und hinausschreite über alle Geschaffenheit und alle Zeitlichkeit und alles Sein und eingehe in den Grund, der grundlos ist.'

Wilber:[73]

'In diesem formlosen und schweigenden Gewahrsein sieht man die Gottheit nicht, denn man ist die Gottheit; man erkennt sie von innen als Selbstgefühl und nicht von außen als Objekt. Der eine Zeuge ist nicht zu sehen, weil er der Sehende ist.' (Hervorhebung M.M.)

---

[72] Ken Wilber, a.a.O., S. 373.
[73] Ebd., S. 373.

Meister Eckhart:[74]

‚Du sollst ihn lieben, wie er ist ein Nicht-Gott, ein Nicht-Geist, eine Nicht-Person, ein Nicht-Bild, mehr noch: wie ein lauteres, reines, klares Eines ist, abgesondert von aller Zweiheit... Du sollst Gott ungeistig lieben, das heißt so, dass deine Seele ungeistig sei und entblößt aller Geistigkeit; denn solange deine Seele geistförmig ist, solange hat sie Bilder. Solange sie aber Bilder hat, solange hat sie Vermittelndes; solange sie Vermittelndes hat, solange hat sie nicht Einheit noch Einfachheit ... Daher soll deine Seele allen Geistes bar sein, soll geistlos dastehen.'

Mit Geist ist hier selbstverständlich der niedere Geist des Verstandesdenkens gemeint.

Das Nichtduale

Als Beispiel für das Nichtduale führt Wilber Sri Ramana Maharshi an, ‚Indiens großer Weiser unserer Zeit'. Er zitiert ihn:[75]

‚Das Selbst ist jedermann bekannt, jedoch nicht klar. Das Sein ist das Selbst. ‚Ich bin' ist der Name Gottes. Keine andere Definition Gottes ist so gelungen wie jene Stelle in der Bibel, wo es heißt: ICH BIN DER ICH BIN. Das absolute Sein ist das, was ist – es ist das Selbst. Es ist Gott. Im Erkennen des Selbst ist Gott erkannt. Wahrhaftig, Gott ist nichts anderes als das Selbst.'

Und:[76]

---

[74] Ebd., S. 374.
[75] Ebd., S. 375.
[76] Ebd., S. 377.

‚Beim Zurückverfolgen des ‚Ich' bis zu seinem Ursprung bleibt das Ich-Ich allein übrig, und es ist unaussprechlich. Der Ort des Realisierens ist innen, und der Suchende kann es nicht als Objekt außerhalb seiner selbst finden. Dieser Ort ist Glückseligkeit und der innerste Kern aller Wesen. Daher nennt man ihn ‚das Herz'. Der Geist sieht sich jetzt als die vielfältigen Gestaltungen des Universums. Wo diese Vielfalt nicht manifestiert ist, da weilt er in seinem wesenhaften Zustand, seinem Urzustand, und das ist das Herz. Das Eingehen in das Herz bedeutet, dass man ohne alle Ablenkung ist. Das Herz ist das einzig Wirkliche. Geist ist nur etwas Vorübergehendes. Als das eigene Selbst verweilen heißt in das Herz eingehen. Das Selbst wird nicht geboren und stirbt nicht. Der Weise sieht alles im Selbst. Im Selbst gibt es keine Verschwiegenheit. Wenn ein Mensch sich für geboren und Todesfurcht für unausweichlich hält, so möge er nur zu ergründen versuchen, ob das Selbst eine Geburt hat. Er wird finden, dass das Selbst immer existiert, dass der Körper, der geboren ist, zu Denken wird und die Entstehung des Denkens die Wurzel allen Unheils ist. Such den Ursprung der Gedanken auf. Dann wirst du im immerwährenden innersten Selbst sein, frei vom Gedanken der Geburt und frei von Todesfurcht.'

Sri Ramana Maharshi formuliert den ‚Standpunkt' der höchsten Verwirklichungsstufe, des Nichtdualen:[77]

‚Die Welt ist illusorisch;
Brahman allein ist wirklich;
Brahman ist die Welt.'

---

[77] Ebd. S. 371.

Und Ken Wilber selbst schließt seine Ausführung über das Nichtduale wie folgt:[78]

‚Und wo Ich-Ich ist, da bilden sich die Welten wie zuvor, aber es ist niemand mehr da, der Zeuge dessen sein könnte. Ich-Ich ist nicht ‚hier drinnen' und blickt nach ‚da draußen'; es gibt kein Hier-Drinnen und kein Da-Draußen, nur dies. Das ist das endgültige Ende für alle Egozentrik, Geozentrik, Biozentrik, Soziozentrik, Theozentrik, weil es das Ende aller -zentrik überhaupt ist. Es ist das endgültige Dezentrieren aller manifesten Bereiche in allen Domänen, zu allen Zeiten, an allen Orten. Im Dzogchen-Buddhismus würde man sagen: Weil alle Phänomene vom Urbeginn an leer sind, sind sie immer schon und so, wie sie sind, selbstbefreit.'

Ken Wilber ist kein reiner Buddhist, denn er hat die alten morgenländischen Traditionen mit den mystischen Traditionen im Abendland, wie auch mit allen modernen und postmodernen Wissenschaften integriert. Ein materialistischer Spiritualismus oder ein spiritueller Materialismus ist damit geboren. Dieser gründet sich zwar auf den Buddhismus, ist jedoch ganz und gar unserer Zeit angemessen – so will Ken Wilber es uns wenigstens anbieten und erleben lassen ... und selbstverständlich sogar verwirklichen lassen.

In ‚Integrale Spiritualität' gibt Ken Wilber zwei Tabellen wieder, die er aus dem Buch ‚Transformations of Consciousness' von Daniel P. Brown und John Chirban (1986) übernommen hat und in denen die Stufen der Meditationen und Übungen der östlichen Traditionen (Buddhismus und Yoga) und die Stufen der Kontempla-

[78] Ebd., S. 380.

tion einiger Heiliger der katholischen Kirche wiedergegeben werden. Bei beiden Tabellen sieht man, wie allmählich zu den höchsten Stufen aufgestiegen wird, in den morgenländischen Traditionen ‚Erleuchtung', in der abendländischen Tradition ‚Theosis' genannt.

Neu bei Wilber ist – neben dem wissenschaftlichen Integral – die Unterscheidung verschiedener Bewusstseinsstufen, durch die eine Erleuchtungserfahrung – eine grobe, subtile, kausale oder nichtduale Erfahrung (‚Zustand') – jeweils interpretiert werden kann. Das Wilber-Coombs-Raster (siehe S. 119) gibt dies anschaulich wieder.

Wilber beschreibt als höchste Erleuchtung (in unserem Holon) also die nichtduale Einheit mit Gott und mit dem Kosmos, sowie auch mit der Vielheit der Welt. Es ist das Einssein mit dem Selbst, das ‚Ich-Ich', wie Maharshi diesen Zustand beschreibt, die absolute nichtduale Leere. Hier ist man nach Wilber erst wirklich auf der Höhe unserer Zeit – wenn man sich auch über die integrale Stufe erhoben hat, also super-integral, transpersonal ist. Hat ein Mensch das Ich-Ich entwickelt, ist er in einen – in diesem Augenblick der Evolution – allerhöchsten Zustand eingetreten. Wilber gibt eine Definition:

‚Erleuchtung ist die Verwirklichung von Einssein, mit allen Zuständen (states) und allen Strukturen (structures), die zu einer bestimmten Zeit existieren.' [79]

‚Aber ‚totale Verwirklichung' oder ‚vollkommene Erleuchtung' würde heißen, eins zu sein mit den Hauptzuständen (‚horizontale

---

[79] Ken Wilber, Integrale Spiritualität, S. 329.

Erleuchtung') und den Hauptstufen (‚vertikale Erleuchtung'), die zu einem gegebenen Zeitpunkt existieren, und das heißt heute: mindestens die Höhe von Indigo und nichtdualen Zuständen.' [80]

Und wie erreicht man eine solche Erleuchtung?
Es gibt im Internet bei YouTube Videoclips mit Titeln wie ‚Enlightenment within 8 minutes'. Es gibt dort auch die ‚I Am-ness'-Übung, die wörtlich ebenso im Buch ‚Integrale Vision' zu finden ist (und die ich am Anfang dieses 2. Teiles vollständig zitiert habe). Um diese Erleuchtung auch ‚vertikal auf die Höhe zu bringen' und schneller aufzusteigen, gibt jenes Buch auch weitere Übungen an.
Übungen für eine Läuterung der Seele gibt es nicht – so etwas braucht man auch nicht, denn die Erleuchtung gibt die Einheit mit Allem und Vielem, gibt den Ich-Ich-Zustand, und diese Einheit verleiht eine absolut vollkommene Moralität, weil sie transpersonal ist – und noch darüber hinaus...

Dies alles müsste eigentlich im Konjunktiv geschrieben sein, denn es sind Äußerungen, die Ken Wilber selbst macht. Ob sie wahr und richtig sind, muss sich für uns noch erweisen.

---

[80] Ebd., S. 335.

Die anthroposophische Spiritualität

Wir vergleichen die integrale Spiritualität Ken Wilbers hier mit der Anthroposophie Rudolf Steiners, die, wie bereits erwähnt, von Wilber nicht integriert wurde. Sie steht außerhalb des Integrals, steht auf sich selbst. Nur für bestimmte Anthroposophen (z.B. Sebastian Gronbach) gilt dies nicht, sie pressen die Anthroposophie gewaltsam in das Integral, vielleicht um auch zum ‚Wir' gehören zu können. Wie Wilber selbst darauf reagiert, ist mir nicht bekannt. Wie auch immer, von dessen Standpunkt aus gesehen lässt sich die Anthroposophie einfach nicht integrieren.

Entweder hätte Rudolf Steiner zu Beginn seiner Entwicklung eine genuine All-Eins-Erleuchtung auf der Höhe seiner Zeit gehabt. Man könnte dies, wenn man es partout wollte, einem Brief von 1881 entnehmen:[81]

‚Es war die Nacht vom 10. auf den 11. Januar, in der ich keinen Augenblick schlief. Ich hatte mich bis halb ein Uhr Mitternacht mit einzelnen philosophischen Problemen beschäftigt, und da warf ich mich endlich auf mein Lager; mein Bestreben war voriges Jahr, zu erforschen, ob es denn wahr wäre, was Schelling sagt: ‚Uns allen wohnt ein geheimes, wunderbares Vermögen bei, uns aus dem Wechsel der Zeit in unser innerstes, von allem, was von außen hinzukam, entkleidetes Selbst zurückzuziehen, und da unter der Form der Unwandelbarkeit das Ewige in uns anzuschauen.' Ich glaubte und glaube nun noch, jenes innerste Vermögen

[81] Rudolf Steiner, Briefe, Bd. 1, GA 38, S. 13.

ganz klar an mir entdeckt zu haben – geahnt habe ich es ja schon längst –; die ganze idealistische Philosophie steht nun in einer wesentlich modifizierten Gestalt vor mir; was ist eine schlaflose Nacht gegen einen solchen Fund!'

Aber was hat Rudolf Steiner denn in all den Jahren danach getan? Wenn diese Erleuchtung ihm zuteil geworden wäre, hätte es vielleicht noch seine erkenntnistheoretischen Schriften und ‚Die Mystik...' geben können. Alles jedoch, was danach kam, ist statt formlos, leer und nichtdual eine Vielfalt von geistigen Formen, eine spirituelle Fülle, die zum Dualen Gott par excellence führt: zu Christus, der sich als Gott in einem Menschen inkarnierte. Gronbach und die Seinen sehen diesen zweiten Teil der Tätigkeit Rudolf Steiners als einen Versuch an, die All-Eins-Erleuchtung in traditionelle Bilder und Mythen zu kleiden, damit die Menschen seiner Zeit sie überhaupt aufnehmen konnten. In unserer Zeit der Postmoderne hätte er nach dieser Auffassung leicht davon absehen können und hätte gelehrt, wie Ken Wilber es jetzt tut...

Oder Rudolf Steiner wäre nach seiner Erleuchtung in der Horizontalen (die ihn in die All-Weiten führte) in der Vertikalen ‚abgerutscht' und in die mythische Dissoziation geraten – oder mit seinem ‚Ethnozentrismus' vielleicht auch nie über das Mythische hinausgekommen. Dann hätte seine Erleuchtung verglichen mit einem Mann wie Ken Wilber einen weiten ‚Rückstand' – und dasselbe gälte für alle Anthroposophen. Noch nicht einmal Zentauren wären sie dann.

Oder Ken Wilber spricht über etwas *ganz anderes* als Rudolf Steiner, und der GEIST, den Wilber in seiner ‚zeitgemäßen' Erleuchtung erreicht, ist ein ganz anderer als jener, den Rudolf Steiner ,Geist' nennt.

Dass letzteres tatsächlich der Fall ist, werde ich im Folgenden zeigen.

Dazu muss ich zunächst noch einmal Ken Wilber zitieren, um für die Betrachtung einen realen Ausgangspunkt zu haben. Ich verweise also noch einmal auf seine grundlegende Meditation der ,ICH-BIN-heit':

,Sei aufmerksam für dein augenblickliches Gewahrsein. Nimm alles wahr, was in deinem Gewahrsein entsteht – die Bilder und Gedanken, die in deinem Verstand entstehen, die Gefühle und Empfindungen, die in deinem Körper entstehen, die unzähligen Gegenstände um dich herum im Raum oder in deiner weiteren Umgebung. All das sind Objekte, die in deinem Gewahrsein entstehen.

Denke jetzt daran, was vor fünf Minuten in deinem Gewahrsein war. Die meisten Gedanken haben sich verändert, und wahrscheinlich hat sich auch deine Umgebung verändert. Aber etwas hat sich nicht verändert. Etwas in dir ist jetzt immer noch dasselbe wie vor fünf Minuten. Was ist jetzt, in diesem Augenblick, präsent, das auch vor fünf Minuten präsent war?

ICH-BIN-heit. Das fühlende Gewahrsein von ICH-BIN-heit ist weiterhin präsent. Ich bin diese immer gegenwärtige ICH-BIN-heit. Diese ICH-BIN-heit ist jetzt präsent, war vor einem Augenblick präsent, war vor einer Minute präsent, war vor fünf Minuten präsent.
Was war vor fünf Stunden präsent?
ICH-BIN-heit. Dieses Gefühl von ICH-BIN-heit ist eine kontinuierliche, um sich selbst wissende und sich selbst erfahrende, sich

selbst würdigende ICH-BIN-heit. Sie ist jetzt präsent, sie war vor fünf Stunden präsent. Alle meine Gedanken haben sich verändert, alle meine Körperempfindungen haben sich verändert, meine Umgebung hat sich verändert, aber ICH BIN ist immer präsent, strahlend, offen, leer, klar, weiträumig, transparent, frei. Gegenstände haben sich verändert, doch nicht diese formlose ICH-BIN-heit. Diese offensichtliche und gegenwärtige ICH-BIN-heit ist jetzt ebenso präsent, wie sie vor fünf Stunden präsent war.

Was war vor fünf Jahren präsent?

ICH-BIN-heit. So viele Dinge sind gekommen und gegangen, so viele Gefühle sind gekommen und gegangen, so viele Dramen und Schrecken, so viel Liebe und Hass sind gekommen, eine Weile geblieben und gegangen. Aber eines ist nicht gekommen und eines ist nicht gegangen. Was? Was ist das Einzige, das in deinem Gewahrsein jetzt in diesem Augenblick präsent ist, und von dem du erinnerst, dass es auch vor fünf Jahren präsent war? Dieses zeitlose, immer gegenwärtige Gefühl von ICH-BIN-heit ist jetzt ebenso präsent, wie e vor fünf Jahren präsent war.

Was war vor 500 Jahren präsent?

Alles, was immer präsent ist, ist ICH-BIN-heit. Jeder Mensch fühlt diese selbe ICH-BIN-heit – denn sie ist kein Körper, sie ist kein Gedanke, sie ist kein Objekt, sie ist nicht die Umgebung; sie ist nichts, was wir sehen können, sondern vielmehr der immer gegenwärtige Seher, der immer existierende offene und leere Zeuge all dessen, was entsteht; in jedem Menschen, in jeder Welt, an jedem Ort, zu jeder Zeit, in allen Welten bis zum Ende der Zeit gibt es nur und immer diese offensichtliche und unmittelbare ICH-BIN-heit. Was sonst kannst du wissen und erfahren? Was sonst weiß und erfährt jede und jeder von uns? Es gibt nur und immer diese strahlende, um sich selbst wissende und sich erfahrende, sich selbst fühlende und sich selbst transzendierende ICH-BIN-heit, ganz gleich, ob sie jetzt, vor fünf Minuten, vor fünf Stunden oder 500 Jahren präsent ist und war.

Vor 5000 Jahren?

Vor Abraham war ICH BIN. Vor dem Universum war ICH BIN. Dies ist mein ursprüngliches Gesicht, das Gesicht, das ich hatte, bevor meine Eltern geboren wurden, das Gesicht, das ich hatte, bevor das Universum geboren wurde, das Gesicht, das ich von Ewigkeit an hatte, bis ich beschloss, eine weitere Runde Verstecken zu spielen und mich in den Dingen meiner eigenen Schöpfung zu verlieren.

Ich werde NIEMALS wieder so tun, als würde ich um meine eigene ICH-BIN-heit nicht wissen, sie nicht erfahren oder fühlen.

Und damit hat sich das Spiel erledigt. Millionen von Gedanken sind gekommen und gegangen. Aber eines ist nicht gekommen und eines ist nicht gegangen: Das große Nicht-Geborene, das große Nicht-Sterbende, das den Strom der Zeit nie betritt oder verlässt, eine reine Präsenz jenseits aller Zeit, die in der Ewigkeit schwingt. Ich bin diese große, offensichtliche, um sich selbst wissende und sich selbst erfahrende, sich selbst würdigende und sich selbst befreiende ICH-BIN-heit.

Vor Abraham war ICH BIN.

ICH BIN ist nichts anderes als GEIST in der ersten Person, das höchste, sublime, strahlende, alles erschaffende Selbst des gesamten Kosmos, gegenwärtig in mir und dir, ihm, ihr und ihnen – als die ICH-BIN-heit, die jeder und jede von uns fühlt.

Denn in allen bekannten Universen beträgt die Gesamtzahl aller ICH BINs immer nur eins.

Ruhe immer als ICH-BIN-heit, genau die ICH-BIN-heit, die du im Augenblick fühlst, welche nicht geborener GEIST selbst ist, leuchtend als du und in dir. Nimm auch deine persönliche Identität an – als dieses oder jenes Objekt, dieses oder jenes Selbst, dieser oder jener Gegenstand – und ruhe dabei immer im Urgrund von alledem, als diese große und vollkommen offensichtliche ICH-BIN-heit. Und dann steh auf und fahre fort mit deinem Tag in dem Universum, in dem ICH geschaffen BIN und das ICH BIN geschaffen hat.

Ein neuer Tag ist angebrochen, ein neuer Morgen dämmert, ein neuer Mann, eine neue Frau zeigen sich am Horizont. Der neue Mensch ist integral, und das gilt auch für die neue Welt.[82]

Wer wirklich nachvollziehen will, was ich hier vorbringen werde, sollte diese Meditation ernsthaft ausführen.

Kann man gegen sie etwas einwenden? Nein. Die Gedanken sind wahr, die Empfindungen werden richtig geführt. Man wird zu seinem Gefühl ‚da zu sein' geleitet. Ich war, Ich bin, Ich werde sein – für immer. Dieses Ich-Gefühl kann sehr real sein, es kann eine reale Erleichterung bedeuten, eine Befreiung aus den Sorgen des Alltags, und da es eine Art Glückseligkeit der Befreiung geben kann, ist es in diesem Sinne eine Erleuchtung: Man hat plötzlich etwas eingesehen und auch verwirklicht. Das ist etwas anderes als das mühsame Üben in der Anthroposophie,

---

[82] Ken Wilber, Integrale Vision. Eine kurze Geschichte der integralen Spiritualität. Kösel-Verlag 2009.

das vielleicht auch nach Jahren noch immer nicht zu einer solchen Erfahrung geführt hat, wie sie jetzt in wenigen Minuten einleuchtet.

Was ist der Unterschied? Gibt es einen Unterschied?

Hier muss ich mich gleichsam entschuldigen, dass ich etwas ähnliches sage wie *Wilber*, wenn er schreibt: ‚Das Weltumfangende und seine pluralistische Weltföderation kann nur von den einzelnen gesehen, verstanden und mit Inhalt gefüllt werden, die bereits eine universale Schau-Logik entwickelt haben...'[83]

Ich muss sagen: Der Unterschied zwischen den Resultaten und Bedeutungen verschiedener Meditations- und Kontemplationswege kann nur von jenen einzelnen Menschen angeschaut und durchschaut werden, die in der Meditation bereits so weit gekommen sind, dass die Gedanken als reale Kräfte erlebt werden, dass sich also dasjenige, was in der Meditation tatsächlich geschieht, als eine für sie wahrnehmbare und verständliche reale Wirkung darlebt. Diese Menschen schauen nicht Ideen an, sondern leben in einer realen Welt, in der ihre Wahrnehmungen zugleich gedankliche *Taten* sind.

Das ist eine Art Machtspruch. Und trotzdem ist es keiner, denn diejenigen, die die hier sich entfaltenden Gedanken mitvollziehen können – auch wenn sie selbst nicht einmal meditieren –, können jederzeit einsehen, dass es *wahr* ist, was hier vorgebracht wird.

Zuerst werde ich beschreiben, was sich erleben lässt, wenn mit entwickelter meditativer Fähigkeit die Meditation ‚I am Big Mind' vollzogen wird.

Ich versenke mich in meditatives Anschauen und schaue

[83] Ken Wilber, Eros, Kosmos, Logos, S. 253.

den Inhalt meines alltäglichen Bewusstseins an. Es ist ein ‚Panta Rhei', ein Kommen und Gehen von Gedanken, Empfindungen, Gefühlen von allerlei Art. Auch von Erinnerungen an die Tageserlebnisse, die Sorgen, die Freuden usw. Alles entsteht und vergeht. Ich ziehe mich daraus zurück, indem ich die Quelle suche, aus der dies alles hervorquillt. Sie ist nicht unmittelbar zu finden. Was ich jedoch leicht finden kann, ist der Zeuge meines Bewusstseins, meines Lebens, meiner Welt.

Alles, was sich so kommend und gehend vollzieht, wird weniger wichtig, weniger persönlich. Wie ein Film spielt es sich vor mir ab, ich selbst bin unabhängig davon. Es gibt eine Instanz in mir, die unabhängig von diesen Sorgen, diesen Freuden, diesen Vorstellungen und Gefühlen ist, die auch dann da ist, wenn ich sie nicht beachte. Jetzt aber beginnt sie, sich mir bewusst zu zeigen. Das heißt, ich sehe sie nicht, ich bin sie, und ich *weiß*, dass ich sie *bin*. *Das* bin ich! Lass alles andere da draußen nur fließen und strömen, innerlich bin *ich ich*!

In der Meditation empfinde ich, wie sich mein Selbst-Empfinden verschiebt, es geht gleichsam nach hinten, zur Wirbelsäule und zum Kreuzbein, das übrige wird weniger wichtig. Ein leises Empfinden der Arme, noch weniger der Beine. Der Kopf macht nicht mit, außer vielleicht ein wenig der Hinterkopf und die Halswirbel.

Von diesem ‚Menschen' aus, der ich jetzt bin, schaue ich auf jenes Panta Rhei, das nur noch leise etwas mit mir zu tun hat, das ich auch leicht – vielleicht durch meine geübte Meditationskraft – ganz abstellen kann. Es bleibt vorne nur eine ruhige Leere, hinten *Bin Ich*.

Nichts ist wichtig als nur dieses Sein des Selbst, das sich jetzt verstärkt. Das Empfinden der Zeit war bereits verflossen, jetzt erlebe ich auch immer weniger einen Raum. Das

Erleben der Position meines Körpers, ja sogar das Spüren der *Stelle* im Körper, wo ich mein Selbst erlebte, nimmt ab, verfließt, bis es nur noch das Selbst an sich gibt, losgelöst von allem Zeitlichen, Räumlichen. Nur Sein, sonst nichts – und allmählich auch kein Sein mehr, denn das Empfinden irgendeiner Bedeutung verfließt ebensosehr. Keine Frage, keine Antwort ... alles, was ich hier noch sage, bedeutet nicht das, was es ist – denn es ist *Nichts*. Das Selbst ... es zerfließt, wird auch ein Nichts...

Weiter jedoch werde ich nicht gehen. Nicht bis zum Zerfließen der Form des Ich, nicht bis zum völlig Formlosen, zum vollkommen Nichtdualen. Oh, ich könnte es leicht zustande bringen, war fast schon da... Es *stimmt* nicht, ist nicht gut... Zurück zur Form, zur Wirbelsäule!

*

Ken Wilber gibt eine ‚schöne Übersicht' der spirituellen Entwicklung im Abendland. Er zitiert große Vertreter unserer Kultur, Plato, Plotin, Augustinus. Was sie gesagt haben, soll bestätigen, dass die eben beschriebenen Erfahrungen wirklich auf unserem Pfad lägen, dass wir sie als Höhepunkte der spirituellen Erfahrung anzusehen hätten. Er schildert auch seine Auffassung von der Bedeutung der ‚Nazarener', die ich in einem späteren Kapitel vollständig zitieren und ausführlich betrachten werde.

Hier zitiere ich Ken Wilber, der Plato zitiert:[84]

‚Soviel kann ich aber über alle, welche geschrieben haben und noch schreiben werden, indem sie zu wissen behaupten, worauf

---

[84] Ebd., S. 391.

mein Bestreben gerichtet ist, ob nun, als haben sie es von mir oder von anderen gehört oder auch selbst ausgesonnen, sagen, dass sie meiner Meinung nach nichts von der Sache verstehen. Von mir selbst wenigstens gibt es keine Schrift über diese Gegenstände, noch dürfte eine erscheinen; läßt es sich doch in keiner Weise, wie andere Kenntnisse, in Worte fassen, sondern indem es, vermöge der langen Beschäftigung mit dem Gegenstande und dem Sichhineinleben, wie ein durch einen abspringenden Feuerfunken plötzlich entzündetes Licht in der Seele sich erzeugt und dann durch sich selbst Nahrung erhält.' (Platon, siebenter Brief).

Wilber zitiert weiterhin Plotin:[85]

‚Nun ist aber jede Seele eine Tochter der Gottheit. Wie könnte diese Welt gesondert sein von der des GEISTES? Die verachten, was der Welt des GEISTES so nahe verwandt ist, zeigen damit, dass sie nichts von der Welt des GEISTES wissen, es sei denn dem Namen nach.
Sie [die Einzelseele] möge die große Seele betrachten und sich dieser Betrachtung würdig machen dadurch, dass sie sich des Trugs und all dessen, was gewöhnliche Seelen betört, entledigt. Alles sei still für sie; ihre gesamte Umwelt sei in Frieden. Es ruhe die Erde und das Meer und die Luft, und der Himmel sei ohne Bewegung. Sie betrachte, wie die Seele von allen Seiten in die ruhende Welt einströmt, sich in sie ergießt, sie durchdringt und in sie hineinleuchtet. Wie Sonnenstrahlen, deren Licht eine dunkle Wolke trifft, ihr einen goldenen Rand geben, so gibt auch die Seele, wenn sie in den Leib des Himmels eintritt, ihm Leben und zeitlose Schönheit und erweckt ihn aus dem Schlaf. So wird die Welt, in zeitlose Bewegung versetzt und mit Vernunft erfüllt durch die Seele, ein glückliches Lebewesen...'

---

[85] Ebd., S. 417.

Durch solche Zitate erreicht das Werk von Ken Wilber eine hohe Stufe, scheinbar. Und er begründet damit die Richtigkeit der ‚I am Big Mind'-Erfahrung – scheinbar.

Über Augustinus sagt er:[86]

‚Platons ‚Betrachter' und Plotins ‚stets gegenwärtige Wachheit' werden von Augustinus zur voll ausgeformten Vorstellung des inneren Zeugen (der Seele, wie Augustinus sagen würde) weiterentwickelt, und er versteht darunter das, was unter keinen Umständen anzuzweifeln ist. [...] Doch soweit du den Zweifel auch treibst, sagt Augustinus, ‚das Zweifeln selbst bleibt dir stets unmittelbare Gewißheit: Etwas bleibt stets unmittelbar gewiß, und an dieser Gewißheit ist nicht zu rütteln. Alles Äußere kann angezweifelt werden, nicht aber diese innere Unmittelbarkeit oder grundlegende Wachheit. Und Gott, sagt Augustinus, ist in dieser grundlegenden Wachheit, sie ist der Zugang zu ihm, und deshalb ist er ebenso gewiß wie diese unmittelbare Selbstgewissheit.'

Nun versenke ich mich noch einmal in die Meditation und folge jetzt den Anweisungen der Anthroposophie. Ich nehme den leicht überschaubaren Satz:

Die Weisheit lebt im Licht

Er ist leicht überschaubar, weil er keine Erinnerungen aus meinem Leben enthalten kann. Zuerst kann ich eine Weile über die Worte meditieren, mir die Bedeutung vergegenwärtigen – denen ich mit sinnlich-verstandesmäßigen Begriffen nicht nahe kommen

---

[86] Ebd., S. 434.

kann. Dann aber lasse ich mich nur auf den Satz ein, ich vereinige mich mit ihm, gebe meine ganze innerliche Energie an ihn hin. Ich versuche, so lange wie nur möglich, so stark wie nur möglich, in ihm zu leben. Was geschieht jetzt?

Mein ganzes Sein, mein Selbst, alles, was ich bin, wird Gedanke. Ich löse mich gänzlich aus meiner Leibesempfindung los. Ich empfinde keine Beine, kein Kreuzbein, keine Wirbelsäule. Ich empfinde nur Gedanke, und dieser hat noch eine Stelle im Raum, er erfüllt den Raum dort, wo ich immer mein Haupt trage. Was sich in der vorigen Meditation wie ein Film von mir loslöste, wird jetzt der Grund meines Daseins, mein Haupt erfüllt sich mit dem Gedanken, und ich bin darin, bin in der Tätigkeit *und* in der Form darin. Alles verschwindet, nur nicht mein tätiger Gedanke, der Licht zu werden scheint. Meine Tätigkeit, meine aktive denkende und Gedanken-wollende Seele gibt dem Gedanken Glanz und Leben. Ich verliere mich in ihn, verwandle mich in ihn. Dasjenige, was ich in der ‚I am Big Mind'-Meditation verfließen ließ, *erkrafte* ich hier, ich verhelfe ihm zum Dasein, lasse es auferstehen. Stärker, immer stärker; strahlender, immer strahlender!

Beim Aufsteigen zum Formlosen und Nichtdualen dagegen ist der Stuhl bzw. das Bett empfindungs-leer.

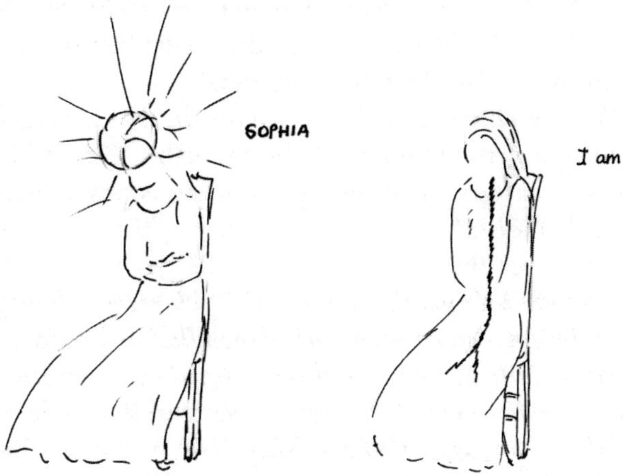

Abbildung 20

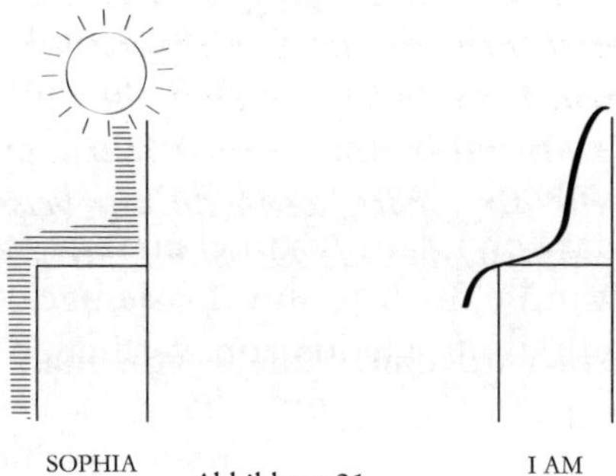

Abbildung 21

Abbildung 22

Es bleibt jedoch nicht bei diesen beiden Stufen. Sowohl das ‚I am Big Mind' als auch die Gedankensonne ändern sich, wenn das Üben fortschreitet.

Was geschieht mit ‚I am', wenn die Form vergeht, die Dualität verschwindet? Bleibt das Selbst leer? Wilber sagt selbst, was geschieht, er sagt es in etwas profaneren Worten als Plotin:[87]

‚[...] eine brennende Freiheit, die sich emporschwingt und mit jedem Ausatmen in die Unendlichkeit befreit, deine Wirbelsäule kitzelt mit ihrer lichtvollen Intensität, während sie von deinem Körper aufblitzt in das große Jenseits; Gaben von unendlichem Mitgefühl, radikaler Vollkommenheit und strahlender Anteilnahme in sich tragend, Gaben von so enormem Umfang, dass dein Körper in Stücke bräche, versuchtest du, sie zurückzuhalten. Du kannst sie jetzt spüren, diese Fülle, die deine ist und von innen gegen dich anstürmt in dem Versuch, sich auszudehnen; diese Freiheit, die dir gehört, wenn du nur beiseite treten und zulassen würdest, dass all das zum Durchbruch gelangt.'

Die Leere wird eine Fülle, wenn man ihr nur Platz einräumt...

Ken Wilber verschweigt die reine europäische Spiritualität vollständig. Das *scheint* nicht so zu sein, weil er Plato, Plotin, Dionysius, Augustinus und sogar die deutschen Idealisten bespricht. In allen seinen Zitaten und Ansichten über diese abendländischen Individualitäten lässt er jedoch nur das gelten, was aus seiner Sicht auf die höchste spirituelle Erfahrung hindeutet:

---

[87] übersetzt aus: Ken Wilber, Integrale Vision, a.a.O.

das *formlose Nichtduale*, das als Selbstbewusstsein im höheren Sinn sich selbst als schöpferischer Urgrund alles Erschaffenen wiedererkennt.

Mit keinem Wort wird über die Rosenkreuzer, über Blavatsky, die Theosophie, Rudolf Steiner, die Anthroposophie gesprochen. Diese eigentliche europäische Spiritualität, die den Weg in die Zukunft bahnen soll, wird total negiert. Sie wird nicht einmal als ‚niederes Holon', das negiert und bewahrt wird, dargestellt; sie bleibt völlig außer Acht. Ich habe ‚Eros, Kosmos, Logos' ganz gelesen und keinen einzigen Hinweis darauf gefunden. Es gibt sie einfach nicht. Die deutschen Idealisten vertreten in gewisser Hinsicht wirklich noch die alte orientalische Erleuchtung. Sie fassen gleichsam in deutsche Worte, was die letzten Ausläufer der alten orientalischen Weisheit waren.

Das Neue, was seit Christian Rosenkreutz (15. Jahrhundert) aufkommt, wird übersehen, und damit kann die alte Welt der Erleuchtung nur weiter verblühen. Und weil sie nach dem Verblühen keinen Keim bildet, muss sie sterben, und eine andere Kraft, die Kraft des Todes, wird mit ihr aufgenommen.

Wenn man Imaginationen, Verbildlichungen haben möchte, um diesen anderen Geist, der in das gestorbene Gewebe des ‚I am' eingreift, bildhaft anschauen zu können, kann man sie einfach finden – auf www.KenWilber.com oder auch in einem Buch wie ‚Integrale Vision', das mit Imaginationen dieser Geisteswelt geschmückt ist.

Die Zeit, in der wir uns ‚very simple' aus unserem Gedankengewebe loslösen konnten, um uns mit der unendlichen formlosen Leere in Nichtdualität zu vereinigen, ist menschheitsgeschichtlich lange vergangen. Wollen wir dies heute dennoch, so füllt sich die Leere tatsächlich mit Geist – mit jenem Geist, der überall da wirkt, wo passive Leere herrscht. Dort kann er den Menschen seiner Freiheit berauben. Man braucht nur den Platz für ihn freimachen...!

Wie geht demgegenüber der Geistesschüler in der Einweihungstradition des Christian Rosenkreutz vor?

Oben zeigte ich die Wirkung einer gedanklichen Meditation. Zuerst stellt sich eine ungeheure Verstärkung der Gedanken ein, sie fangen an, wie eine Sonne zu leuchten, zu kraften. Was ist die weitere Entwicklung?

Der zweite Schritt liegt im ‚Vergessen'. Zuerst hatten wir uns verstärkt mit dem Gedanken vereinigt, identifiziert: ‚Die Weisheit lebt im Licht'. Tun wir das immer wieder, immer stärker, dann gewinnt der Gedanke *Leben*, er bleibt da, aus sich heraus, und wir sind darinnen, selbst kraftend und strahlend. Dann kann man den Inhalt ‚vergessen', und es bleibt doch noch etwas übrig: unsere eigene Denktätigkeit. Sie aber ist ‚größer' als der gewöhnliche Gedanke, sie umfasst mehr als nur die Stirn. Sie weitet sich, und die Sonne strahlt nun auch in der Gegend unseres Kehlkopfes. Das *Wort* im äußerlichen Sinne ist ‚abgefallen', der Ort des ‚geistigen Wortes' fängt an zu kraften und zu strahlen.

Nur strahlende Kraft ist diese Sonne, das Auge symbolisiert die leuchtenden, kraftenden Gedanken, die Musiknote symbolisiert das schweigende Wort, die nicht-gesprochene Sprache.

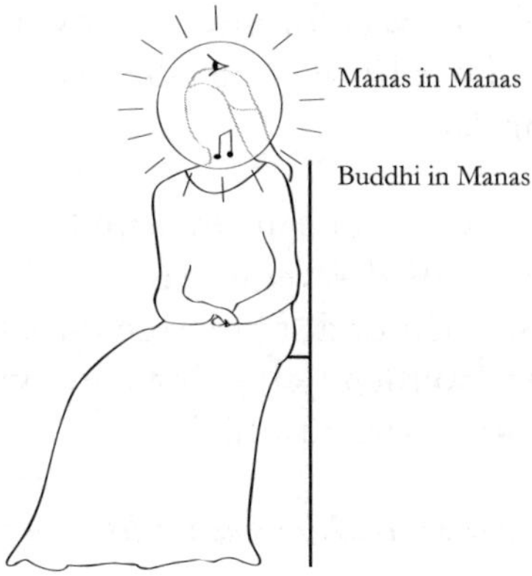

Abbildung 23

Dagegen kann man das Aufgehen in das formlose nichtduale ‚I am' wie folgt darstellen:

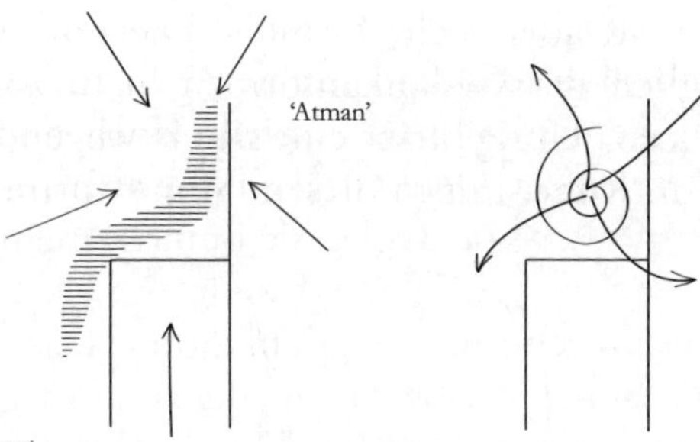

Abbildung 24

‚Atman' nennt Wilber diese höchste Stufe, die heute erreicht werden kann. Man lese noch einmal die Darstellung dieser Stufe bei z.B. Plotin und integriere diese mit Ken Wilbers Vision: Die Weltseele ist mit ‚I am' formlos eins und ergießt sich dann in die zur Ruhe gebrachte Welt. (Die Zeichnung stellt natürlich in Formen dar, was formlos, zeitlos, raumlos ist. Wir brauchen nun einmal Vorstellungen). Der *Mensch* ist nicht mehr da.

Wie geht es in der anthroposophischen Meditation weiter? Die Stufe des Vergessens, auf der die Gedanken vergessen werden und stattdessen die strahlenden Kräfte meditiert werden, kann man in einem diese Stufe vorbereitenden Satz ausdrücken:

Die Weisheit erstrahlet im Licht

Dann geht es weiter, indem wir versuchen, auch die strahlende Kraft zu ‚vergessen'. Gelingt das allmählich, so erzeugen auch wir jetzt eine Leere. Diese jedoch ist nicht formlos, und sie ‚sitzt' auch an einer anderen Stelle als bei Wilber. Es bleibt etwas präsent, was zwar inhaltsleer ist, aber nicht formlos. Die Formlosigkeit gilt bezüglich der Gedankenformen, denn sie haben wir ‚vergessen'. Übrig bleibt eine sich bewegende Form, sie ist nie in Ruhe, nur in diesem Sinne ‚formlos'.

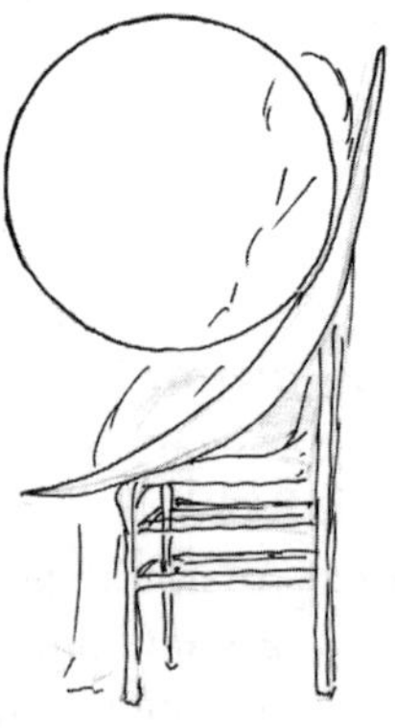

Abbildung 25

Es tritt eine Verschiebung der Kraft ein. Die ursprüngliche Sonnenkraft erweitert sich und schließt das Herz und auch die Arme ein, aber weil die Kraft sich jetzt entspannen soll, beginnen wir zu erleben, dass es eine Instanz gib, die dies alles verwirklichen kann. Auch wir finden jetzt das ‚Ich Bin', es ist jedoch wie eine wirkende, kraftende Ich-Schale, die die Sonne in sich trägt. Der Leib im Stuhl wird wieder wahrnehmbar, jetzt als übersinnlich kraftende Schale, die eine Sonne trägt, die nicht mehr durch uns leuchtet, sondern die in sich ein Leuchten empfängt.

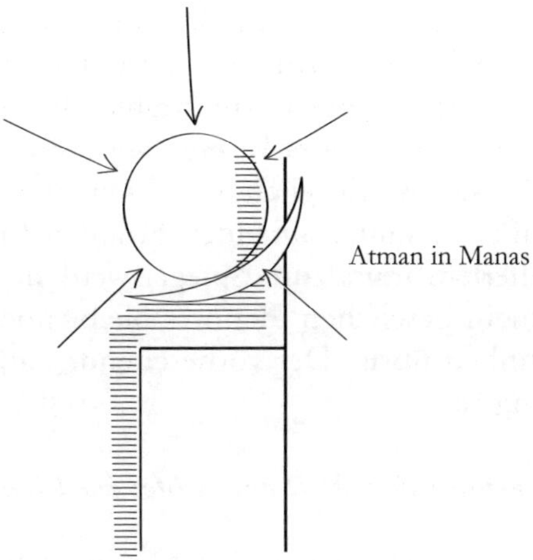

Abbildung 26

Jetzt sind wir noch immer nicht beim ersten Ziel angelangt.

Der anthroposophische meditative Weg ist ein Erkenntnisweg, auf dem man sich das Gewohnheits-Verhältnis zwischen den Wesensgliedern physischer Leib, ätherischer Leib, astralischer Leib und Ich abgewöhnt,

Schritt für Schritt.

Der erste Schritt war ein Abgewöhnen des Verhältnisses zwischen Ich und physischem Leib, zwischen Begriff und Sinnen. Diese beiden korrespondieren in dem Satz ‚*Die Weisheit lebt im Licht*' nicht in der gewohnten Weise. Es lässt sich mit Augen – die doch für und durch das Licht da sind – nicht wahrnehmen, dass im Licht die Weisheit lebt.

Der zweite Schritt bringt den astralischen Leib mit dem ätherischen zusammen, da die Seele, die Weisheit, mit der ätherischen, der kosmischen Weisheit eins werden soll – sie muss ihre Kraft, ihre Liebe in das Licht hineinstrahlen: 'Die Weisheit erstrahlet im Licht.' Das Gedankenelement wird ganz vergessen, das Worthafte ebenso. Übrig bleibt nur die strahlende Kraft.

Dann muss es zu einer *Vermählung* kommen. Die Seele muss ihre eigene Tätigkeit ‚vergessen' und sich ganz den von außen herankommenden Strahlen hingeben, und der Ätherleib muss zum Spiegel werden. Dies aber ist noch nicht geschehen, denn es bleibt noch eine starke Gewohnheit übrig. Der vorbereitende Satz für die Vermählung ist:

Die Weisheit der Welt erstrahlet im Licht

Die Sonne in der Schale empfängt nun die kosmischen Weisheitsstrahlen von außen. Sie fühlt sie wie mit Gnaden-Strahlen in sich hineinströmen. Trotzdem bleibt sie geistig blind, sie empfindet, fühlt ... kann aber nicht sehen.

Um sehen zu können, muss sie die am tiefsten eingewurzelte Gewohnheit überwinden. Sie muss es zustande bringen, die innere Blickrichtung umzukehren. Denn sehen kann die Sonne sich selbst nicht, auch nicht die in sie eintretenden kosmischen Wirkungen. Sie sitzt gleichsam noch immer mit dem Rücken an den Stuhl gelehnt und schaut in die Richtung, in die sie immer schon blickte. Noch immer hat sie sich nicht ganz aus den gewohnten Verhältnissen losgelöst. Sie ‚fühlt' sich geistig, ist aber blind. Die letzte Konsequenz will sie nicht ziehen. Es ist aber ein Wesen da, das sie blind hält, weil sie am gewohnten Physischen haftet. Sie möchte eine geistige Welt auf die gleiche Weise schauen, wie sie die physische sehen kann.

Sie muss sich *umkehren*, sie muss die geistige Welt in sich hereinstülpen und vollkommen andersherum schauen.[88]

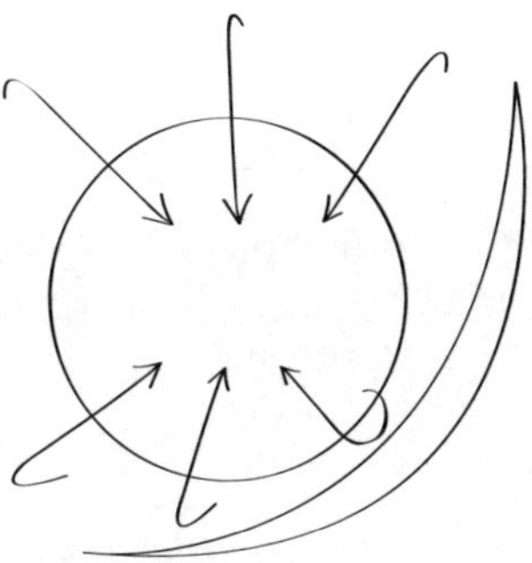

Abbildung 27

Das Physisch-Ätherische, das sie ‚hinter sich' hatte, wird für sie zum Spiegel. Es reflektiert, was sie selbst ist und was von außen in sie hineinstrahlt.

---

[88] Die abendliche Rückschau-Übung ist eine anfängliche Übung, um diese Umkehrung vorzubereiten. Man lässt sich nicht passiv auf dem Strom der Zeit mitführen, sondern dreht sich um.

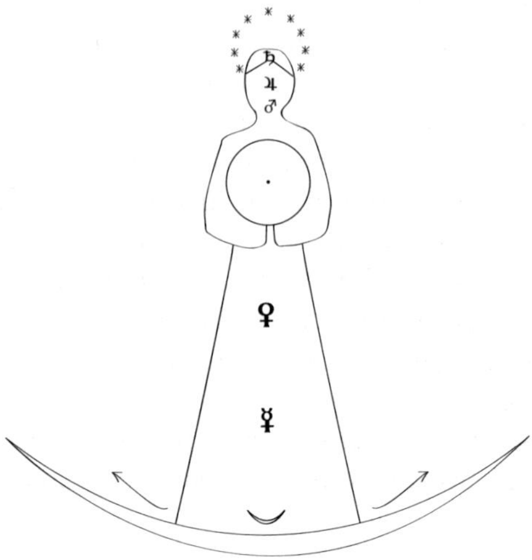

Abbildung 28

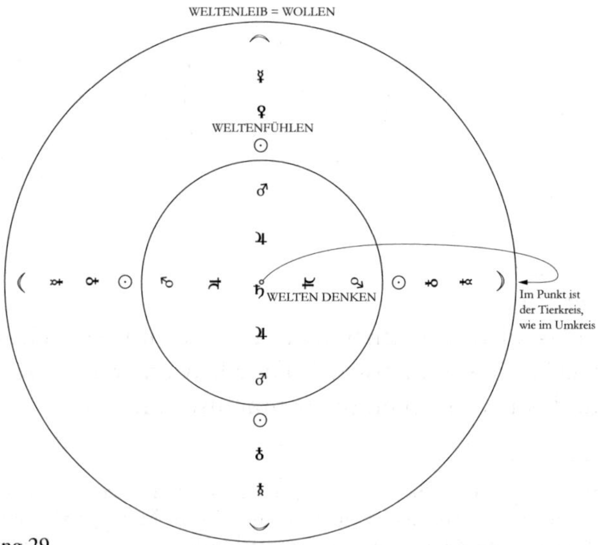

Abbildung 29

Dann erst wird die Seele ganz vom Körper frei, und was eins war, wird zwei, wird drei – und wieder gegliedert eins. Der Leib wird Umkreis, der Gedankenumkreis wird Zentrum. Im Umkreis wird die geistige Welt reflektiert geschaut. Dies ist eine vollständige Vereinigung von Ich und Welt, von All und Eins. Sie ist nichtdual, aber sehr, sehr wohlgeformt (wenn auch in einer anderen Weise, als wir auf Erden gewohnt sind), gestaltet, gegliedert. Das soeben geschilderte Erleben scheint räumlich, aber der Raum ist nicht erlebbar. Und auch die Zeit dehnt sich zur Ewigkeit oder schiebt sich in den ‚Jetzt'-Punkt zusammen. Die Zeichnung sollte nicht als unfehlbar betrachtet werden, denn sie ist nur eine Weise, dieses Großartige darzustellen. Im Kapitel ‚Die Arabeske und die Kathedrale von Chartres' werde ich dies weiter ausführen.

Es ist klar, dass im Zustand der Einheit eine Ähnlichkeit zwischen ‚I am' und jener kraftenden Ich-Schale zu bestehen scheint – es liegen jedoch Äonen der Entwicklung zwischen beiden. ‚I am' ist kraftlose Vorstellung, die zwar völlig leer werden kann und dann durch eine passive Erfüllung Kraft bekommen kann. Die Schale dagegen ist der Heilige Gral, der *nur* auf *krafterfüllten* übersinnlichen Wegen erlangt werden kann. Der neue Eingeweihte geht schrittweise entlang der Pfade der Gedanken, der Kraft, der Vergessenheit und der Umstülpung.

Diejenige Welt, die im ‚I am' verlassen wird, wird in der neuen Einweihung gerade mit Ich-Kraft erfüllt, bis sie wie eine Sonne erleuchtet und erwärmt; dann muss die Richtung vollständig umgekehrt werden, nicht nur die Richtung der Kräfte kehrt sich um, auch die Blickrichtung verwandelt sich. Und im Umkehren entsteht die Welt der umgestülpten Form. Atman in Manas wird voll ausgebildetes Manas, übergehend in Buddhi: Manas in Buddhi, Buddhi in Buddhi, Atman in Buddhi sind die Stufen der eigentlichen Inspiration. Erst dann folgen Manas in Atman, Buddhi in Atman, Atman in Atman.

Ken Wilber meint, diese Entwicklung, die noch 3½ planetarische Entwicklungszustände braucht[89], ‚very simple' in acht Minuten realisieren zu können. Nun, das meint er natürlich nicht ganz. Klar ist jedoch, dass sämtliche Stufen des Manas und der Buddhi negiert werden, übersprungen werden.

Der Einweihungsprozess ist nicht nur ein Erkenntnisprozess, er ist ein Geschehen, an dem der *ganze Mensch* teilhat, nicht nur sein Kopf; und an dem auch das ganze menschliche Leben teilhat, nicht nur die Stunden der Übung.

Für Ken Wilber gilt dies auch, aber er nimmt es dennoch very simple, sehr leicht, denn er sagt einfach: Hat man die ‚I am-ness' hergestellt, so ist man mit der ganzen Welt eins, ist man ein integraler Mensch geworden. Dieser ist dann auch von selbst ‚gut', weil alles zu ihm gehört.

Das Gute, das Moralische, soll sich tatsächlich so entwickeln, dass das Eigeninteresse mit dem Welteninteresse eins wird. Dass dies jedoch einfach an der Zeit wäre, dass es keinen Teufel und Satan gäbe, dass das Gute einfach als neues Holon emergieren würde, ist eine schwerwiegende Lüge. Denn der Mensch trägt vieles in sich, was sich dem Welteninteresse widersetzt, und dieses Viele lässt sich nicht in einem Integral zusammenfassen und in *einem* Akt überwinden. Man braucht sich selbst doch nur für eine

[89] die Hälfte der Erdenentwicklung, um Manas vorbereiten zu können, dann Manas im Jupiter-, Buddhi im Venus-, Atman im Vulkanzustand.

Weile ehrlich anzuschauen...

Auf dem anthroposophischen Einweihungsweg braucht man ein ganzes Buch mit Übungen zur Läuterung der Seele.[90] Als den schönsten Satz empfand ich beim ersten Lesen des Buches, frei wiedergegeben: Wer auf dem Pfad einen Schritt in der Erkenntnis setzt, muss drei Schritte in der Läuterung der Seele machen.

Wer mit dem Meditieren anfängt, lernt schnell die Hemmungen und Hindernisse der Seele kennen, die überwunden werden müssen, wenn man weiterkommen will. Der dritte Schritt, das Erlangen der Intuition in Manas – Atman in Manas – ist ganz und gar unmöglich, wenn der Schüler sich im alltäglichen Leben nicht in die Hand bekommt, sich wandelt.

Warum?

Für diese Stufe muss man die Fähigkeit erlangen, alles Denken und auch *alle* Tätigkeit in Vergessenheit zu bringen. Dann bleibt jedoch gar nichts übrig, und der Mensch schläft ein. Nur wenn er sich so weit verwandelt hat, dass *die Willenskraft*, die er dafür eingesetzt hat, so gewachsen ist, dass sie in die Anschauung tritt, kann man in der Leere wach bleiben. Dann wird die Leere durch etwas ‚gehalten', sie hat einen Grund – auch wenn es ein wortloser, gedankenloser Grund ist.

Wer sich selbst im alltäglichen Leben zu einem immer moralischeren Menschen verwandelt, der setzt einen Willen ein, der dem gewöhnlichen Trieb-Willen entgegengesetzt ist. *Dieser* Wille, der sonst nie bewusst werden würde und der im unentwickelten Seelenleben als Gewissen spricht, führt die Meditation *von Gedanken zur Kraft zum*

---

[90] Rudolf Steiner, Wie erlangt man Erkenntnisse der höheren Welten.

Wesen. Und auf der Stufe, auf der die ‚gegründete Leere' gefunden wird, tritt dieser Wille als Wesensgrund in das bewusste Erleben ein.

Dann aber hat man ein ‚Ich bin', das Wilbers ‚I am' weit übertrifft. Es erweist sich überhaupt nicht als ruhendes Eins-All. Es erweist sich als tätiges Gedankenwesen. Es ist fortwährend tätig, weil es uns zum Guten hin entwickeln will. Es ist die individuelle Tugend. Es ist ein hohes moralisches Wesen, es ist das höhere Selbst. Und im Bewusstwerden *dieses* Selbst tritt allmählich etwas auf, was uns lehrt: *Dieses* Selbst ist Träger der geistigen Welt, es ist nicht ein All-Eins-Wesen, es ist ein Eins-Vieles-Wesen. Zuerst scheint es in völliger Einsamkeit *allein* da zu sein, dann aber erweist es sich als Teil einer Vielheit. So wie in der Bhagavad Gita Krishna sich für Arjuna in die ganze geistige Welt verwandelt, in einen geistigen Leib, der alles Erschaffene enthält, so löst sich das eigene Willenswesen in eine geistige Welt von Wesen auf.

Im Mysteriendrama steht es, kräftig zusammengefasst, ohne Integral zu werden:[91]

‚In deinem Denken leben Weltgedanken,
in deinem Fühlen weben Weltenkräfte,
in deinem Willen wirken Weltenwesen.
Verliere dich in Weltgedanken,
erlebe dich durch Weltenkräfte,
erschaffe dich aus Willenswesen.
Bei Weltenfernen ende nicht
Durch Denkentraumesspiel – – –,
beginne in den Geistesweiten,

---

[91] Rudolf Steiner, Mysteriendramen, Die Prüfung der Seele, GA 14, S. 155.

und ende in den eignen Seelentiefen: –
du findest Götterziele
erkennend dich in dir.'

*

Nun gibt es noch eine andere Möglichkeit, zu dem Bewusstsein dieses *Willenswesens* zu kommen, die ich hier nicht unbesprochen lassen kann. Es gibt auch einen Weg, der die Seele anleitet, unmittelbar dieses tätige Willenswesen in den Gedanken zu üben, wodurch es bewusst wird und auch unmittelbar eine Berührung mit dem ‚Guten' herstellt. Hier scheint die Ähnlichkeit mit Ken Wilbers ‚I am' sich zur Kongruenz zu steigern, denn hier wird Manas in Manas und Buddhi in Manas vorerst umgangen und unmittelbar Atman in Manas entwickelt.

Es geht um den vielgerühmten und wenig verstandenen Weg der ‚Philosophie der Freiheit' bzw. den erkenntnistheoretischen Weg.

Bleibt man beim Lesen der erkenntnistheoretischen Werke Rudolf Steiners einfach beim Lesen und Studieren, beim Versuch, den Inhalt zu verstehen, so ist der Gewinn höchstens eine Bereicherung der Erkenntnisse und ein Erstreben der ersten Stufe des reinen Denkens (der reine Begriff). Das kann sehr sinnvoll sein, wenn der ‚Student' nur *weiß*, dass er studiert, und nicht meint, die Stufen der Einweihung zu beschreiten. Eine bewusste Intuition wird man so nicht erlangen können. Rudolf Steiner weist jedoch oft darauf hin, dass durch das richtige Studium der ‚Philosophie der Freiheit' die Stufe der Intuition erkannt und erlangt werden kann. Das ist selbstverständlich nicht Atman in Atman oder

Atman in Buddhi. Es ist Atman in Manas.

Der Verstandesmensch – und wer ist das nicht? – muss vieles überwinden, um erstens zu erfassen, wie ein richtiges Studium der ‚Philosophie der Freiheit' aussieht, und zweitens muss er sich noch viel mehr überwinden, um dazu zu kommen, dies auch wirklich zu *tun*. Aber es kommt gerade auf diese Überwindung an. Wer studiert (hat), kennt die Gefühle des Widerwillens, wenn für ein Examen gelernt werden muss. Diese Widerstände – die ja auf Faulheit beruhen – steigern sich vielfach, wenn das ‚richtige Studium' der Freiheitsphilosophie aufgenommen werden soll. Eine *vielfache Steigerung* ... bis zum Aufhören bei jedem Versuch.

Unser Willenswesen soll sich vom Trieb-Willen, vom Begierden-Willen, ja sogar vom Instinkt-Willen loslösen und als höheres tätiges Willenswesen aktiv werden (im In-Gang-Setzen des Denkens). Dann *ist* es bereits das höhere Selbst, jenes Wesen, das Rudolf Steiner auch ‚Bewusstseinswesen' nennt. Dieses Wesen ‚tut' die Gedanken. Das Aufraffen zu einem Tun der Gedanken der Freiheitsphilosophie ist selbst schon ein Tun – und dieses Tun ist zugleich ein Denken, denn es betätigt sich nur in reinen Gedanken. Und letztlich formt es sich ganz und gar tätig in die Gedanken um.

Wenn da zum Beispiel steht, dass der Mensch mit seinem Denken alles in der Welt zu begreifen versucht, dass er jedoch nie das Denken begreifend auf sich selbst richtet, dann kann man das verstehen. Man kann aber auch weiter gehen und in sich selbst Beispiele bilden und anschauen, wie man einen äußerlichen Vorgang begreift, wie man studiert, Erkenntnisse erwirbt. Nicht noch einmal nachdenken, sondern *ausführen*: Wirklich den Begriff des Kreises zum Kreis hinzufügen und empfinden, dass Erkenntnis entstanden ist. Und dann tätig prüfen, dass das denkende Begreifen nur in *eine* Richtung gelenkt wird: nach allem Übrigen außer dem Denken selbst.

Für ein solches intensives, tätiges Studium bedarf es sehr, sehr starker Willenskräfte, die mit den instinktiven, triebhaften und begierdenhaften Willenskräften überhaupt nichts zu tun haben.

Man fängt an, zu schauen, wie der Mensch eine Art wunderbaren geistig-seelischen ‚Instinkt' in sich trägt, der ebenso folgerichtig im *Erkennen* vorgeht, wie die Biene in bezug auf den Honigprozess – und auch ebenso fleißig. Man schaut aber zugleich, dass diese Fähigkeit gerade *kein* Instinkt ist, weil der Mensch sich bei der Tätigkeit seines Willens bewusst anschauen kann – und nicht nur das: Durch diese Anschauung erkennt er das Erkennen und wird im selben Augenblick erst richtig als höheres Selbst im Bewusstsein geboren.

Es ist nicht eine über den Menschen stehende Gottheit, die unerkannt das Erkennen führt. Ab jetzt kann es der Mensch selbst. Und da es nicht nur ein Erkennen ist, sondern auch ein tätiges, bewusstes Wollen in Gedanken; da es ein Tätigwerden eines höheren Willenswesens ist – welches man selbst ist –, ist es zugleich ein Tätigwerden eines durch und durch moralischen Wesens – es ist *die Güte selbst*, die dort tätig wird, nicht von außen auf uns einwirkend, sondern ganz mit uns eins. Deshalb kann von moralischer Freiheit gesprochen werden.

Auf der Verstandesebene kann diese Freiheit auch schon da sein, weil der Verstand durch die Abstraktion frei ist. ‚Bedenkt' man mit dem Verstand aus eigenem Antrieb etwas Moralisches, so hat man auch da schon eine moralische Intuition – aber man sieht nur den Gedanken, nicht die Herkunft. Jetzt aber, im Bewusstwerden des Willenswesens, *sieht* man sie, und man ist nun auch im Nicht-Abstrakten frei, weil man sich selbst als ‚Güte' erkannt hat. Ein solcher Mensch jedoch kennt den Abgrund, der zwischen dieser intuitiven Güte und dem Arbeitsfeld auf Erden klafft. Aus diesem Abgrund steigt ein Wesen auf, das der Güte entgegengesetzt ist. Und wenn der Mensch seine moralische Intuition in irdische tugendhafte Taten umsetzen will, muss er dieses Wesen kennen, erkennen und bekämpfen. Dieser Weg hin zum Alltag heißt ‚moralische Phantasie' und ‚moralische Technik'.

Nur ein unsinniger Mensch kann meinen, dass ‚I am' unmittelbar ‚transpersonal' gut werden könnte. Erstens ist ‚I am-ness' ein kraftloses, passives Bewusstwerden des Daseins, was zum Reich der inneren Faulheit gehört. Zweitens ist es mit dem wahren Selbst nicht einmal in Berührung. Die Vorstellung, eine solche Berührung wäre vorhanden, beruht auf von einer halben Wahrheit getragener Phantasie, die sehr wohl begeistern kann – gerade *weil* sie halb *wahr* ist, und weil reale Wesen, die sich nicht leicht erkennen lassen, eine solche Begeisterung entfachen.

Wie kann man eine moralisch intuitive Verfassung zeichnen?

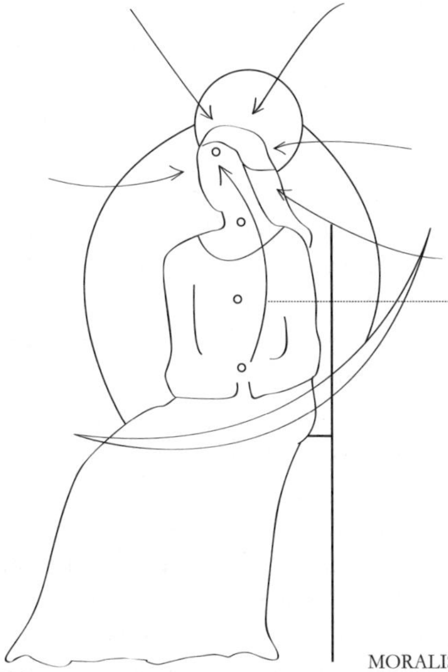

Abbildung 30

Da man das Räumlich-Zeitliche ganz verlässt, lässt sich dies kaum zeichnen, denn es gibt einen Kraftpunkt in der Nasenwurzel, im Herzen und im Kehlkopf, sie sind jedoch räumlich nicht gesondert, sie sind dreigegliedert und trotzdem *ein* Punkt, der gleichsam auch eine Willenskraft-Säule ist, die nach dem oberen Teil des Hauptes kraftet und oberhalb des Hauptes zur strahlenden Sonne wird, welche aber nicht eine Sonne des Planetensystems ist, sondern gleichsam über Saturn hinausreicht, aus dem Raum-Zeitlichen hinausragt. Ganz wollendes Gedankenherz ist man, Punkt und Umkreis zugleich, von der moralischen Güte, die man selbst ist, erwärmt, von der intuitiven

Wahrheit, die man *tun* kann, erleuchtet. Und die Strahlung rührt vom Enthusiasmus her, leuchtende Wärme, warmes Leuchten. Hier fällt alles in Eins zusammen und ist zugleich Bote eines Vielen. Das Herz sieht und wird gesehen.

Hier hat der Mensch die sichere Erfahrung des Ich-Bin. Das Ich ist jedoch kein ruhender Zuschauer, sondern ein *tätiges Gedankenwesen*, dass sich zwar hingeben kann – und dann gleichsam ruhig ist –, doch ist es eine immerfort tätige Hingabe, die die geistige Welt in ihrer ganzen Differenzierung anziehen kann. Dieses Ich-Bin entfaltet sich also nicht wie das ‚I am' durch einen Rückzug aus dem Vergänglichen, immer Wechselnden; es wählt sich gerade das Geistige in diesem Wechselnden, das Denken, und lernt, darin so vorzugehen, wie das Ich sonst in der sinnlichen Welt vorgeht. Es schaut die eigene Geistnatur (die Gedankentätigkeit, die Erkenntnistätigkeit) an, als wäre es ein ‚Ding', und es *handelt* damit. So wird das Ich sich seiner selbst als tätiges, moralisches *Gedankenwesen* bewusst.

Oberflächlich gesehen kann es scheinen, als sei dies dasselbe wie Ken Wilbers ‚I am'. *Erlebend* kann man diese Ansicht nicht mehr haben, denn ‚I am' ist genau das Entgegengesetzte: Ein Sich-Zurückziehen aus der geistigen Gedankenwelt, damit man transpersonal erleben kann. ‚Ich bin' ist dagegen ein Verstärken des universell-individuell-persönlichen Bildwesens (es ist zuerst nur ‚Schein'), das man ‚reiner Gedanke' nennt.

In dem Brief Rudolf Steiners aus dem Jahre 1881, wo er auf seine Ich-Erfahrung hinweist, könnte man bei oberflächlicher Betrachtung eine ‚I-amness' entdecken wollen. Ins Ganze der Biografie dieses Mannes eingebettet, ist das jedoch eine völlige Unmöglichkeit. Das Verfassen von ‚Wahrheit und Wissenschaft' und ‚Die Philosophie der Freiheit', Jahre später, beweist diese Unmöglichkeit. Es wird in jenem Brief bereits der erste Schritt der rosenkreuzerischen Einweihung berührt. Ein rein individuelles, auf sich beruhendes, ewiges Gedanken- und Willenswesen wurde hier gefunden. Und in der selbstbewussten Vermählung der beiden Glieder dieses Wesens blüht später die Anthroposophie auf.

Worte können sehr trügerisch sein. Wenn man ‚I am' in die deutsche Sprache übersetzt, bekommt man ‚Ich bin'. Worte nehmen Kontexte auf, Konnotationen, Perspektiven. Wenn man mit Ken Wilber dessen ‚I am Big Mind'-Meditation mitmacht, und man kehrt danach zu seiner Selbstbesinnung zurück, dann ist ‚I am' *nicht* dasselbe wie ‚Ich bin'.

Wenn der Deutsche mit Ken Wilber ‚Ich bin' sagen lernt, haftet diesen zwei Worten etwas an, was unsagbar ist, was man also einem anderen Menschen auch nicht erklären kann. Und wenn der Mensch in seinem Gedankenleben unempfindsam ist – und das ist jeder nur abstrakt denkende Mensch –, dann bemerkt er die damit einhergehenden Verwandlungen nicht einmal. Er ‚stimmt ein' in einen Gedanken und ahnt nicht, wie stark die Bedeutung, die so viele Menschen ihm geben, in ihm mitwirkt. Frei von derartigen Wirkungen ist nur eine solche Meditation, die man entweder allein für sich hat oder die man begrifflich oder sinnbildlich denken kann. Das ist es unter anderem, was Rudolf Steiner mit *‚völlig überschaubar'* meint: Frei von Kontext – sowohl von eigenem Kontext, als auch von fremdem unerkanntem Kontext.

Man muss also das ‚Ich Bin' in der Meditation als reales Sein erleben können, dann braucht man keine Worte – und dann erweist sich *dieses* Sein als ein ganz anderes als dasjenige, welches man durch die Anleitung von Ken Wilber erfährt.

Das reale Erleben des moralischen Ich als Gedanken-Willenswesen, das sich auch fühlen lässt, trägt zwei Errungenschaften in sich. Erstens – das wurde bereits beschrieben – findet man *die moralische Welt* als Heimat des Ich, als Zuhause des Ich. Zweitens erlangt man eine Fähigkeit, sich nach außen zu wenden und die Ich-Kraft bewusst dabei zu behalten. Dadurch kann man mit den Erscheinungen der Welt mitweben. Ein solches Weben fühlt man auch in der eigenen Seele, und dies wird zur *Kraft der Phantasie*, die auch eine künstlerische Verfassung erzeugt.

Was jedoch *nicht* erlangt wird, ist die dritte Säule von dreien (Wissenschaft, Kunst, Moral), die Wissenschaft im Sinne einer *Geisteswissenschaft*. Sie wird in der Intuition des Ich, des Denkens, des Willens und des Empfindens zwar als Tatsache realisiert. Sie kommt jedoch nicht von selbst weiter, sie bleibt eine umfassende Wissenschaft ohne einen Inhalt, den man äußern könnte; sogar *in sich selbst bleibt* sie eine ‚Umfassung', ungegliedert in das Viele der anthroposophischen Wissenschaft. Man hat die Ich-Erfahrung, die jener Erfahrung entspricht, über die Rudolf Steiner im oben zitierten Brief berichtet.

Wenn man diese Erfahrung nicht hat, wenn man nicht den geschilderten Weg gegangen ist und bis zu dieser Erfahrung gekommen ist, sondern sie nur lesend erkennt, kann der Irrtum entstehen, diese Ich-Erfahrung entspreche genau der Erfahrung des ‚I am'. Dann könnte man hier innehalten und sagen: ‚Siehst du, es gibt diese Ich-Erfahrung, die das ‚Alles in Eins' gibt, und man weiß, dass das All-Eins zugleich als Vieles in der erschaffenen Welt waltet. Ich und Welt sind eins, man findet die Welt wieder, sobald man sein Ich gefunden hat. Wilber nimmt sein ‚I am Big Mind' zwar viel zu leicht, aber man kann sich vorstellen, wie diese Erfahrung der Nichtdualität für ihn höher steht als das ‚Auseinanderfallen in mythische Dissoziationen'.

Damit aber hält man einfach viel zu früh inne – man glaubt, das Höchste erreicht zu haben, während man das, worum es geht, in Wirklichkeit *ebenfalls* viel zu leicht nimmt.

Atman in Manas wird in der künstlerischen Verfassung (über das Religiöse spreche ich später noch) zu Buddhi in Manas. Und erst Manas in Manas gibt dann die Fähigkeit, eine vielgestaltige geistige Welt geisteswissenschaftlich wahrzunehmen und zu erforschen. Das Zurückleiten der Intuition zur Imagination, *die dann das Intuitive beibehält*, führt zur eigentlichen Geisteswissenschaft, zur Anthroposophie. Wird schon der erste Schritt von Wilber nur ganz abstrakt gemacht, so vermag er den zweiten und dritten erst recht nicht mehr real zu tun – und hält sie deshalb für unmöglich.

Und dann finden wir wiederum eine Ähnlichkeit mit der Erleuchtung nach Ken Wilber. Die Unterschiede werde ich nicht noch einmal betonen, sie dürften jetzt klar vor der Seele stehen... Eine verführerische Ähnlichkeit gibt es jedoch auch. Denn was muss das Ich tun, wenn es sich zum Geistesforscher erheben will? Das Ich muss sich daran gewöhnen, in einer ganz anderen Weise zur Erkenntnis zu gelangen.

Der Mensch muss sich nun der Außenwelt zuwenden. Sehen, hören, tasten und so weiter. Wenn er sich genügend geübt hat, spürt er, wie sein Ich unmittelbar den Kontext der Persönlichkeit aufnimmt, sich damit umkleidet – Samskara ist wieder da. Das Ich soll nun aber lernen, die Sinneseindrücke als Imaginationen aufzunehmen, sie nicht als das zu nehmen, als was das gewöhnliche Denken sie nimmt. Jeder Mensch weiß, dass etwas, was man zum ersten Mal sieht, ganz anders erlebt wird als etwas, was man zu sehen gewohnt ist. Das hat mit dem Ich zu tun. Und jetzt muss man wirklich üben, sein Ich aus der Sinneswahrnehmung herauszuhalten. *Jetzt* gilt: Schaue alles Vergängliche an und ziehe das ‚Ich Bin' daraus heraus. Werde ein Betrachtender, der sich nicht einmischt, während Du die Wahrnehmungen dennoch *bewusst* und tief erlebend aufnimmst.

Das ist eine Herkules-Aufgabe, aber sie ist zu vollbringen, weil man durch die vorangegangene Übung im tätigen Denken sein Ich vollbewusst handhaben kann, es handhabt sich selbst vollkommen frei. Man kann es als Gedanken-Willenswesen also außerhalb der Wahrnehmungen halten. Dann hat man sie, wie ein kleines Kind sie hat, man hat sie unmittelbar. Es bleibt nur ein Wollen in den Sinnen wirksam, die Gedanken schweigen. Dann ist Grün nicht mehr ein Wort oder eine Erfahrung, es ist ein Ereignis. Und die Luft, die die Haut sanft streichelt, die den Körper durchdringt, ist ein Wesen: Wesen in Wesen in Wesen, statt Kontext in Kontext in Kontext. Und ahnen kann man, dass eine Weiterbildung dieses imaginativen Anschauens der Außenwelt in der Meditation seine Wirksamkeit entfalten wird. Dass das *Integral*, was das Menschen-Ich zuerst zu sein scheint, sich in kleinste Einzelheiten differenzieren wird, weil das Ich eine andere Sprache als die des Verstandesdenkens lernen wird, eine Sprache, in der der Begriff *Bild* wird und das Bild *Buchstabe*, mit dem man lesen lernen kann ... im Buch der geistigen Welt.

In der Außenwelt erlebt man, wie die Weisheit der Welt in der sinnlichen Wahrnehmung durch gedankenfreies Wollen nachgebildet werden kann, als ein Weben des Himmels in der vielgestaltigen Weisheit. Und zur Geisteswissenschaft wird dies erst, wenn die Wahrnehmungen Sinnbilder werden, die das intuitiv und inspirativ geistig Erlebte vielgestaltig wahrnehmbar machen.

Hier berühren wir einen weiteren Irrtum von Ken Wilber. Schauen wir noch einmal die Tabelle auf S. 62 an. Wilber verwendet das Lichtspektrum, um die immer weiter gehende Entwicklung anschaulich zu machen. Es geht von Infrarot, das dem archaischen Bewusstsein entspricht, über die durch das Gelb heller werdenden Farben, über Grün zu Türkis, verdunkelt sich zu Indigo, um dann aufzuklaren zu Violett, Ultraviolett, weißem Licht. Mit diesem letzten Zustand tritt man in das Nichtduale ein, in ein auch bezüglich der Farbe formloses Ununterschiedenes.

Man könnte sagen: ‚Ja, in ähnlicher Weise unterscheiden sich auch die höheren und niederen Eigenschaften in der menschlichen Aura.' Wilber jedoch nimmt das Spektrum als eine Skala, es wird den Farben ein abgestufter Wert beigelegt, wobei das jeweils Niedere zwar bewahrt, jedoch negiert wird. Höchstes Ziel wäre also ‚clear light'.

Ich füge hier eine Isis-Legende von Rudolf Steiner ein, aus der klar wird, wie weit Wilber und Steiner voneinander verschieden sind, getrennt sind. Die ‚clear light vision' von Wilber ist mit dieser Erweckung der Isis (Anthroposophie) unmöglich zusammenzudenken.

Rudolf Steiner:[92]

‚Nun, wir in unserer fünften nachatlantischen Zeit haben manches zu wiederholen, was in anderer Form innerhalb der ägyptischen Weisheit aufgetreten ist, und es muß aus geisteswissenschaftlichen Untergründen heraus ein Verständnis sich darüber verbreiten unter der Menschheit, wie wir auf die Art, wie es unserer Zeit angemessen ist, die ägyptischen Priestermysterien im verchristeten Sinne wiederum anschauen können. Osiris stellte ja für die Ägypter gewissermaßen dasjenige dar, was ihnen eine Art Repräsentant war des noch nicht gekommenen Christus; aber sie stellten sich auf ihre Art das Sonnenwesen vor in Osiris. Sie stellten sich vor, daß dieses Sonnenwesen in einer gewissen Weise verlorengegangen sei, und daß es wieder gesucht werden muß. Wir können uns nicht vorstellen, daß unser Sonnenwesen, der durch das Mysterium von Golgatha gegangene Christus, für die Menschheit verlorengehen könnte, da er einmal heruntergestiegen ist aus geistigen Höhen, sich mit dem Menschen Jesus von Nazareth verbunden hat und fortan bei der Erde bleibt. Er ist da, und der entsprechende Weihnachtsgesang darf jedes Jahr verkünden: Uns wird der Heiland geboren –, indem er damit ausdrückt das nicht Vorübergehende dieses Ereignisses, sondern das Ewige desselben, indem er damit ausdrückt, daß nicht nur damals in Bethlehem der Jesus geboren worden ist, sondern daß er im Grunde genommen immerfort geboren wird, das heißt, bei dem Erdensein verbleibt. Also dasjenige, was uns der Christus ist, das kann nicht verlorengehen.
Aber in anderer Art muß sich die Isislegende in unserer Zeit erfüllt zeigen. Nicht dasjenige, was in einem höheren Maße uns den Osiris gibt durch den Christus, kann uns verlorengehen; aber es kann uns verlorengehen und ist uns verlorengegangen dasje-

---

[92] Rudolf Steiner, Die Brücke zwischen der Weltgeistigkeit und dem Physischen des Menschen, GA 202, S. 234ff.

nige, was hingebildet für das christliche Verständnis neben dem Osiris steht: es ist uns verlorengegangen die Isis, die Mutter des Heilandes, die göttliche Weisheit Sophia. Und wenn es geben soll eine Erneuerung der Isislegende, so darf diese für uns nicht lauten, daß der Osiris getötet worden ist durch Typhon Ahriman, daß er hinweggeschwemmt worden ist durch das Nilwasser, wiedergefunden werden soll durch Isis, um in seiner durch Typhon Ahriman erfolgten Zerstückelung dann in die Erde versenkt zu werden. – Nein, wir müssen in einer gewissen Weise die Isislegende, den Inhalt des Isismysteriums wiederfinden, aber wir müssen ihn bilden aus der Imagination heraus gefaßt für unsere Zeit. Es muß wieder ein Verständnis der ewigen Weltenwahrheiten geben, indem wir also imaginativ dichten können, wie die Ägypter es gekonnt haben. Aber wir müssen die richtige Isislegende finden. Der ägyptische Mensch war – als der Mensch, der vor dem Mysterium von Golgatha lebte – noch durchsetzt von luziferischen Mächten. Wenn sich im Inneren des Menschen luziferische Mächte finden, wenn luziferische Mächte das Innere des Menschen bewegen, durchziehen, durchweben, dann hat das zur Folge, daß sich in seiner äußerlichen Anschauung das Ahrimanische in seiner Wirksamkeit ausdrückt. Daher sieht der Ägypter mit Recht, weil er selber luziferisch durchsetzt war, ein Weltenbild, in welchem Ahriman Typhon tätig ist.

Wir müssen uns klar sein, daß die gegenwärtige Menschheit ahrimanisch durchsetzt ist, innerlich so bewegt und durchwellt ist von Ahriman, wie die ägyptische Welt von Luzifer bewegt und durchwellt worden ist. Dann aber, wenn Ahriman im Innern wirkt, dann sieht der Mensch sein Weltenbild in luziferischer Gestalt. Wie sieht der Mensch dann dieses Weltbild? Dieses Weltbild in luziferischer Gestalt ist geschaffen, es ist da, es ist in der neueren Zeit immer populärer und populärer geworden, es hat alle Kreise ergriffen, die aufgeklärt sein wollen. Es muß ins Auge gefaßt werden, wenn das Weihnachtsmysterium begriffen werden soll: Luzifer ist diejenige Macht, welche das Weltenbild in einem früheren Stadium zurückhalten will. Luzifer ist diejenige Macht, welche hereintragen will in das gegenwärtige Weltenbild das, was in früheren Stadien vorhanden war, welche bleibend machen will das, was in früheren Stadien vorhanden war. Alles das, was in früheren Stadien moralisch war, ist natürlich im Gegenwärtigen da. Luzifer hat nun alles Interesse daran, das Moralische als solches, das immer als ein Gegenwärtiges seine große Bedeutung hat, weil es ja keimhaft für spätere Weltenschöpfung wirkt, alles Moralische herauszulösen aus dem Weltenbild und bloß das naturgemäß Notwendige im äußeren Weltenbilde erscheinen zu lassen. So stellt sich dem arm ge¬wordenen Menschen der neueren Zeit eine Weltenweisheit dar, die zugleich ein Weltenbild gibt, in dem die Sterne kreisen nach amoralischen, rein mechanischen Notwendigkeiten, in dem die Sterne kreisen in einer Weise, daß wir mit ihrem Kreisen nichts vom moralischen Sinn der Weltenordnung verbinden können. Das ist ein rein luziferisches Weltenbild.

So wie der Ägypter hinausschaute in die Welt und Ahriman Typhon sehen mußte als denjenigen, der ihm seinen Osiris nimmt, so müssen wir auf dieses luziferisch gewordene Weltbild, auf das mathematisch-mechanische Weltbild unserer gegenwärtigen Astronomie und unserer sonstigen Naturwissenschaft sehen und müssen uns klar sein, daß hier ebenso das Luziferische waltet, wie das Typhonisch Ahrimanische gewaltet hat in dem ägyptischen Weltenbild. Genau so, wie der Ägypter sein äußeres Weltenbild im ahrimanisch typhonischen Sinne gesehen hat, so sieht der neuere Mensch das, was er wegen seines Ahrimanischseins sieht, mit luziferischen Zügen. Luzifer ist da, er wirkt. Geradeso wie in Wind und Wetter, in den Stürmen des Winters der Ägypter sich vorstellte, daß Ahriman Typhon wirkt, so muß sich der moderne Mensch vorstellen, wenn er die Sache durchschaut, daß ihm in Sonnenschein und Sternenglanz, in Planeten und Mondenbewegung Luzifer erscheint. So wie wir das Kopernikanisch-Galileisch-Keple-

rische Weltenbild haben, so ist es ein luziferisches Gebilde. Gerade weil es unseren ahrimanischen Erkenntniskräften entspricht, ist sein Inhalt – ich bitte Sie, das genau zu unterscheiden – ein luziferischer.

In der Zeit, in der das Mysterium von Golgatha sich vollzogen hat, da wirkte dasjenige, was den Menschen befähigt, in die Welt erkennend hineinzuschauen, in einer zweifachen Weise als die göttliche Sophia, als die die Welt durchschauende Weisheit. Durch die Offenbarung an die armen Hirten auf dem Felde, durch die Offenbarung an die Magier aus dem Morgenlande wirkte die göttliche Sophia, die himm¬lische Weisheit. Diese Weisheit, die in ihrer letzten Gestalt bei den Gnostikern vorhanden war, von denen sie genommen haben die ersten christlichen Kirchenväter und Kirchenlehrer, um damit das Mysterium von Golgatha zu begreifen, diese Weisheit hat sich nicht hereinverpflanzen können in die neuere Zeit; sie ist überwältigt, sie ist getötet worden durch Luzifer, wie einstmals Osiris durch Ahriman Typhon. Uns ist nicht Osiris beziehungsweise Christus verlorengegangen, uns ist verlorengegangen dasjenige, was wir an der Stelle der Isis haben. Luzifer hat sie uns getötet. Und nicht wie Typhon den Osiris in den Nil gesenkt und dann zunächst in die Erde hinein versenkt hat dasjenige, was getötet worden ist, sondern in die Weltenräume hinausversetzt ist das von Luzifer getötete Isiswesen, die göttliche Weisheit; sie ist in den Weltenozean hinaus versenkt worden. Indem wir in diesen Ozean hinausblicken und nur nach mathematischen Linien die Sternenzusammenhänge sehen, ist in ihnen dasjenige begraben, was geistig diese Welt durchsetzt, getötet die göttliche Sophia, getötet diese Nachfolgerin der Isis.

Wir müssen diese Legende bilden, denn sie stellt die Wahrheit unserer Zeit dar. Wir müssen sprechen in demselben Sinne von der getöteten und uns verlorengegangenen Isis beziehungsweise der göttlichen Sophia, wie der alte Ägypter gesprochen hat von dem verlorengegangenen und getöteten Osiris. Und wir müssen mit demjenigen, was wir nicht begreifen, was aber in uns ist, mit der Kraft des Christus, mit der neuen Osiriskraft ausziehen und den Leichnam der modernen Isis suchen, den Leichnam der göttlichen Sophia. Wir müssen herangehen an die luziferische Naturwissenschaft und müssen suchen den Sarg der Isis, das heißt, wir müssen finden aus dem, was uns die Naturwissenschaft gibt, dasjenige, was innerlich anregt zu Imagination, zu Inspira¬tion, zu Intuition. Denn dadurch erwerben wir die Hilfe des Christus in uns, der uns dennoch dunkel, der uns finster bleibt, wenn wir ihn nicht durch die göttliche Weisheit uns erleuchten. Wir müssen, ausgerüstet mit dieser Christus Kraft, mit dem neuen Osiris, auf die Suche nach der Isis, nach der neuen Isis gehen. Nicht zerstückeln wird Luzifer diese Isis, wie Typhon Ahriman den Osiris zerstückelt hat. Nein, im Gegenteile: diese Isis ist in ihrer wahren Gestalt ausgebreitet in der Schönheit des ganzen Kosmos. Diese Isis ist dasjenige, was uns in vielen leuchtenden Farben aurisch aus dem Kosmos entgegenleuchtet. Sie müssen wir verstehen, indem wir hineinblicken in den Kosmos und den Kosmos aurisch sehen in seinen leuchtenden Farben.

Aber wie einstmals Ahriman Typhon gekommen ist, um den Osiris zu zerstückeln, so kommt Luzifer, der diese Farben in ihrer Differenzierung auslöscht, der die Teile, die schön ausgebreitet sind, die Glieder der neueren Isis, jene Glieder, die das ganze Himmelszelt bilden, ineinander verschwimmen macht, der sie vereinigt, der sie zusammenballt. So wie der Typhon den Osiris zerstückelt hat, so setzt Luzifer aus dem, was in vielfältigen aurischen Farben aus dem Weltenall zu uns hereinglänzt, das eine, einheitliche weiße Licht zusammen, das die Welt durchstrahlt, dieses luziferische einheitliche Licht, gegen das sich Goethe in seiner Farbenlehre gewendet hat, indem er dagegen opponiert, daß in ihm enthalten sein sollen die Farben – die aber ausgebreitet sind über die geheimnisvollen Taten des ganzen Weltenalls, in ihrer Vielfältigkeit geheimnisvollen Taten.

Wir aber müssen hindurchdringen auf unserer Suche und die Isis wieder finden! Und wir müssen die Möglichkeit gewinnen, dasjenige, was wir ergründen, indem wir die Isis wiederum zurückgefunden haben, hinauszuversetzen in das Weltenall. Wir müssen das, was wir durch die wiedergefundene Isis gewinnen, vor uns lebendig hinstellen können, so daß es geistig für uns das Himmelsall, der Kosmos wird. Wir müssen aus dem Inneren erfassen Saturn, Sonne, Mond, Erde, Jupiter, Venus, Vulkan. Wir müssen in die Himmel hinaus versetzen das, was Luzifer aus der Isis gemacht hat, wie die Isis in die Erde versenkt hat dasjenige, was Typhon Ahriman aus den Stücken des Osiris gemacht hat. Wir müssen begreifen, daß wir durch die Christus Kraft eine innere Astronomie zu finden haben, welche uns wiederum das Weltenall hervorgehend und wirkend in der Kraft des Geistes zeigt. Dann, dann wird in diesem Durchschauen des Weltenalls die wiedergefundene Isiskraft, die aber jetzt die Kraft der göttlichen Sophia ist, durch diese wiedergefundene Isiskraft der Christus, der seit dem Mysterium von Golgatha mit dem Erdendasein vereinigt ist, in dem Menschen auch zur rechten Wirksamkeit, weil zur rechten Erkenntnis, kommen. Nicht der Christus fehlt uns, die Erkenntnis des Christus, die Isis von Christus, die Sophia von Christus fehlt uns.'

Wäre die himmlische Weisheit noch lebendig, so wäre das Licht farbenflutend. Dass es ‚clear light' ist, ist die Tat Luzifers – wodurch der Verstand abstrakt denken kann. Gerade *das* aber soll durch die Geistesschülerschaft überwunden werden. Den Weg, der dazu gegangen werden muss, habe ich hier beschrieben. Rot ist nur dann eine niedere Farbe, wenn sie trübe ist, etwa durch Beimischung von z.B. Braun. Es gibt auch strahlendes, transparentes Rot, das z.B. eine Verbildlichung des reinen Willens ist. Und das ‚hohe Blau' kann auch schmutzig, fahl oder grau sein. Dann zeigt es nicht die Hingabe, die es *eigentlich* ist, sondern vielmehr die Furcht...

Dass das klare, helle Licht zur Farbe werden kann, wissen wir alle. Wenn die Lichtstrahlen gebrochen werden, wenn ihre Bahn verändert wird, wenn sie sich mit dem Dunklen vermählen, werden sie zur Farbe, und die Art der Mischung ist das Maß für die Qualität der Farbe. Der Mensch kann nun aber auch geistig das weiße Licht ‚brechen', er kann es als von Farbenfluten durchsetzt, aus Farbenfluten bestehend, erleben lernen. Dann braucht er nichts Materielles, was das Licht bricht, er kann es selbst. Es ist eine höhere Fähigkeit, das Licht als Farbiges zu schauen, als nur als klare Helle.

Dasselbe gilt für das Ich-Bin. Das integrale ‚I am' ist mit dem differenzierten Ich-Bin gar nicht zu vergleichen. Auch auf dem anthroposophischen Entwicklungsweg wird das Ich zuerst als eine Art Integral erlebt, als ein Punkt, das im Denken Punkt ist, im Wollen aber zum Umkreis, zur Welt wird. Damit ‚hat' man das Ich aber noch gar nicht. Es ist eine reale Ahnung, nicht eine erfüllte Erkenntnis. Man weiß, dass es in sich gegliedert sein muss, wie das helle Licht eigentlich Farbe sein soll. Es ist, als hörte man nur *einen* Ton und würde nicht hören, wie darin alle anderen Töne mitklingen. Man ahnt es, kann es jedoch nicht unterscheiden.

Unser jetziges Leben ist ein Differential unseres Ich. Eigentlich gehört das Ich der geistigen Welt an, muss sich jedoch, um sich entwickeln zu können, immer wieder in eine Biografie differenzieren. Ein Keimartiges entfaltet sich auf Erden als unsere Biografie, wird ein Vieles, wobei das Eine integrierend aus der geistigen Welt lenkt und führt. Der Mensch ist selbst das Integral. In seinen Wesensgliedern liegt der Makrokosmos gleichsam wie ein Pergament zusammengerollt. In seiner Biografie entfaltet sich die Kraft seiner Individualität.

Ich beschreibe jetzt *eine Meditation*, in der wir uns *wie bei Ken Wilber* aus unserem Vergänglichen zurückziehen – jedoch *auf eine ganz andere Art*, und was wir finden, ist vollkommen verschieden.

Ich schaue meine Persönlichkeit an. Zuerst besinne ich mich auf *meine Art des Handelns.* Nicht die Handlungen an sich betrachte ich, sondern meine typische *Art* zu handeln. Die Wege, die ich gegangen bin, wohin mein Ich mich geführt hat, *wie* ich gegangen bin, schaue ich an.

Dann ziehe ich mich daraus zurück und vergesse das alles – so gründlich, wie es nur geht. Damit habe ich mein Stoffwechsel-Gliedmaßen-System von seinem spezifischen Kontext losgelöst, habe ich das Spezifische ganz in die Vergessenheit geführt.

Ich schaue mein *Empfindungsleben* an. Mein Temperament, meine Art des Erlebens. Nicht *was* ich erlebt habe, sondern *wie*, versuche ich zu vergegenwärtigen. Ich nehme auch eine ‚Probe' meiner Sinneserfahrungen. Was alles ist um mich herum gewesen? Wie empfand ich es?

Dann ziehe ich mich daraus zurück und vergesse auch dies alles so gründlich, wie es nur geht. Ich habe meinen ‚Herzens-Lungenschlag' aus dem Kontext losgelöst; Kontexte und Perspektive sind völlig vergessen, sie sind nicht mehr da.

Ich schaue *mein Gedankenleben*, meine Erkenntnisse an. Ich vergesse sie alle, aber nicht nur sie. Ich schaue auch meine spezifische *Art* des Denkens, meinen Standpunkt, meinen Blickwinkel an – und vergesse das alles gründlich. Ich löse mich durch das Vergessen daraus los.

Oder vielleicht habe ich schon meditative Erfahrung und kann mich meinem Gedankenleben gegenüberstellen. Dann kann ich mich daraus zurückziehen, *bevor* ich es vergesse. Ich kann es betrachten – und dann auslöschen.

Wie auch immer, ich vergesse meine Denkart, meine Weltanschauung. Ich vergesse sogar die ganze Anthroposophie. Jetzt habe ich mein Denken aus dem Kontext losgelöst, habe meine Perspektive verlassen und vergessen. Mein Haupt steht inhaltslos und auch gleichsam ‚formlos' da.

Trotzdem bin ich noch da. Mein Körper ist durchsichtig geworden, weil ich ihn von allen Kontexten in Kontexten in Kontexten befreit habe. Ich habe ihn von meiner jetzigen Inkarnation befreit, von meiner Persönlichkeit. Er ist jedoch da, und *ich* bin auch da.

Und dann – da ich meine Biografie mit allen meinen Qualitäten und Fehlern ganz ‚vergessen' habe – erlebe ich mich so, wie ich *vor meiner jetzigen Inkarnation* war, wie ich mich zu dieser angeschickt habe. Ich erlebe mich als Ich aus einer vorigen Inkarnation und darin, dahinter, die anderen Inkarnationen. Wenn sie sich auch noch nicht bezeichnen, benennen lassen, mein punktförmiges Ich, mein *einer* Ton, wird Skala, Akkord, wird vielgestaltig.

Ich in Ich in Ich bin ich, der Kern bleibt, das Sich-Entfalten in eine differenzierte Biografie ist jedes Mal andersartig.

Ken Wilbers ‚I am' ist ‚clear light', ist eine nichtduale Erfahrung, ein Einssein mit dem All und mit dem Vielen. Es gibt bei ihm keine Reinkarnation eines ewigen individuellen Wesenskerns, jeder Mensch ist nur eine Inkarnation des einen All-Wesens. Nach dieser Anschauung gibt es keine wirkliche Vielheit von sich inkarnierenden Wesen, sondern nur *Ein* Wesen, das sich in vielem ausdrückt, ob im Stein, in der Pflanze, dem Tier oder dem Menschen. Zwar ist der Mensch das höchste Holon dieser vier, doch er vermag gar nichts ohne die Inkorporation des All-Geistes in alles andere.

Man kann zwar auch vom anthroposophischen Gesichtspunkt aus dasselbe mit denselben Worten sagen (man denke z.B. an das Gedicht ‚Die Fußwaschung' von Christian Morgenstern), doch ihre Bedeutung ist dann ganz und gar umgekehrt. Denn *im Anfang* war bereits der Mensch geschaffen, und aus ihm wurde die ganze Schöpfung herausgegliedert.

Und wie das Licht farbig gegliedert ist und nur hellweiß *scheint*, so ist das Ich in vergangene Persönlichkeiten gegliedert, obwohl es im Jetzt punktuell erlebt wird.

Der Weg der Rosenkreuzer

Die Rosenkreuzer-Spiritualität

Im vorigen Kapitel habe ich die rein abendländische Spiritualität so geschildert, wie man sie beim Üben erleben kann. Nun möchte ich die beschriebenen Erfahrungen noch einmal zusammenfassen, als Einweihungsweg der Rosenkreuzer-Tradition, um noch von einer anderen Seite die spirituelle Leere, die Nichtigkeit der Lehre von Ken Wilber zu zeigen.

Am Anfang des Weges erklingt eigentlich der Aufruf von Johannes dem Täufer: ‚Bereitet den Weg des Herrn und macht seine Stege eben!' (Luk 3,4).

Der wahre spirituelle Geist kann den Menschen nicht erreichen, wenn er seinen Sinn nicht ändert, wenn er bleiben will, wer er ist. Dabei hilft der Aufruf, das ‚I am' zu suchen, in keiner Weise, denn die Wege der Persönlichkeit bleiben unverwandelt, werden sogar verlassen. Dabei ist es gerade *dieser* Weg, der gebahnt werden soll. Was ist damit gemeint?

Es hat einmal das Ideal eines ‚Homo Universalis' gegeben. Das ist nicht ein Mensch, der mit einigen wenigen extremen Eigenschaften herrlich zufrieden ist und diese zum Ideal für alle Menschen erhebt (er selbst hätte es natürlich schon erreicht). Sondern es war ein Mensch gemeint, der seine Unausgeglichenheit im Denken, Fühlen und Wollen erkennt und danach streben will, seine extremen Fähigkeiten durch den Gegenpol auszugleichen. Man stellte sich eine göttliche Harmonie vor, die dadurch geschaffen würde – und die der Weg wäre, auf dem der Herr in die Seele eintreten könnte.

Dieses Ideal wäre erst das wirkliche Ideal des Transpersonalen. Denn man würde einen Menschen schaffen, der individuell universell sein könnte.

Das ist der vorbereitende Schritt. Und man sollte *nur* sich selbst in diesem Sinne anschauen. Es ist leicht, bei anderen das Ungleichgewicht zu sehen, schwierig ist es, es bei sich zu entdecken. (Dies darf nicht mit falsch verstandener Toleranz verwechselt werden. Die Persönlichkeit eines Mitmenschen darf nicht analysiert werden. Tritt er jedoch öffentlich als Wahrheitsverkünder auf, *muss* der Geistesschüler bzw. -forscher sich prüfend mit seinen Aussagen auseinandersetzen).

Zur Vorbereitung der Entwicklung auf dem Weg des Rosenkreuzes muss also die Läuterung der Seele stattfinden. Das ist ein tägliches Anschauen der eigenen Unzulänglichkeiten. Jede Qualität muss man auf ihre Universalität prüfen. Furcht ist nicht immer falsch, Mut nicht immer am richtigen Platze. Intelligenz muss man zurückhalten können, Kunstsinn muss Eigenschaft der Seele sein und braucht trotzdem nicht immer verwendet werden. Die geistige Welt kann durch eine unharmonische, getrübte Seele nicht hindurchscheinen. Ein angenehmer Mensch muss man sein, ein Mensch, dessen Seele so herrlich wirkt wie die Rose. Die Strenge und Härte müssen auch da sein – für einen selbst, zur Läuterung der eigenen Seele. *Diese* Strenge muss so stark und unbeugsam sein wie das Kreuz. Nicht als Askese soll sie wirken, sondern als stetig umgestaltende Kraft. Nichts soll sie unterdrücken, nur alles verwandeln und ausgleichen durch Entzünden neuer Eigenschaften.

Dann muss als *erster Schritt* die Geisteswissenschaft studiert werden. Auch die übliche Wissenschaft soll aufgenommen werden, aber *nicht nur* diese. Das Denken muss neue Gewohnheiten annehmen, und das kann es durch gewöhnliche Wissenschaft nicht – es muss die Geisteswissenschaft denken lernen.

Ken Wilber schafft ein Integral der äußerlichen Wissenschaften der heutigen Zeit. Geisteswissenschaft existiert für ihn nicht, nur formlose Nichtdualität, Nicht-Wissen.

Auf dem Rosenkreuzer-Weg schiebt sich also ein *zweite* Schicht zwischen das Vergängliche und das ‚Ich bin': Die erste war die Selbsterziehung, die zweite ist das Studium der Geisteswissenschaft. Beide Schichten liegen im Persönlichen, das dadurch *über sich hinauszuragen* beginnt.

Was ich im vorigen Kapitel als Arbeit mit der Erkenntnistheorie beschrieb, ist Studium im reinen Sinne. Das Lesen von Büchern und Vorträgen schult das Denken und gibt übersinnlichen Inhalt. Die erkenntnistheoretische Arbeit macht diese reine Denk-Schicht zur Realität, der Schein wird Sein. Die Stufen des Weges sind:

1. Studium
2. Imagination
3. Lernen der okkulten Schrift
4. Bereitung des Steins der Weisen
5. Entsprechungen zwischen Mikrokosmos und Makrokosmos
6. Das Einleben in den Makrokosmos
7. Gottseligkeit

Das Wunderbare jedoch ist – und damit wird der Rosenkreuzer-Weg erneuert, wird er Anthroposophie –, dass mit dieser Realisierung, diesem Zum-Sein-Werden des Denkens, wodurch die Willenstätigkeit im Denken bewusst wird, unmittelbar *die höchste Stufe* des Rosenkreuzer-Weges realisiert ist: die Gottseligkeit.

Rudolf Steiner:[93]

‚Man lässt die letzte Vorstellung fallen, aber behält die Kraft des Denkens. Der Inhalt des Denkens hört auf, aber die Tätigkeit des Denkens bleibt. Dadurch ruht man in der göttlich-geistigen Welt.'

Hier, im Jahr 1906, spricht Rudolf Steiner bereits das Wesen des ‚Saturn-Weges' aus. Der Geistesschüler steigt auf dem Rosenkreuzer-Weg allmählich vom Irdischen über Imagination und Inspiration zur Intuition auf. Die letzte, intuitive Stufe ist jedoch völlig kongruent mit der Realisierung der reinen, inhaltslosen Denktätigkeit, wie sie durch ‚erkenntnispraktische' Übung als *erste* Erfahrung gemacht wird. Hier also beginnt die Erfahrung ‚oben', jenseits von Saturn, und steigt schrittweise herab zur Erde, oder auch in einem Pendelschlag: 1. Stufe, 7. Stufe, 2. Stufe, 6. Stufe usw.

Die *zweite Stufe* auf dem Rosenkreuzer-Weg ist die der Imagination. Hier kann man mit den Übungen aus ‚Wie erlangt man...' anfangen:[94]

‚Man hält sich zum Beispiel eine natürliche Pflanze vor, sieht sie recht an, vertieft sich ganz hinein in sie, holt das Innere seiner Seele heraus und legt es sozusagen in die Pflanze hinein, wie es in meinen Aufsätzen ‚Wie erlangt man Erkenntnisse der höheren

---

[93] Rudolf Steiner, Vor dem Tore der Theosophie, GA 95, S. 144.
[94] Ebd., S. 141.

Welten?' beschrieben ist. Das bringt die Imagination herauf.'

Hat man jedoch (durch die Realisierung der reinen Denktätigkeit) bereits die 7. Stufe erreicht, muss man es in einer anderen Weise machen – so, wie ich es auf S. 172f beschrieben habe. Auf dem, Saturn-Weg beginnt man mit dem realisierten reinen Denken, der Tätigkeit des ‚Bewusstseinswesens', und übt die Imagination dann so, dass man die Natur als reine Wahrnehmung, als Gleichnis (wobei die Gedanken völlig außerhalb gehalten werden) in sich aufnimmt. Aus der eigenen Natur kommen dann die entsprechenden Imaginationen.

Geht man den Weg von ‚Wie erlangt man' - man kann auch sagen den 'Mond-Weg'-, so müssen die Denkkräfte *durch* die imaginativen Übungen verstärkt werden. Kommt man von der anderen Seite, so *hat* man die Stärke schon und muss diese mit Gleichnissen erfüllen. Äußeres und Inneres sind hier schon eins – das Hereinnehmen der Gleichnisse der Außenwelt ist zugleich ein Hinausgehen in die Pflanze, das Tier, oder was auch immer man als Gleichnis-Objekt nimmt.

Dann kommt die *dritte Stufe*, das Lernen der okkulten Schrift. Hier gibt Rudolf Steiner immer einige Beispiele von Symbolen, die Zeichen sind und mit denen man lesen lernen muss. In unserer Zeit, wo es keinen Lehrer gibt, an den wir uns wenden können, um diese Schrift zu lernen, können wir nur hoffen, dass ihr Geheimnis uns aufgehen wird, wenn wir reif dazu sind. Andererseits gibt es ein Gefühl der Machtlosigkeit, dass man hier keine vollständigen Anweisungen hat oder bekommen kann. In den Zeichen des Tierkreises haben wir einige Anweisungen, auch in der eurythmischen Ausarbeitung des Tierkreises oder auch der Konsonanten.

Und wenn wir ‚von oben' kommen? Dann *haben* wir eine vollständige Sternenschrift, eine okkulte Schrift zur Verfügung, die zwar entziffert werden muss, die wir aber doch verwenden lernen können, auch wenn es keinen Lehrer gibt. Am Ende seines Lebens hat Rudolf Steiner darauf noch einmal deutlich hingewiesen – in seiner Vortragsreihe ‚Mysterienstätten des Mittelalters'.[95]

Wenn wir die Denkkraft, die Denktätigkeit erzeugt haben und uns auf der 2. Stufe in einer Verbildlichung geübt haben, können wir uns dem spirituellen Studium der aristotelischen Kategorien zuwenden. Wir brauchen keine neuen zu schaffen, wie Hegel in seiner ‚Wissenschaft der Logik' oder Herbert Witzenmann in seiner ‚Kategorienlehre Rudolf Steiners'. Die Kategorien von Aristoteles können so, wie er sie gegeben hat, vertieft und erweitert werden – und sie können bildhaft umgestaltet werden. Dann hat man sich in das Welten-Alphabet eingearbeitet, hat sich die Fähigkeit des Lesens der okkulten Schrift erworben.[96]

Es fehlt hier, wenn wir den Saturnweg gehen, die Beschreibung der 6. Stufe, die zwischen dem Üben der 2. und 3. Stufe liegt. Man kann immer alle Stufen zugleich üben, weiter kommt man jedoch, wenn man eine Stufe verwirklichen kann. Für die 6. Stufe siehe also weiter unten.

Dann kommt der *vierte Schritt*, der auch die ‚Zubereitung des Steins der Weisen' genannt wird. Es ist die Stufe der Überwindung des Egoismus, die Stufe des eigentlichen Kreuzes, wo das Ich so selbstlos geworden ist, dass es sogar

---

[95] Rudolf Steiner, Mysterienstätten des Mittelalters: Rosenkreuzertum und modernes Einweihungsprinzip, GA 233a.

[96] Eine Ausarbeitung dieser Aufgabe ist in Vorbereitung.

die Luft nicht mehr mit seinen Todeskeimen vergiftet. Es kann in sich selbst den Kohlenstoff bearbeiten, braucht nicht mehr die äußere Pflanze dazu. Hier liegt die Stufe des Todes und der Überwindung des Todes. Man erreicht diese Stufe allmählich durch eine Rhythmisierung des Lebens. Das willkürliche Chaos, das wir Menschen uns leisten können, soll durch freien Entschluss in einen strengen Rhythmus verwandelt werden (z.B. geregelte Meditation und Übung!).

Und wenn man ‚von oben' kommt? Das Erleben des Denkens ist eine Wirkung, die eine Ähnlichkeit mit der *Gnade* hat. Im nächsten Kapitel werde ich tiefer darauf eingehen, und im Buch ‚Der Heilige Gral' habe ich diese Gnade ebenfalls zu beschreiben versucht. Wer die gnadenvolle Tätigkeit des inhaltlosen reinen Denkens erlebt, hat keine Mühe mehr, sich rhythmisch zur Übung hinzusetzen. Man braucht dieses Erleben des Denkens, wie man die Luft der Einatmung braucht. Die Gaben, die man empfängt, nötigen aber auch wieder zu einem ‚Ausatmen', zu Liebe zur Tat in der Welt. Dieser Rhythmus zwischen dem Sich-Aufschwingen zur Freiheit und zum Erleben des geistigen ‚Sauerstoff' einerseits und dem Hineintragen des Denkimpulses bis in die Handlungen andererseits – wodurch das äußere Leben immer mehr eine Stätte des heiligen Kultus wird –, wird ein Bedürfnis. Es scheint ein ganz anderer Mensch zu sein, der früher im ‚Nichts-Tun' die Freiheit sah. Jetzt gäbe ein solches ‚in Leerheit sich gehen lassen' keinerlei Freude mehr.

Der *fünfte Schritt* ist das Üben der Erkenntnisse, die man ‚Entsprechungen zwischen Mikrokosmos und Makrokosmos' nennt. Jetzt werden die Leibesorgane und Prozesse ‚Stoff' der Meditation, wodurch die Entsprechung eines Organs mit dem Makrokosmos erkannt und erlebt werden kann.

Kommt man aus den Höhen jenseits von Saturn, so ist auch dieses Sich-Versenken in die Leibesorgane ein mehr selbstverständliches. In der Vortragsreihe ‚Initiaten-Bewusstsein' von 1924 wird dieser Weg beschrieben, und Rudolf Steiner führt dort aus, wie er in dieser Weise gemeinsam mit der Ärztin Ita Wegman eine Erweiterung der Heilkunst erreichen konnte und dass es für diesen Weg eine karmische Verbindung braucht.[97] Den Weg von unten nach oben kann man in Einsamkeit gehen; den Weg von oben nach unten nicht.

Aus dieser Anweisung Rudolf Steiners ist eine ganze Bewegung von Menschen entstanden, die meinen, der Anthroposoph solle nichts alleine machen. Bernard Lievegoed hat dies sehr betont und ging sogar so weit zu meinen, in einer Gruppe könne man durch Willensvereinigung zur Geist-Erkenntnis gelangen. So wurde er das anthroposophische ‚Pendant' zu Jürgen Habermas.

Der Saturnweg *wird* in einem karmischen Zusammenhang gegangen. Dieser braucht jedoch *keine* Gruppe – zwei Menschen genügen. Und kein Mensch kann von außen bestimmen, welche zwei oder mehr Menschen dies sein sollen, denn das Karma liegt in der Willensrichtung und in den gemeinsamen Wegen der Vergangenheit. Die Zusammenarbeit ist also selbst eine ‚organische'.

---

[97] Rudolf Steiner, Das Initiaten-Bewußtsein. Die wahren und die falschen Wege der geistigen Forschung, GA 243.

Von der fünften Stufe, dem Meditieren der Organe und ihrer makrokosmischen Entsprechungen, steigt man zur *sechsten Stufe* auf. Hier wird der Makrokosmos selbst Gegenstand der Meditation:[98]

‚Man versenkt sich in das Organ der Kontemplation, zum Beispiel in das Innere des Auges. Wenn man sich darauf eine Weile konzentriert hat, läßt man die Vorstellung des äußeren Organes fallen, so daß man nur noch an das denkt, worauf das Auge hingewiesen hat: auf das Licht. Dadurch kommt man zum Schöpfer des Organs und hinaus in den Makrokosmos. Dann fühlt man, wie der Körper immer größer und größer wird, so groß wie die ganze Erde, ja er wächst sogar über die ganze Erde hinaus und alle Dinge sind in ihm. Der Mensch lebt dann in allen Dingen darinnen.'

Kommt man aus den Höhen, aus der realisierten siebten Stufe, aus der Gottseligkeit der Denktätigkeit, so muss man auch allmählich heruntersteigen: Entweder abwechselnd mit niederen Stufen oder allmählich absteigend – oder alles in einem übend, *eine* Übung aus allen Stufen machend.

Hat man die gottselige Denktätigkeit, kann man sich mit ihr in das Innere des Auges versenken. Man war schon weit über die Erde hinaus, aber nicht-sehend. Man sah nur die eigene Denktätigkeit. Jetzt muss sich diese gliedern, zu einer vielgestaltigen geistigen Welt werden. Es ist, als ob die Denktätigkeit ein Inneres hat, das sich entäußern muss. Dies geschieht schrittweise durch ein Absteigen zur Sonne und ein Heranziehen der Mond-, Merkur- und Venus-Stufen.

---

[98] Rudolf Steiner, Vor dem Tore der Theosophie, GA 95, S. 144.

Eins und Sieben sind Studium und Intuition bzw. Realisierung der Denktätigkeit. Sechs und Zwei sind Erleuchtung und Imagination. Fünf und Drei sind Vermählung und Inspiration. Und Vier ist Tod und Auferstehung, hier ist die Sonne im Makrokosmos und auf Erden zu finden – und die reine Luft, wie sie war, als die Erde ihren ‚Sonnenzustand' durchmachte; die Überwindung der niederen Natur des Wesens in unserer Luft-Organisation, die Überwindung der tierischen Hälfte des Zentauren in uns.

Aber um den Weg so harmonisch wie möglich gehen zu können, brauchen wir sechs Eigenschaften, die wir energisch in uns erzeugen müssen. Es sind die Eigenschaften, die unser Herz-Chakra vervollkommnen.

Erstens müssen wir Harmonie in unser *Denken* bringen. Das tun wir, indem wir selbst ihm für einige Minuten die Richtung geben und zudem darauf achten, nie in extreme Meinungen zu verfallen, immer auch die Gegenseite zu betrachten...

Zweitens muss das Handeln, der *Wille*, harmonisiert werden. Auch hier muss man ihm übungsweise selbst die Richtung geben und zudem zusehen, dass der Wille realitätsgemäß ist, dass man nichts ‚will', was nicht geht.

Drittens muss eine Harmonisierung der *Gefühle* erstrebt werden – durch ein Entwickeln von Gleichmut und Gelassenheit.

Viertens muss man sein *Verhältnis zur Außenwelt* harmonisieren, d.h. dass man aktiv das Positive sucht oder dass man der Welt so unbefangen wie ein Kind gegenübersteht.

Als fünfte Eigenschaft muss man *den Glauben* erzeugen. Nicht so sehr ein Glaube an Gott ist hier gemeint, sondern ein Schweigenlassen aller kritischen Abweisung, bis der Grund für Kritik absolut sicher ist.

Die sechste Eigenschaft sollte dann eine Frucht der fünf sein: *vollkommenes inneres Gleichgewicht*. Und das ist dann wiederum dasselbe, womit wir die Beschreibung angefangen haben: ‚Bereitet den Weg des Herrn und macht seine Stege eben!'

Christus und die Religion

Wenn wir die Anthroposophie neben Ken Wilbers integrale Spiritualität stellen, dann wird klar, warum die Anthroposophie nicht in das Integral aufgenommen wurde, warum sie vollständig negiert wird – ohne zunächst aufgenommen worden zu sein, wie es in der Holarchie Ken Wilbers hätte sein müssen...

Ich zitiere vollständig, was Ken Wilber über das Christentum sagt. Wo er die Institution Kirche beschreibt, kann man ihn noch verstehen. Seine Interpretation des ‚Nazareners' jedoch lässt das Unvereinbare in Bezug auf die Anthroposophie sehr deutlich werden:[99]

‚[...] wäre nicht ein entscheidender und übermächtiger neuer Faktor ins Spiel gekommen, das mythisch buchstabenhörige Christentum.

Dessen Gott ist ein mythisch dissoziierter, von Natur und menschlicher Natur ontologisch getrennter Gott – Paul Tillich spricht hier vom ‚strikten Dualismus einer göttlichen Sphäre im Himmel und einer menschlichen Sphäre auf Erden' –, der auf keine Art und Weise in diese Welt einzubringen war. Deshalb war von vornherein ausgeschlossen, daß der Mensch seine Bestimmung in diesem Leben, in diesem Körper und auf dieser Erde verwirklichen konnte. So konnten die von Phobos – Furcht vor der Erde, dem Körper, der Natur, der Frau, der Sexualität, den Sinnen – getriebenen Jenseitsgläubigen, die Aufsteiger, ein Jahrtausend lang im Westen das Bild beherrschen, wenn es auch keine absolute

[99] Ken Wilber, Eros, Kosmos, Logos, S. 426ff.

Herrschaft war.
Aber recht besehen war dieser mythische Aufstiegs Gott kein echter Aufstiegs Gott, kein transzendenter Gott; er war nicht einmal (außer für einige wenige) das kausale Eine der Gnostiker, sondern durch und durch eine mythische Gottheit, ein geozentrischer, egozentrischer, anthropozentrischer lokaler Vulkangott namens Jahwe, dessen wahres Gesicht sich darin zeigte, daß er sich in der Menschenwelt nur durch gelegentliche Eingriffe bemerkbar machte, wenn Er etwa Seinem ‚auserwählten' Volk Lohn oder Strafe zukommen ließ oder, was noch häufiger vorkam, die Feinde Seines auserwählten Volks züchtigte oder andere Proben Seiner Kunst des Verwandelns von Spinat in Kartoffeln gab.
Es kann überhaupt keinen Zweifel geben, was für ein Bewußtsein das ist, das derartiges hervorbringt, und die tieferen Denker der christlichen und jüdischen Tradition, angefangen mit Clemens und Origenes (und Philo), haben denn auch ein schonungsloses Urteil gefällt, das in Paul Tillichs Formulierung so lautet: ‚Wunderbare Interventionen Gottes, besondere Inspirationen und Offenbarungen – dergleichen Dinge liegen unterhalb der Ebene echter religiöser Erfahrung. Religion ist Unmittelbarkeit. Die Tradition des Übernatürlichen – durch Aufhebung der Naturgesetze Wunder wirken – ist völlig substanzlos.'
Aber das Problem bestand, wie ich bereits klarzumachen versucht habe, nicht im bloßen Vorhandensein dieses mythischen Imperiums römisch christlicher Prägung. Diese mythisch-rationale Struktur war praktisch ein Jahrtausend lang das Grundprinzip kultureller Bedeutung und sozialer Integration, und sie war phasenspezifisch völlig angemessen; sie brachte all die Fortschritte (allerdings auch Katastrophen) mit sich, die wir im mythisch rationalen Abschnitt des fünften Kapitels erörtert haben, insbesondere neue Formen soziozentrischer Moral und Ansätze zu einem neuen (postkonventionellen) Glauben an die Gleichheit aller Bürger unter dem (römischen) Gesetz und in den Augen Gottes – natürlich

mitsamt all den gewalttätig imperialistischen Tendenzen, die in der mythisch rationalen Struktur liegen.

Wenn wir von Platon oder Plotin (oder Nāgārjuna oder Shankara) sprechen, haben wir es mit den höchsten Bewußtseinsformen der betreffenden Zeit zu tun. Ich glaube nicht, daß diese Höhe der Bewußtseinsentwicklung zu jener Zeit schon der allgemeine Bewußtseinsstand hätte werden können, und ich möchte den damaligen allgemeinen Bewußtseinsstand auch nicht vom heutigen allgemeinen Bewußtseinsstand her beurteilen. Nicht das mythisch-militärische Imperium des römischen Christentums selbst war also das eigentliche Problem; schlimm war vielmehr, was die Anhänger dieses Weltbilds denen antaten, die zu einer höheren Sicht der Dinge gelangt waren: deren Weltbild wurde Anathema, das heißt in Bausch und Bogen und rigoros verdammt und mitunter auf so bösartige Weise bekämpft, wie es in diesem Ausmaß sonst nirgendwo auf der Welt je vorgekommen ist.

Jeder Bewußtseinsstruktur sind alle höheren Strukturen ein Dorn im Auge, denn sie sind zwar als Anlage in ihr selbst schon vorhanden, aber die Entfaltung dieser Anlage verlangt einen Tod, den niemand gern stirbt, und eine Wiedergeburt. Gesellschaften, glaube ich, kann man auf einer Skala der Toleranz gegenüber Bewußtseinsstrukturen anordnen, die höher sind als die durchschnittliche Bewußtseinsstruktur der betreffenden Gesellschaft. Für das so erfolgreiche, aber auch ständig bedrohte mythisch militärische Imperium des Christentums stellte sich die Frage der Toleranz gar nicht erst: Wer eine höhere Bewußtseinsstruktur als die mythisch rationale erkennen ließ und sich auch noch entsprechend äußerte, wurde – zutreffend – als politische Bedrohung empfunden und letztlich wegen Hochverrats verurteilt.

Und zu verurteilen war da eine Menge. Zunächst die Strukturen der Vernunft oder Rationalität (und der Wissenschaft), weil sie Beweise forderten; Vernunft war daher nur noch erlaubt, wo sie dem Dogma diente. Die Naturmystik der psychischen Ebe-

ne mußte verdammt werden, weil sie Gott zu sehr von Seinem Himmelsthron herunter in diese Welt zog. Verdammt oder bestenfalls geduldet wurde auch die Mystik der subtilen Ebene, weil sie die Seele zu sehr auf die Höhe Gottes hob. Und gänzlich aus dem Häuschen war die Kirche, wenn jemand eine Intuition der kausalen Stufe erkennen ließ, eine Intuition der Identität mit der Gottheit; Giordano Bruno kam aus diesem Grund auf den Scheiterhaufen, und Meister Eckeharts Thesen wurden aus diesem Grund verdammt.

Träger des kausalen Bewußtseins in den Händen von Mythengläubigen, das war damals schon eine alte Geschichte, seit Jesus von Nazareth erfahren mußte, wie man seine Einsicht – ‚Ich und der Vater sind eins' – aufnahm. Die frommen Leute machten Anstalten, ihn zu steinigen, und als er sie fragte, weshalb, da sagten sie: ‚Um der Gotteslästerung willen und daß du ein Mensch bist und machst dich selbst zu Gott.' Er hielt ihnen entgegen, in ihren eigenen Schriften stehe: ‚Ihr seid Götter', doch das brachte die Menge nur noch mehr auf und führte ihn wie später al Hallāj und Bruno und Origines und viele andere, die zu dieser Einsicht kamen, in einen bitteren Tod, der politische und religiöse Gründe hatte, denn der Staat und die alte Religion fühlten sich gleichermaßen bedroht.

Die Dogmatiker handhabten später den Fall dieses wahrhaft Sehenden aus Nazareth mit geradezu genialem Einfallsreichtum und wandten alle Mittel der Rationalität auf, um den alten Mythos am Leben zu erhalten. Es trifft zu, räumten sie ein, daß Jesus eins war mit Gott (später sagten sie, Gott sei eine Substanz mit drei Personen – Tertullians trinitas –, und die Person namens Jesus habe zwei Naturen, eine göttliche und eine menschliche). Aber damit auch genug des Aufstiegs. Keinem anderen Menschen darf diese Tiefe oder Höhe der Einsicht zugestanden werden, wenngleich Jesus, wie allgemein bekannt war, nie auch nur angedeutet hatte, er allein habe diese Einheitserfahrung gemacht oder sei in

der Lage, sie zu machen; vielmehr verbot er seinen Anhängern ausdrücklich, ihn ‚Messias' zu nennen.
Aber, und darauf haben schon viele Kommentatoren aufmerksam gemacht, wenn der Nazarener tatsächlich eine Gottheit erfahren hatte, die allen Menschen gleichermaßen und allen ganz gehört, dann konnte ihn unmöglich eine bestimmte Mythologie ganz für sich allein reklamieren. So hätte er sich nicht vermarkten lassen, um es mal etwas kraß auszudrücken. Also ließ man ihn nicht das sein, was er war, nämlich einer, der der ganzen Menschheit dient, sondern machte ihn zum einzigen Sohn Jehovas. Mit anderen Worten, er wurde einfach der herrschenden Mythologie einverleibt und zu einem weiteren, wenn auch besonders spektakulären Fall von göttlicher Intervention zugunsten neuer auserwählter Völker erklärt, und das waren jetzt all jene, die sich zur allein seligmachenden Kirche bekannten – zu dem nämlich, was den Zusammenhalt des mythischen Imperiums sicherte.
Man stellte die Gottheits Erfahrung des Nazareners auf ein Piedestal und erklärte sie zum ausschließlichen Besitz der Kirche (wo sie doch in Wahrheit allein der Seele gehört). Erinnern wir uns daran, daß die moralische und die politische Sphäre (Kirche und Staat) auf dieser Entwicklungsstufe noch nicht voll differenziert waren; das gilt, wie wir gesehen haben, für alle mythologischen Strukturen: Das Staatsoberhaupt legitimiert sich mit der Behauptung, eine besondere Beziehung zu den Göttern zu haben oder von ihnen abzustammen, das heißt, Kleopatra ist Isis. Das bedeutet, wie Tillich erklärt, ‚daß jemand, der gegen die kanonischen Lehren verstößt, nicht nur ein Häretiker ist, also einer, der sich gegen die Grundlehren der Kirche wendet, sondern zugleich auch einer, der ein Verbrechen am Staat begeht. Ein Häretiker untergräbt nicht nur die Kirche, sondern auch den Staat, und daher genügt es nicht, ihn zu exkommunizieren; man muß ihn vielmehr auch den zivilen Autoritäten überantworten, damit er als Verbrecher bestraft werden kann.'

Die Kirche sollte viele große Philosophen und viele große Mystiker der psychischen und subtilen Stufe hervorbringen, doch so sehr diese sich auch bemühten, den Mythos zu relativieren oder zu allegorisieren, immer blieb dieses eine Grunddogma bestehen, das bei ihrem Ringen um Transzendenz zentnerschwer an ihnen hing und niemals auch nur einen Fingerbreit nachgab: die absolute Einzigartigkeit dessen, was Jesus von Nazareth realisiert hatte.

Die Himmelfahrt selbst wurde sofort mythologisiert, und zwar gemäß dem uralten mythischen Motiv von Tod und Auferstehung des Mondgemahls der Erdgöttin (in den heidnischen Ritualen wie auch im Christentum ißt man vom Fleisch und trinkt vorn Blut des Todgeweihten, um an seinen Kräften nach der Auferstehung teilzuhaben). Und wer sich als Christ zum rechten mythischen Glauben bekannte, dem winkte am Tag des Gerichts ebenfalls die Auferstehung in einer anderen Welt, wo sogar sein Körper wieder ordentlich zusammengesetzt werden sollte und wo er ewiglich bei Jehova, Sohn & Co. sitzen würde. Niemand durfte glauben, er werde in diesem Leben und auf dieser Erde je die Erleuchtung oder ‚Himmelfahrt' erleben können. Und wer auch immer etwas anderes sagte, machte sich damit augenblicklich zum Ketzer und Verbrecher.

Auch hier wieder: Ich habe nichts grundsätzlich gegen die phasenspezifisch angemessene mythisch rationale Struktur einzuwenden, auch nicht gegen die Deutung, die sie (zwangsläufig) der Erfahrung des Adepten aus Nazareth gab. Sie war zu dem Zeitpunkt ein wichtiger Faktor der sozialen Integration und der kulturellen Sinngebung, und diesem Zweck scheint sie ganz gut gedient zu haben. Verhängnisvoll war jedoch, wie verbissen und bis zu welchem Grad diese Erfahrung auf mythologisches Niveau eingekürzt wurde. Kaum jemals ist eine kausale Einsicht so radikal abwärts transponiert worden. Und kaum jemals hat man so gründlich zu verhindern gewußt, daß sie auf die Anhängerschaft übergreift und dort zu vielen Erfahrungen von ähnlicher Tiefe führt.'

Nach Ken Wilber war der Nazarener ein Mann, der eine Erleuchtung, ein Erfahren des Nichtdualen hatte – wie es so viele Weisen gehabt haben. Nicht *er* unterscheidet sich von allen diesen Weisen, die imperialistische römische *Kirche* hat ihn vergöttert und zum alleinigen Gott, zum Menschensohn usw. gemacht, um selbst die Macht zu ergreifen und zu behalten. Man hat aus ihm eine Exklusivität gemacht, einen mythischen Wunder-Gott, der es wie sein ‚Vater Jahwe' verstand, ‚aus Spinat Kartoffeln' zu machen.

Lässt sich dagegen etwas einwenden? Vom Standpunkt eines Ken Wilber nicht.

Wilber hat als Integral einerseits die materialistische Wissenschaft, andererseits die morgenländische Spiritualität. Die Integration von beidem ergibt die Vision Wilbers.

Im Materialismus lässt sich ein Christus selbstverständlich nicht finden, da gibt es nur einige spärliche Äußerungen über die Existenz eines Jesus von Nazareth. Die Bibel hat nach Wilber keine Gültigkeit, sie ist mythisch-magisch, hatte damals zweifellos ihre Funktion, doch jetzt sind wir längst darüber hinausgewachsen...

In der morgenländischen Spiritualität kann man ebensowenig den Christus finden. Jesus von Nazareth wird höchstens als ein Adept gesehen, von denen es so viele gegeben hat. Als einen solchen finden wir ihn ja auch im Koran: Respektvoll beschrieben, aber kein Gott, der Mensch wurde, der eine einzigartige Aufgabe erfüllte. Jesus von Nazareth gibt es also, Christus nicht. Allenfalls könnte man jeden Menschen, der das Nichtduale erreicht, einen ‚Christus' nennen – und so wäre Ken Wilber selbst auch einer.

Man kann nun natürlich versuchen, die Anthroposophie *derart* umzudeuten, dass sie sich mit Visionen wie denen von Ken Wilber zusammendenken lässt. Dazu muss man ihr nur alle Hinweise auf das Nichtduale entnehmen – die gibt es zumindest *scheinbar* – und alles andere zur mythischen Dissoziation erklären, den Christus selbst eingeschlossen. Warum es dann jedoch noch einer Anthroposophie bedarf, ist ziemlich rätselhaft, denn was sie an ‚Mehrwert' hat, soll ja angeblich gerade überflüssig sein. Wer die Anthroposophie mit Ken Wilber ‚bereichern' möchte, liebt entweder – trotz allem Nicht-Verstehen – Rudolf Steiner und die Anthroposophie zu sehr, um sie ganz fallen lassen zu können – oder er ist ganz bewusst auf ihre Vernichtung aus.

Ken Wilber kann man nicht davon überzeugen, dass es Christus gibt, denn er leugnet die Welten, die man betreten muss, um ihn zu finden.

Die Frage ist: In welche Welten führt *Ken Wilber* uns eigentlich hinein?

Die Erleuchtung, die er beschreibt, führt zum Formlosen und zum Nichtdualen. Sie führt zum ‚clear light', wo alle Differenzen aufhören, sie führt also zu *Luzifer*. Diesen Aufstieg nennt er ‚Eros'.

Zugleich jedoch vereint sich der GEIST mit aller MATERIE, denn das Erleben ist nichtdual. Der GEIST lässt sich unmittelbar in der Welt der Formen, der Dinge, als eins mit ihnen, erleben. Das nun ist *Ahriman*, der außen den Schein und den Glanz gibt, der es aber unmöglich macht, einen anderen Geist zu erkennen als ihn selbst. Dann gilt: Die Dinge wandeln sich zwar, sind nur scheinbar in Ruhe, aber alle sind vergänglich. Auch der Mensch ist es, er hat keine selbstständige Existenz, sein Dasein ruht auf seinem Körper, der ihm – als höherem Holon – ein Bewusstsein verleiht. Es gibt nur *einen* GEIST, dieser existiert im Jetzt, und aus der Zukunft wirkt eine Anziehung zur Weiterentwicklung. Die Vergangenheit ist ausgelöscht, denn sie ist im Jetzt vollständig integriert – oder läuft in Dissoziationen nebenher.

Eine harte, ‚laserstarke' Sonne scheint in allen Dingen, scheint auch nichtdual in uns. Im Transpersonalen lebt die Maske der heimlich wachsenden Selbstsucht. In der Welt lauert die Stärke des Elektro-Magnetismus. Das weiße Licht Luzifers lässt unsere Wissenschaft abstrakt materialistisch werden. Erheben wir diesen Zustand zur Spiritualität, so machen wir unser farbiges Seelenlicht abstrakt, tot, und durchringen unseren lebendigen Körper damit bis in unsere Knochen, unsere Zellen. Wir verankern unsere unmenschlich gewordene Seele im Leib, so dass sie sich – ganz nach den Absichten Ahrimans – im Tode nicht mehr befreien kann ... und die Ansichten von Ken Wilber wirklich werden: Nach dem Tod des Körpers gibt es keine individuelle, frei im Geistigen sich erlebende Seele und keinen solchen Geist.

Um wirklich ermessen zu können, was dies bedeutet, müsste man diesen Zustand des formlosen nichtdualen, hellen Lichtes, vereint mit dem Leib und der Welt im Jetzt – für immer –, meditativ vorstellen. Dann fühlt man das Anziehende, die Verführung. Eine nichtduale Einheit aller Kreatur im GEIST und in der MATERIE, ohne weiteren Kampf. Zuerst verliert man sich in diesen GEIST, und mit diesem ALLGEIST ist man endgültig in ALLEM EINS. Mehr braucht es im Jetzt nicht, und mehr gibt es auch nicht. Man ist untergetaucht in die Welt der Quantenphysik, der Protonen und Neutronen, der DNA und RNA, aber auch in die Welt der schwarzen Löcher im Kosmos, in $e = mc^2$...

Wo ist – in dieser Welt – der Christus? Wenn es ihn gibt, muss er da sein, auch *da* muss er zu finden sein.

Als der Mann, der das Buch ‚Das Tao der Physik'[100] geschrieben hat, am Meeresstrand eine spirituelle Erfahrung hatte, welchen Geist erlebte er da? Könnte das nicht der Christus gewesen sein? Gibt es einen Christus, und wenn ja, wie unterscheidet man ihn von anderen geistigen Wesen wie Luzifer und Ahriman?

Wer nicht Welten denken will, die zwischen reiner Materie und reinem Geist liegen, wird mir ab jetzt nicht mehr folgen können, für ihn kann der Christus nicht existieren.

Der reine Geist kann noch luziferisch sein, ihn kann man anerkennen, auch wenn man keinen Christus ‚hat'. Die reine Materie kann ahrimanisch sein, damit kann der Mensch auch etwas anfangen, wenn er den Christus nicht hat und nicht erkennen will. Dann kann man im reinen Wahrnehmen verharren und unbemerkt ahrimanisiert werden.

Den Christus findet man *nur* in Augenblicken, in denen ein Ausnahmezustand eintritt. Entweder ergibt sich dieser von selbst, oder man führt ihn frei wollend herbei. Von selbst gibt es ihn in Augenblicken, in denen ein Schock auftritt oder ein Drama geschieht, schnell, unerwartet. ‚Das Herz steht still', das Denken ebenso, der Ätherleib lässt wie im Tode (teilweise) los und man kann ihn anschauen. In dieser Welt finden wir den Christus, und er tritt als Tröster, als Heiler oder als Retter hervor.

Auch wer dies nicht erlebt hat, kann es sich vorstellen. Jeder Mensch kennt den Schrecken, den Schock. Man

---

[100] Fritjof Capra: The Tao of Physics, London 1976, New York 1977 und weitere Auflagen.

kann sich an einen solchen erinnern und zu empfinden versuchen, wie sich so etwas noch verstärken könnte, wie uns ein ‚Bildleib' vor das Seelenauge treten könnte. Jeder Mensch ist schon viele Male gestorben, also weiß jeder, wie das ‚geht'. Man muss nur den Mut finden, es sich vorzustellen. Bücher über Nahtod-Erfahrungen[101] sind deshalb sehr lesenswert, weil sie das Sterben in Erinnerung bringen können.

Ein vergleichbarer Zustand kann jedoch auch frei wollend erzeugt werden. Ich habe den Prozess in diesem Buch bereits mehrmals beschrieben. Es geht um den Zustand der siebten Stufe der Rosenkreuzer-Einweihung, erlangt durch die ‚erkenntnispraktische' Arbeit.[102] In diesem hat man ein verstärktes, aber leeres Denken (Luzifer), das rein angeschaut wird (Ahriman). Indem beide an ihrer jeweils *richtigen Stelle* und in gleicher Stärke wirksam werden, stellt sich der Mensch rein in die Mitte zwischen beiden – und vereinigt sich mit dem Repräsentanten dieser Mitte: mit dem Christus. Das ist die Gottseligkeit, die im Erleben der leeren Denktätigkeit empfunden wird.

Ich wiederhole: Einen Mann wie Ken Wilber kann man selbstverständlich nie überzeugen. Denn es lässt sich mit dem oben Gesagtem nichts beweisen. Wilber meint, dieselbe Gottseligkeit zu erleben, und nennt es ‚formlos nichtdual'. Das ist jenes von mir beschriebene gottselige Erleben *auch*. Es findet sich aber in einer frei erzeugten Welt, in einem Zusammenleben des Astralleibes und des Ätherleibes, wo das Ich mit dem physischen Leib noch immer als ein Bewusstsein dabei ist, jedoch nur *da* ist,

---

[101] z.B. George Ritchie, Rückkehr von morgen, 1978.

[102] Es gibt auch den Weg der Meditation, siehe das Kapitel ‚Die anthroposophische Spiritualität'.

sonst nichts. Diese Welt wird erst in äußerster Tätigkeit erlebbar.

Wie aber weiß man, dass man den Christus erlebt? Dass es nicht Luzifer ist, nicht Ahriman, nicht ein All-Vatergott?[103]

Woher weiß der Mensch, dass er er selbst ist? Woher weiß er, wenn er einen alten geliebten Freund auf der Straße wiedersieht, dass es gerade dieser Freund ist? Wodurch erkennt der Mensch irgendetwas in der Welt wieder? Dadurch, dass er es schon einmal kennengelernt hat und weil er es liebt oder weil er geliebt wurde. Das, woran er ohne Liebe vorüberging, ist für ihn unerkannt geblieben, er erkennt es also auch nicht wieder.

Erkannt und geliebt sollte man den Christus also haben, um Ihn jetzt wiedererkennen zu können. Hat man dies nicht getan, wird man Ihn *dennoch* erkennen können, weil man sich Seiner Liebe zu einem selbst, seinem eigenen Wesen erinnert – wenn man sie ertragen kann. Es gibt ja menschliche Wesen, die keine Liebe ertragen, weil sie sich dadurch erniedrigt fühlen, weniger wert. Sie wollen kein Mitleid, sie wollen keine Liebe fühlen. So ein Mensch würde den Christus nicht wiedererkennen – aber so ein Mensch wird sich auch nicht dazu anschicken, diese siebte Stufe der Rosenkreuzer-Einweihung zu erstreben...

Ein Anthroposoph dagegen, ein Mensch, der die Denktätigkeit erzeugen und erleben kann, wird es nie verfehlen, in der Gottseligkeit Christus selbst zu erleben.

---

103 In einer anderen Weise habe ich das Finden von Christus in ‚Der Heilige Gral' beschrieben (Occident 2007).

Wer sich mit dem reinen Denken, mit der Erkenntnistheorie der Anthroposophie befasst und sagen würde: ‚Das gegenwärtige Denken lässt sich nicht unmittelbar anschauen und erkennen', der bleibt im Luziferischen, weil er Ahriman nicht so weit ‚bringen' kann, die erkennende Wahrnehmungsfähigkeit für das Denken zur Verfügung zu stellen.

Wer ohne die Fähigkeit, das Denken außerhalb der Wahrnehmung tätig leer zu halten, rein wahrnehmen würde, der verbleibt im Ahrimanischen, weil er seine luziferische Fähigkeit – das reine Denken – nicht zur (völlig beherrschten) Kraft hat auswachsen lassen; weil das Denken abstraktes, helles, farbloses, kraftloses Licht geblieben ist.

Ken Wilber braucht keine Religion, denn er hat ‚Alles in Einem', es bleibt nichts zu sehen übrig. Die Anthroposophie braucht auch keine Religion. – Religion braucht man, wenn man sein Bewusstsein außerhalb der göttlichen Wirklichkeit hat und nicht weiß, wie man diese Wirklichkeit bewusst erreichen kann.

Die Anthroposophie gibt auf allen Bewusstseinsstufen eine Befriedigung der Sehnsucht nach der göttlich-geistigen Welt. In den Büchern und Vortragsreihen Rudolf Steiners findet man diese Welt für die Intelligenz zugänglich gemacht. Darüber hinaus gibt es den klar beschriebenen Weg, um selbst zum Erleben des Göttlichen aufzusteigen. Wer diese beiden Möglichkeiten nicht benutzen kann, der braucht wirklich die Religion...

*

Der Unterschied zwischen der Vision Ken Wilbers und

ähnlichen spirituellen Standpunkten einerseits und der christlichen Spiritualität andererseits liegt also in der Bedeutung des Jesus von Nazareth. Für Ken Wilber c.s. war er ein Erleuchteter, ein Eingeweihter im formlosen Nichtdualen – ‚Ich und der Vater sind eins' –, wie es in der spirituellen Geschichte viele gegeben hat, gibt und geben wird.

Für die christliche Spiritualität, also auch die Anthroposophie, ist Jesus von Nazareth ‚das Differential', die Person, in die das vollkommen Göttliche, eine der drei göttlichen Personen, in reiner Vollkommenheit in das irdische Dasein hineintritt. Gott selbst steigt in diesen Menschen hinab und lebt drei Jahre in ihm. Was in vorchristlichen Einweihungen als Substanz der Einweihung erlangt wurde, kommt hier *selbst* auf die Erde, nicht als Einweihungssubstanz für Jesus von Nazareth, sondern als der sich inkarnierende Gottessohn.

Ken Wilber möchte uns glauben lassen, dass es sich hier einfach um den Prozess des formlosen Nichtdualen handelt; dass also jeder Mensch ebensosehr ‚Gott' werden kann, wie Jesus von Nazareth es wurde. Ein Wesensaustausch, wie er für Jesus von Nazareth im 30. Lebensjahr beschrieben wird (die Individualität von Zarathustra, die bis dahin im Leib des Jesus lebte, verlässt diesen, opfert ihre Stelle zugunsten des Christus selbst, der dadurch drei Jahre lang ‚aus den Augen des Jesus von Nazareth in die Welt schaut'), ist für Ken Wilber eine Unmöglichkeit, wäre für ihn ein ‚Verwandeln von Spinat in Kartoffeln'.

Christus Jesus ist in Wirklichkeit kein Erleuchteter, kein Eingeweihter, er ist Gott selbst, er trägt den Gott – und das *ist* eine Dualität. Ein zubereiteter Körper empfängt den Gottessohn, der der Menschensohn ist. Und der Christus *ist* die geistige Welt, es strahlt in diesem Leib von Jesus von Nazareth mit seinen zubereiteten höheren Wesensgliedern also die gesamte geistige Welt in das Irdische hinein. Und durch den Tod und die Auferstehung des Christus Jesus bleibt diese geistige Welt fortan mit der Erde verbunden.

Es gibt die Freiheit der Meinungsäußerung. Wer das hier Gesagte nicht erkennen will oder kann, braucht es nicht und darf seine Meinung laut verkünden. Eine Freiheit in der *Wahrheit* gibt es jedoch *nicht*.

'Wenn die Menschen zusammensitzen und reden, so reden sie über ihre Meinung, auch unter Umständen über die höchsten Dinge. Aber alles das ist auf dem Plane der Täuschung und ebenso unzutreffend wie dasjenige, was der sagt, der nicht weiß wie groß die Winkelsumme im Dreieck ist, der nur eine Meinung davon hat. Ebenso wie man nicht diskutieren kann, ob die Winkelsumme eines Dreiecks so oder so viel Grade hat, ebensowenig kann man diskutieren über höhere Wahrheiten. Deshalb ist das demokratische Prinzip in Erkenntnisdingen unmöglich, weil es auf keiner Unterlage beruht.' [104]

Das ist etwas, was der heutige Mensch – auch der 'führende Anthroposoph' – nicht mehr erträgt. Mit der Wahrheit verhält es sich ähnlich wie mit dem Karma. Der Mensch hat sein Karma und kann trotzdem *innerhalb* des Karmas völlig frei sein. Ebenso existiert *eine* Wahrheit und der Mensch kann innerhalb der Wahrheit dennoch frei sein: Frei, sich in Tätigkeit zu versetzen – oder sich nicht in Tätigkeit zu versetzen. Frei in der Art der Selbstbestimmung, nicht aber in Bezug auf den Inhalt der Wahrheit.

---

[104] Rudolf Steiner, Die Tempellegende und die Goldene Legende, GA 93, S. 108.

Dadurch braucht keinerlei Dogmatismus zu entstehen, denn die Wahrheit ist nicht dogmatisch: Man soll nicht an sie glauben, man soll sie *einsehen*. Die Einsicht selbst – das ‚Ja' oder ‚Nein' – ist nicht frei, die Tätigkeit des Einsehens ist es.

Hat Ken Wilber nicht das Recht, etwas anderes zu meinen? Doch, das Recht hat er – er kann dann nur kein Anthroposoph sein und wird dies auch nicht sein wollen.

Warum aber sollte der Anthroposoph die Wahrheit kennen und Ken Wilber nicht?

Dies hängt nur davon ab, ob man den Christus als Freund neben und über sich haben will – oder nicht. Ist Er unser Freund, so ist seine absolute (!) Wahrheit in uns, um uns, mit uns. Tragen wir diese Wahrheit einmal in uns, so ist sie unerschütterlich. Aus Liebe kann sie schweigen, wenn der Mensch weiß, dass Sprechen sinnlos wäre, dass er sie durch Sprechen nur noch mehr verletzen würde. Andererseits legt sie uns die Pflicht auf, für sie einzutreten, wenn es einen Sinn hat. Es kommt dann auf die *Wahrheit* an, nicht auf Meinungen, Auffassungen, Empfindungen, Triebe usw. Ein Machtspruch wird es also nie sein, denn die Wahrheit kann *eingesehen* werden, sie muss nicht geglaubt werden.

Wer in der nachchristlichen Zeit eingeweiht wird, hat nicht mehr wie zuvor den kosmischen Christus als Einweihungssubstanz empfangen. Heute ist Er der Auferstandene, und *ihn selbst*, den auferstandenen Christus, empfängt man in der Einweihung.

Ken Wilber sucht das Integral der Wissenschaft. Er

will alle Erkenntnisse *und* die Spiritualität in *einem einzigen* System erkennbar machen. Sein Suchen ist berechtigt, es ist ja das Streben des Menschen nach Universalität.

Es gibt jedoch nur einen Weg, um dieses Integral als Wirklichkeit zu erreichen: das ‚Anziehen des *Phantom*' [105], das man durch innere Arbeit, durch geistige Erkenntnisarbeit und Läuterung der Seele, anziehen kann. Dieser Auferstehungsleib *ist* das reale Integral, das nur durch das Differential erlangt werden kann. Der Mensch muss wirklich durch das Nadelöhr hindurch, muss sich der Null nähern können. Das Integrale des irdischen Lebens muss sich dem Differential opfern, sich umstülpen und neu, in auferstandener Gestalt erstehen. Goethe kleidete diesen Gedanken in seinem ‚Märchen' in die Figur der grünen Schlange, die, indem sie sich opfert, die Brücke zur geistigen Welt bildet.

---

[105] Siehe Rudolf Steiner: Von Jesus zu Christus, GA 131, und Mieke Mosmuller: Der Heilige Gral.

Das Kind

Ken Wilber beschreibt im sechsten Kapitel seines Hauptwerkes ‚Eros, Kosmos, Logos' die Bewusstseinsentwicklung und damit auch die Entwicklung des Kindes. Er folgt dabei der Einteilung von Piaget: sensomotorisch (0-2 Jahre), präoperational (‚Präop', 2-7 Jahre), konkretoperational (‚Konop', 7-11 Jahre) und formaloperational (‚Formop', ab 11 Jahren). Ich zitiere:

‚Wird ein neuer Mensch gezeugt, so besteht er zunächst aus einem einzelligen Holon mit seinen Unterholons – Organellen, Moleküle, Atome und subatomare Teilchen.
Bis zur Geburt des Menschen haben sich nacheinander protoplasmische Reizbarkeit, Empfindung, Wahrnehmung, Impuls und Proto Emotion entwickelt, und alle diese Holons sind in die zusammengesetzte Individualität des Neugeborenen eingegangen. Keine dieser Funktionen ist jedoch bereits klar differenziert (oder integriert), und die ersten Lebensjahre dienen dem Sich Zurechtfinden in der inneren und äußeren Physiosphäre und Biosphäre – Vorbereitung auf das Emergieren der Noosphäre, das ernsthaft im Alter von etwa zwei Jahren einsetzt, wenn die Spracherlernung weit genug fortgeschritten ist.' [106]

Ken Wilber folgt den traditionellen wissenschaftlichen – behavioristischen, psychoanalytischen und neurowissenschaftlichen – psychologischen Ansichten.

‚So gehen aus der primären Indissoziation (Piaget nennt sie auch

[106] Ken Wilber, Eros, Kosmos, Logos, a.a.O., S. 263f.

‚protoplasmisch') das physische Ich und das physische andere hervor:

Durch fortschreitende Differenzierung entsteht erst die innere Welt und wird der äußeren gegenübergestellt. Keiner dieser beiden Begriffe ist von Anfang an gegeben ...

Im Verlauf der allmählichen und langsamen Differenzierung der anfänglichen protoplasmischen Wirklichkeit zu objektiver und subjektiver Wirklichkeit werden beide Begriffe [Inneres und Äußeres, linke Seite und rechte Seite] in Übereinstimmung mit ihrer eigenen Struktur evolvieren ...

Das ist ein sehr allgemeines Phänomen. In den Anfangsstadien sind die Welt und das Ich eins, sie werden nicht unterschieden. Aber auch wenn sie schließlich unterschieden werden, bleiben sie zunächst noch sehr nah beieinander: Die Welt ist immer noch bewußt und voller Intention; das Ich ist immer noch gleichsam materiell und nur ansatzweise verinnerlicht. Auf jeder Stufe bleiben im Naturverständnis ‚Anhaftungen' zurück, Bruchstücke der inneren Erfahrung, die an der Außenwelt haften bleiben.

Am Ende der sensomotorischen Phase sind das physische Ich und die physische Welt klar differenziert; wenn jedoch mit dem Präop Stadium der Geist zu emergieren beginnt, sind die geistigen Bilder und Symbole zunächst mit der Außenwelt verschmolzen und werden ihr gleichgesetzt – so kommt es zu diesen ‚Anhaftungen', die das Kind erst nach und nach durchschaut und ablegt.' [107]

Und im weiteren zitiert er Piaget wie folgt:

‚Das erste Stadium liegt vor jedem klaren Bewußtsein des eigenen Ich und hält bis zum Alter von zwei bis drei Jahren an, das heißt bis zum Beginn der ‚Warum Phase', die eine erste Ahnung

---

[107] Ebd., S. 265.

von Widerstand der Außenwelt erkennen läßt. Unsere Vermutungen gehen dahin, daß für dieses erste Stadium [das wir archaisch magisch nennen] zwei Phänomene bestimmend sind. Was die Innerlichkeit des Subjekts angeht, haben wir hier einen reinen Autismus, ein Denken, das etwas mit Träumen und Tagträumen gemein hat, das zwischen Wunsch und Wirklichkeit nicht zu unterscheiden vermag. Zu jedem Wunsch bildet sich augenblicklich ein Bild, eine Illusion, die den Wunsch spielerisch oder durch eine Art Pseudohalluzination in Wirklichkeit umdeutet. Objektives Beobachten oder Denken ist hier nicht möglich – nur ein ständiges Spielen, das die Wahrnehmungen verwandelt und die Situationen herstellt, die dem Subjekt behagen. Unter ontologischen Gesichtspunkten läßt diese Art zu denken sich als psychologische Kausalität bezeichnen, vermutlich mit einem Einschlag von Magie im eigentlichen Sinne: das Wünschen kann die Dinge beeinflussen, die äußeren Dingen gehorchen. Magie und Autismus sind demnach zwei verschiedene Seiten ein und desselben Phänomens, nämlich dieser Verwechslung von Ich und Welt ...' [108]

Die Bedeutung der Mythologie beschreibt Ken Wilber folgendermaßen:

‚Doch ob wir nun Freud, Jung oder Piaget folgen, immer werden wir zu dem Ergebnis kommen, daß die großen Mythologien der Welt auch heute noch in jedem von uns existieren. Sie werden von den archaischen, den magischen und den mythischen Strukturen (im klassischen Sinne von den magisch mythischen Strukturen) unserer zusammengesetzten Individualität hervorgebracht.' [109]

Über das Kind in der ‚Konop-Phase' schreibt er:

---

[108] Ebd., S. 269.
[109] Ebd., S. 275.

‚Ähnliche Untersuchungen anhand vergleichbarer Aufgaben (von Robert Selman, John Flavell und anderen) haben die generelle Schlußfolgerung bestätigt: Erst mit dem Emergieren des konkretoperationalen Denkens kann das Kind seine egozentrische Perspektive transzendieren und sich in andere hineinversetzen. Eine Rollenidentität ergänzt, wie Habermas sagen würde, die natürliche Identität (die eine körperliche Identität ist, und der Körper kann sich nicht in andere hineinversetzen). Das Kind erlernt seine Rolle in einer Gesellschaft anderer Rollen und muß seine eigene Rolle nun von denen anderer differenzieren und seine Rolle dann in den emergierenden Welt-Raum integrieren. Das ist der vierte Haupt-Drehpunkt, die vierte große Differenzierung/Integration der Ich-Entwicklung. Von da an ist die Ich-Identität nicht mehr egozentrisch, sondern soziozentrisch.

Anfangs ist das Kind auch in diese Rolle noch gänzlich eingebettet wie zuvor auf der physiosphärischen und biosphärischen Entwicklungsstufe. Durch diese unvermeidliche und zunächst notwendige soziosphärische Einbettung entsteht das, was bei Kohlberg und Gilligan ‚konventionelle Moral', bei Maslow ‚Zugehörigkeitsbedürfnisse' und bei Loevinger ‚Konformismus' genannt wird.' [110]

Über das ‚Ich' heißt es dann:

‚Wir haben bereits gehört, daß Habermas den Schritt von der Konop- zur Formop-Stufe als Übergang von der Rollenidentität zur Ich-Identität bezeichnet. ‚Ich' hat hier jedoch nichts mit Egozentrik zu tun, sondern bezeichnet den Wechsel von der soziozentrischen zur weltzentrischen Perspektive und damit die Fähigkeit, sich von der eigenen egozentrischen und ethnozentrischen Einge-

[110] Ebd., S. 280f.

bundenheit zu distanzieren, um sich klarzumachen, was für alle Völker und nicht nur das eigene gerecht wäre.' [111]

‚In der Philosophie hat man eine grobe Unterscheidung getroffen: einerseits das empirische Ich, das Gegenstand des Bewußtseins und der Introspektion sein kann, andererseits das reine oder transzendentale Ich (Kant, Fichte, Husserl), die reine Subjektivität oder das betrachtende Ich, das unter keinen Umständen als Gegenstand gesehen werden kann. In dieser Hinsicht ist das reine Ich praktisch mit dem hinduistischen Atman oder ‚Selbst' identisch – mit dem reinen Zeugen, der niemals Objekt ist und daher niemals betrachtet werden kann, aber alle Objekte in sich enthält.' [112]

‚Ich werde den Ausdruck ‚Ich' meist im engeren Sinne verwenden, ähnlich wie Freud, Piaget, Habermas und andere: ein rationales, individuiertes Ich, das von der Außenwelt, von seinen sozialen Rollen und von seiner biosphärischen Grundlage differenziert ist.' [113]

‚[...] läuft diese Entwicklung schließlich auf das Erkennen des Göttlichen als das eigene Selbst hinaus, und dieses Selbst ist der große Omega-Punkt dieser langen Bewegung abnehmender Egozentrik, die immer mehr vom Zentrum des kleinen Ich wegführt, so daß wir schließlich das Selbst entdecken – ein Selbst, das allen Lebewesen gemeinsam ist und daher deren Egozentrik und Ethnozentrik immer schon unterläuft. Das vollständig dezentrierte Ich ist das allumfangende Selbst.' [114]

Als die drei Gleichungen des Formop-Kindes (dies ent-

---

[111] Ebd., S. 283.
[112] Ebd., S. 284.
[113] Ebd., S. 285.
[114] Ebd., S. 287.

spricht der Zeit der Pubertät) führt Wilber an:

Formal-operational = ökologisch
Formal-operational = Verständnis der Relativität
Formal-operational = nicht anthropozentrisch

und er schreibt dann:

'Kein Wunder, daß die Zeit des Heranwachsens, in der das formal-operationale Denken reift, eine leidenschaftlich idealistische Zeit ist, eine Zeit phantastischer Träumereien, heroischer Antriebe, greller Utopien, eine Zeit revolutionärer Gärung, in der man die ganze Welt ändern und in Ordnung bringen möchte, in der das Fühlen sich vom bloß Vorgegebenen ablöst, um in den Raum des Möglichen einzutauchen. In diesem Raum treiben die jungen Menschen sich herum, hier toben sie ihre Liebe, ihre Leidenschaft, ihr schauderndes Entsetzen aus – und alles deshalb, weil sie jetzt in der Lage sind zu sehen, was sein könnte, Möglichkeiten, die nur mit dem inneren Auge zu sehen sind und noch nicht existierende, ja nicht einmal recht gesehene Welten ahnen lassen. Das ist das große Tor zum Unsichtbaren und 'Jenseitigen', wie Platon und Pythagoras und Shankara und jeder Mystiker, der diesen Namen verdient, schon immer gewußt haben.'[115]

Ich hoffe, durch diese Zitate ein inhaltliches Bild von Wilbers Erkenntnissen bezüglich der kindlichen Entwicklung gegeben zu haben. Nun werde ich einen Versuch machen, das Wesentliche dieses Menschenbildes herauszuschälen.

Der Ursprung des Kindes, die Zeugung, muss nach Wil-

---

[115] Ebd., S. 293.

ber ganz ins Physische versetzt werden. Zwar ist immer auch der nichtdual damit verbundene, ausfließende GEIST anwesend, er ist jedoch nicht ‚vorher' oder ‚innerhalb' zu denken, sondern verschmolzen, nichtdual eins mit allen Wesen, egal ob lebendig oder nicht-lebendig.

Man kann also auch nicht sagen, dass das Wesen im Kind erst nach der Zeugung existiert, denn es war schon vorher da, nur in anderer Form. Nicht ein vorgeburtliches Dasein derselben Individualität gibt es, sondern ein immer daseiendes Selbst manifestiert sich in der Welt der Formen. Räumlich, zeitlich, qualitativ usw. sind Körper und GEIST unteilbar eins, manifestieren sich jedoch in Entwicklung, von Holon zu Holon fortschreitend.

Selbstverständlich lässt sich in Wilbers Erkenntnissen vieles wiedererkennen, denn die von ihm zitierten und integrierten Forscher nehmen wahr, und die Wahrnehmungen stimmen mit der Wirklichkeit überein – bis man zu interpretieren anfängt.

In den Zitaten sehen wir deutlich, wie sich der Verstand, der sich ja von den eigenen Kindheitserfahrungen emanzipiert hat, in Bezug auf das Kind verhält. Er kann den Zauber, die Wunder nicht für sich bestehen lassen, er muss sie einer früheren, niedrigeren Ebene der Entwicklung zuschreiben – sonst müsste der verstandesbegabte Mensch seine Erkenntnisse selbst ‚mythisch dissoziieren'. Die magisch-mythische Erlebniswelt des Kindes kann nur als ein Stadium begriffen werden, in dem das Kind nun einmal noch nicht so weit ist wie wir. Das ist wahr – und auch zutiefst unwahr...

Der GEIST äußert sich also nach Wilber in allen Menschen als wahres Selbst, tut es nur jedes Mal als anderes Material, andere DNA, anderer Kontext usw. Der GEIST

ist jedoch stets *selbst* als DNA, Kontext usw. zu sehen. Obwohl es in der Entwicklung auch immer Rückstände, Fehler, Krankheiten, Dissoziationen geben kann, muss man auch diese als Ausdrücke des GEISTES sehen. Es gibt keinen Zwischenraum, es gibt nur Nichtdualität. Es gibt also auch kein Böses, kein Gutes; es braucht nicht für irgendetwas gekämpft zu werden, denn alles ist genau so, wie es sein soll. Die einzige wirkliche Krankheit liegt in dem Abfallen vom Nichtdualen, also in der Dualität. Dafür gibt es Therapien und Heilmethoden.

Die Zukunft zieht die Entwicklung vorwärts, und an der Zeit ist nun das Bewusstsein des Einen Selbst. In diesem Sinne soll dann natürlich auch das Kind erzogen werden, und in diesem Lichte muss die Entwicklung überhaupt angeschaut werden.

Das Kind läuft wie eine Spinne durch das Netz der vier Quadranten, vom Zentrum zur Peripherie, in allen vier Bereichen...

Wer ein Kind in dieser Weise anschaut und ‚erkennt', erlebt, kann kein anthroposophischer Lehrer sein, kann keine Anthroposophie akzeptieren.

Wir werden diesen Erkenntnissen von Ken Wilber nun die Anschauung des Kindes bei Rudolf Steiner gegenüberstellen.

Der Mensch hat einen ewigen Wesenskern, ein individuelles höheres Selbst, das zwar Teil des allumfassenden Selbst ist, sich davon aber dennoch individuell unterscheiden kann und in dieser Weise unterschieden durch Geburten und Tode geht.

Nach dem Tod ersteigt der Mensch den ‚Läuterungsberg', und nachdem er seine Seele von allen irdischen

Anhaftungen befreit hat, tritt er ins ‚Paradies' ein.[116] In der theosophischen Terminologie spricht man von ‚Kamaloka' und ‚Devachan'. Hat der seelisch-geistige Wesenskern des Menschen genügend ‚heilige Kraft', so erhebt er sich bis zum höchsten Devachan und sogar darüber hinaus: er erlebt die Weltenmitternacht.

Dann steigt er wiederum zur Erde hinab und formt die geistige Gestalt seines Leibes so weiter, dass er sich an einem Ort der Erde in eine Familie, in eine erbliche Anlage hineinfinden kann. Er ‚zieht' gemäß seinen Fähigkeiten seinen astralischen Leib und zuletzt auch einen Ätherleib an. Dieses ‚Anziehen' zur Inkarnation hat Rudolf Steiner so wunderbar in einem Spruch ausgedrückt, der schon in den Mysterien von Ephesus erklang:[117]

Weltentsprossenes Wesen, du in Lichtgestalt,
Von der Sonne erkraftet in der Mondgewalt,

Dich beschenket des Mars erschaffendes Klingen,
Und Merkurs gliedbewegende Schwingen,

Dich erleuchtet Jupiters erstrahlende Weisheit
Und der Venus liebetragende Schönheit –

Daß Saturns weltenalte Geist-Innigkeit
Dich dem Raumessein und Zeitenwerden weihe!

Diese Kräfte werden in die Zeit übertragen, der kosmische Mensch gibt sich dem Ätherischen und in der Folge dem

[116] In künstlerischer Weise beschrieben in Dantes ‚Göttliche Komödie'.
[117] Rudolf Steiner, Mysterienstätten des Mittelalters, Rosenkreuzertum und modernes Einweihungsprinzip, GA 233a, S. 159.

Physischen hin. Die Planetenkräfte geben die Anleitung zur Ausgestaltung der Organe und auch die Möglichkeit, auf Erden die menschlichen Qualitäten zu verwirklichen.

Der physisch-ätherische Leib – und teilweise der Astralleib –, der ihn auf Erden erwartet und der teils aus den erblichen Anlagen und der Familie herrührt, entspricht diesem kosmischen Menschen nie ganz. Damit ist die Dualität gegeben, die Ursache der Schwierigkeiten beim Sich-Inkarnieren und Aufwachsen, auch bei der Erziehung. Ein entwickeltes Geistig-Seelisches verbindet sich mit einem ihm teilweise fremden Leib und muss diesen nach seinem eigenen Wesen umgestalten, soweit es geht. Das Kind ist kein primitives Wesen, kein primitiver Mensch. Nur seine Anpassung an die Verhältnisse, wie sie auf Erden sind, macht es notwendig, immer wieder ‚von vorne' zu beginnen. Nur physisch-materiell angeschaut scheint das Kind primitiv zu sein.

Die ersten sieben Lebensjahre sind Schauplatz der Dualität par excellence: Der kosmische Mensch muss sich den irdischen Verhältnissen anpassen *und* seinen Leib umgestalten, sich eigen machen. Dass er davon bewusst nichts weiß, macht den Vorgang nicht primitiv. *Wüsste* er etwas davon, so würde er ihn nur verderben können, denn das Wissen, das der Mensch haben kann, reicht nur in den Himmeln so weit, dass er weisheitsvoll gestalten kann. Auf Erden muss er sich in dieser Zeit hingeben und auch führen lassen: von geistigen Wesen *und* von den Erziehern.

Die Begriffe ‚sensomotorisch', ‚präop', ‚konop' und ‚formop' sind machtlose Spektren (man könnte auch sagen 'Idole') im Verhältnis zur Wirklichkeit des sich verkörpernden Kindes. Es sind mit dem abstrakten Verstand durch Interpretation von Wahrnehmungen gewonnene Begriffe, die nicht mit der vollen Wirklichkeit kongruent sind, weil die rein *geistige* Wahrnehmung fehlt, die *den Begriff immer enthält.* Sie sind absolut ungeeignet, um ein Kind verstehen zu können. *Erziehen* kann man mit ihnen schon gar nicht.

Gibt es in der Beschreibung Ken Wilbers irgendeine Stelle, an der sich zeigen würde, wie man ein kleines Kind, ein Schulkind, einen Jugendlichen wirklich *empfindet*, erlebt? Warum liebt der Mensch die Kinder? Weil sie Primitivlinge, kleine Wilde sind? Liebenswürdige Tierchen? Ein Besitz, auf den man stolz sein kann? Zeichen der Größe der Eltern, der Familie? Warum gibt es so viele sentimentale Lieder über Kinder und die Liebe zu ihnen – und ihre Liebe zu den Eltern, den Großeltern? Mögen sie auch sentimental sein, diese Lieder, sie besagen doch etwas. Darauf kann man sich einmal besinnen, und dies wäre sehr lehrreich. Man empfindet die geistige Welt, die Unschuld, die Unbefangenheit, die Ehrlichkeit und Wahrhaftigkeit, wenn man sich auf das Kind besinnend einlässt.

Was *Liebe* eigentlich ist, lernt man so erst richtig kennen. Wie schlecht und unrichtig wir unsere Kinder manchmal auch behandeln, sie sind sogleich wieder liebevoll zu uns, wenn wir uns ihnen wieder zuwenden. Es gibt kein treueres Wesen als ein Kind. Sogar in der Pubertät gilt das noch, wenn wir nur *unsere* Liebe zeigen... Der Erwachsene jedoch hat sich so weit von der Welt des Kindes entfernt, dass er sich gar nicht mehr erinnert, wie er selbst als Kind erlebt und welche Sehnsucht er empfunden hat. Das kann man nicht mit Begriffen wie ‚sensomotorisch' oder ‚präop' beiseite wischen. Das Saugen eines Babys ist doch etwas, was uns wehmütig stimmt? Man fühlt dann die Sehnsucht nach der geistigen Welt ... und die Trauer, dass der Mensch ein so einsames Geschöpf sein muss. Aber auch die Kraft der Liebe, die dem Menschen hilft, das Leben auf Erden zu einem Himmel zu machen.

Das Schreien, das Weinen des Kindes kann einen reizen und stören, solange man es als sensomotorischen Lärm empfindet, als Störung der eigenen Tätigkeiten. Erlebt man es als die notwendige, schmerzliche Anpassung an die irdischen Verhältnisse, wird man genau unterscheiden können, wann man das Kind trösten muss und wann es schreien soll...

Das Kind braucht die Liebe wie die Pflanze das Wasser. Wir können uns in diese Stimmungen des Kindes zurückversetzen und ahnen dann die gewaltige Aufgabe, die jedem Menschenkind bevorsteht, wenn es in das Leben auf Erden eintritt. Das ist die mehr melancholische Sicht auf das Erdenleben. Auf der anderen Seite können wir auch die Lust empfinden, das Erdensein zu entdecken und zu kosten; oder die Herausforderung, allen Schwierigkeiten stark und mutig entgegenzutreten; oder die Sehnsucht nach Trost und Geborgenheit durch Ruhe und Verdauen... Es sind Varianten der Liebe und Sehnsucht.

Man kann das Ganze auch umdrehen: In den ersten sieben Jahren ist der Mensch *am wenigsten* dual.

Denn das Geistig-Seelische arbeitet am Leib noch in einer Art von Symbiose, es ist ein direktes Zusammenleben. Im Laufe der Jahre emanzipiert sich das Geistig-Seelische immer mehr, und der Mensch wird ein duales Wesen, er lebt in der realen Dualität von Geist und Materie. Nur in seinem Ich ist diese Dualität zu überwinden – in *dem* Augenblick, in dem der Mensch sich in der inneren Arbeit bewusst wird, dass er im Denken sein Ich als Geist *und* Materie zugleich hat. *Denkt* er sein Ich, dann *hat* er es auch real als Substanz. Denker und Gedanke sind hier ein und dasselbe. Dieser nichtduale Punkt ist es, auf den es ankommt, dieser Punkt ist es, der dann erweitert, umgestülpt werden kann zur geistigen Welt.

Im übrigen Leben erfährt der Erwachsene jedoch die reale Kluft zwischen Geist und Materie – und in unserer Zeit ‚überwindet' er diese Kluft meistens, indem er sich völlig dem Materialismus hingibt, auch sein Ich materialisiert. Auch wenn er es ‚I am-ness' nennt, auch wenn er meint, eine hohe integrale Spiritualität erlangt zu haben: Faktisch hat er sein Geistiges materialisiert – und es ist dann auch folgerichtig, dass das Kind, das so geistig ist, in seinen Augen ein armes, primitives Geschöpf wird: sensomotorisch, präop, konop, formop...

Wilber sieht eine Entwicklung von Einheit zu Dualität zu Einheit. In Wirklichkeit laufen jedoch mehrere Prozesse zugleich ab und kreuzen sich. Im Laufe einer Inkarnation nimmt die Einheit mit der irdischen Existenz immer mehr zu, da der Körper wirklich angeeignet wird; dann aber muss es einen Moment geben, in dem sich der Mensch bewusst wieder daraus befreit. Andererseits wird im Laufe des Lebens die Dualität zunächst immer größer, weil der abstrakte Verstand den Menschen von der Wirklichkeit entfernt – und es muss dann einen bewussten Schritt geben, durch den der Mensch den nichtdualen Charakter seines Ichs im Denken erlebt, wodurch er sich sowohl zum Mikrokosmos – dem Leib – wie auch zum Makrokosmos gehörend erleben kann. Nicht formlos-nichtdual, sondern sich von dem einen in das andere umgestaltend.

Die Mystik

Obwohl es nicht möglich ist, eine volkommen umfassende Darstellung der Unvereinbarkeit der Integralen Spiritualität und der Anthroposophie zu geben, und man für eine solche Darstellung nun einmal irgendwo eine Grenze ziehen muss, möchte ich doch noch *ein* Beispiel für eine Differenz geben, wo eine scheinbare Kongruenz gesehen werden könnte.

Wir vertiefen uns dazu noch einmal in die ‚I am Big Mind'-Kontemplation von Ken Wilber. Hierdurch wird unsere Aufmerksamkeit von dem gewöhnlichen Inhalt unseres Bewusstseins abgelenkt und auf den Zeugen, das ‚I am' gerichtet.

Das scheint eine richtige Bewegung zu sein, ein Hinlenken der Aufmerksamkeit auf das Bleibende im inneren Erleben. *Rudolf Steiner* scheint in der Einführung seines Buches ‚Die Mystik...' genau dasselbe zu beschreiben:[118]

‚Einen neuen Sinn sahen sie in der Selbsterkenntnis erschlossen. Und dieser Sinn liefert, nach ihrer Empfindung, Anschauungen, die für denjenigen nicht vorhanden sind, der in der Selbsterkenntnis nicht sieht, was sie von allen anderen Arten des Erkennens unterscheidet. Wem dieser Sinn sich nicht geöffnet hat, der glaubt, Selbsterkenntnis komme ähnlich zustande wie Erkenntnis durch äußere Sinne, oder durch irgend welche andere von außen her wirkende Mittel.

[118] Rudolf Steiner, Die Mystik im Aufgange des neuzeitlichen Geisteslebens und ihr Verhältnis zur modernen Weltanschauung, GA 7, S. 18ff.

Er meint: ‚Erkenntnis sei Erkenntnis.' Das eine Mal nur sei ihr Gegenstand etwas, was draußen in der Welt liegt, das andere Mal sei dieser Gegenstand die eigene Seele. Er hört nur Worte, im besten Falle abstrakte Gedanken bei dem, was für tiefer Blickende die Grundlage ihres Innenlebens ist; nämlich bei dem Satze, daß wir bei aller anderen Art von Erkenntnis den Gegenstand außer uns haben, bei der Selbsterkenntnis innerhalb dieses Gegenstandes stehen, daß wir jeden anderen Gegenstand als fertigen, abgeschlossenen an uns herantreten sehen, in unserem Selbst jedoch als Tätige, Schaffende das selbst weben, was wir in uns beobachten. Dies kann als eine bloße Worterklärung, vielleicht als Trivialität erscheinen; es kann aber auch, recht verstanden, als höheres Licht erscheinen, das jede andere Erkenntnis neu beleuchtet. Wem es in der ersten Weise erscheint, der ist in einer Lage wie ein Blinder, dem man sagt: dort ist ein glänzender Gegenstand. Er hört die Worte, der Glanz ist für ihn nicht da. Man kann die Summe des Wissens einer Zeit in sich vereinigen; empfindet man nicht die Tragweite der Selbsterkenntnis, dann ist alles Wissen im höheren Sinne ein blindes.

Die von uns unabhängige Welt lebt für uns dadurch, daß sie sich unserem Geiste mitteilt. Was uns da mitgeteilt wird, muß in der uns eigentümlichen Sprache gefaßt sein. Ein Buch, dessen Inhalt in einer uns fremden Sprache dargeboten würde, wäre für uns bedeutungslos. Ebenso wäre die Welt für uns bedeutungslos, wenn sie nicht in unserer Sprache zu uns spräche. Dieselbe Sprache, die von den Dingen zu uns dringt, vernehmen wir aus uns selbst. Dann sind wir es aber auch, die sprechen. Es handelt sich bloß darum, daß wir die Verwandlung richtig belauschen, die eintritt, wenn wir unsere Wahrnehmung den äußeren Dingen verschließen und nur auf das hören, was dann noch aus uns selbst tönt. Dazu gehört eben der neue Sinn. Wird er nicht erweckt, so glauben wir in den Mitteilungen über uns selbst auch nur solche über ein uns äußeres Ding zu vernehmen; wir meinen, irgendwo sei etwas verborgen, was zu uns in derselben Weise spricht, wie die äußeren Dinge sprechen. Haben wir den neuen Sinn, dann wissen wir, daß seine Wahrnehmungen sich wesentlich von denen unterscheiden, die sich auf äußere Dinge beziehen. Dann wissen wir, daß dieser Sinn das nicht außer sich läßt, was er wahrnimmt, wie das Auge den gesehenen Gegenstand außer sich läßt; sondern, daß er seinen Gegenstand restlos in sich aufzunehmen vermag. Sehe ich ein Ding, so bleibt das Ding außer mir; nehme ich mich wahr, so ziehe ich selbst in meine Wahrnehmung ein. Wer außer dem Wahrgenommenen noch etwas von seinem Selbst sucht, der zeigt, daß ihm in der Wahrnehmung der eigentliche Inhalt nicht aufleuchtet.'

Lesen wir den Satz: ‚Es handelt sich bloß darum, daß wir die Verwandlung richtig belauschen, die eintritt, wenn wir unsere Wahrnehmung den äußeren Dingen verschließen und nur auf das hören, was dann noch aus uns selbst tönt. Dazu gehört eben der neue Sinn.' – dann *könnte* man darin etwas Ähnliches hören, wie es Ken Wilber in seiner ‚I am Big Mind'-Kontemplation sagt. Der Unterschied liegt jedoch in folgendem Satz:

‚[...] daß wir bei aller anderen Art von Erkenntnis den Gegenstand außer uns haben, bei der Selbsterkenntnis innerhalb dieses Gegenstandes stehen, daß wir jeden anderen Gegenstand als fertigen, abgeschlossenen an uns herantreten sehen, in unserem Selbst jedoch als Tätige, Schaffende das selbst weben, was wir in uns beobachten.'

Hier kehrt sich alles um. Die äußerliche Welt *einschließ-*

lich des Denkens ist bei Ken Wilber das Vergängliche, immer Wechselnde. Rudolf Steiner meint mit ‚äußerliche Welt' die Welt *ausschließlich des Denkens*, und für ihn ist diese Welt voller fertiger, abgeschlossener Gegenstände. Rudolf Steiner schält das Ich mit dem Denken heraus und nimmt es als tätiges Ich in die Erfahrung des Ichbin herüber. Außen steht alles still, die Wahrnehmungen schweigen, im Ich ist nur tätiges Schaffen – Ken Wilber hingegen findet außen alles immer wechselnd, innerlich ruht das immer daseiende ‚I am', das allumfassende transpersonale Selbst.

Wilber würde antworten, dass Steiner noch im ‚empirischen Ich' befangen bleibe, es nicht zu transzendieren vermöge, denn (siehe oben):

‚In der Philosophie hat man eine grobe Unterscheidung getroffen: einerseits das empirische Ich, das Gegenstand des Bewußtseins und der Introspektion sein kann, andererseits das reine oder transzendentale Ich (Kant, Fichte, Husserl), die reine Subjektivität oder das betrachtende Ich, das unter keinen Umständen als Gegenstand gesehen werden kann. In dieser Hinsicht ist das reine Ich praktisch mit dem hinduistischen Atman oder ‚Selbst' identisch – mit dem reinen Zeugen, der niemals Objekt ist und daher niemals betrachtet werden kann, aber alle Objekte in sich enthält.' [119]

Ein solches betrachtendes Ich wäre dem reinen Materialismus verfallen, denn es ändert sich in seiner Bewusstseinshaltung nicht. Es bleibt immer dasselbe, einmal im äußerlichen oder empirischen Ich aufgehend, einmal sich besonnen in den ‚Zeugen' zurückziehend.

---

[119] Ken Wilber, a.a.O., S. 284.

Man erhebt sich auf die Stufe von ‚Atman' *ohne* Manas und Buddhi. Es wird also unser Zeitalter und das noch kommende sechste Zeitalter übersprungen, und man würde ohne die zuvor entwickelte, reine, spirituelle, mühsam erkämpfte Brüderlichkeit in das siebte Zeitalter eintauchen.

Nur weil Manas und Buddhi nicht entwickelt werden, kann der Zeuge ‚niemals Objekt sein und daher niemals betrachtet werden'.

Der von Steiner beschriebene *neue Sinn* jedoch ist ein sich selbst erkennender Zeuge. Er *kann* sich selbst erkennen, weil er ein Tätiger ist, er schafft und erkennt schaffend. Und in dieser Tätigkeit fließen Inneres und Äußeres in eine Einheit zusammen, weil die Tätigkeit gerade das Erschaffen der Gedanken, die zur Wahrnehmung gehören, oder der Sinnbilder, der Gleichnisse, beinhaltet. ‚Sieht' man seine Tätigkeit, sein tätiges Ich, dann sind Zeuge und Ich eins, aber auch Bildner und Gebildetes, Denker und Gedachtes. Der Denker sieht den Gedanken und der gewollte Gedanke sieht den Denker.

Es schiebt sich eine neue Welt zwischen die äußere Welt und den Zeugen, es ist die Welt des tätigen Geistes, der *beide* anschauen und erkennen kann. Zum ersten Mal wird es möglich, das Denken *während des Denkens* anzuschauen und zu erkennen *und* den Zeugen bewusst zu beobachten und zu erkennen. Und es erweist sich, dass in dem Zeugen die Fülle der geistigen Welt gefunden werden kann.

Im siebten Zeitalter soll der physische Leib sich so weit vergeistigen, dass dann einst Tatsache werden wird, was Wilber jetzt schon meint, erlangen zu können: Eine Integration von Geist, Seele und Leib – was auch in dieser fernen Zukunft erst auf der ersten Stufe verwirklicht werden kann: soweit, wie es hier auf Erden möglich sein wird. Wilber meint, es jetzt zu können, und will mit unverwandeltem Bewusstsein ein Integral schaffen.

Derjenige *Gott*, der allein diese Vergeistigung bringen kann, wird verkannt, geleugnet, verspottet. An seine Stelle wird der Materie-GEIST gesetzt, den wir mit dem Namen *AHRIMAN* kennen – der Geist, der zur Zukunft hinzieht.

Die Kunst

Die Arabeske und die Kathedrale von Chartres

Die Kunst findet in der Vision von Ken Wilber nur einen untergeordneten Platz. Das ist auch verständlich, denn sie gehört für ihn eigentlich einem vergangenen Holon an, auch wenn er dies nicht ausdrücklich ausspricht. Kunst ist ja eine Verbildlichung im weitesten Sinne – wenn man *alle* Sinnesqualitäten, also auch Klänge, Literatur, Poesie, Malerei usw. als Bilder auffasst. Und Verbildlichung ist eine Art Mythologisierung statt ein klares Verstehen.

In Wilbers sogenannter ‚ILP-Matrix' findet man eine Anleitung für eine ‚integrale Lebenspraxis', mit der man angeblich *alles* leben, verstehen und lösen kann. Ich gebe hier das Schema und ein Zitat wieder, in dem er den Wert seines Systems erklärt. In dieser Matrix findet man die Kunst an zwei Stellen: in der Psychotherapie, wo der Mensch sich seiner Verdrängungen bewusst werden soll, und im Feld der Emotionen, als Selbstexpression.[120]

‚Das IBS ist ein neutraler Bezugsrahmen: es sagt Ihnen nicht, was Sie zu denken haben, drängt Ihnen keine speziellen Ideologien auf und zwingt Ihre Wahrnehmung nicht

[120] Ken Wilber, Integrale Vision. Eine kurze Geschichte der integralen Spiritualität, Kösel-Verlag 2009, S. 213 ff.

Körper (physisch, subtil, kausal)	Verstand (Denkschema, Sichtweise)	Geist (Meditation, Gebet)	Schatten (Therapie)
Gewichtheben (physisch)	Lesen & Studieren	Zen	Gestalttherapie
			Kognitive Therapie
Aerobics (physisch)	Glaubenssystem	Gebet der Sammlung	3-2-1 Prozess
Diät: Atkins Ornish, The Zone (physisch)	Integrale (AQAL) Landkarte	Big Mind Meditation	Traumarbeit
			Beziehungsarbeit
ILP-Diät (physisch)	Mentales Training	Kabbala	Psychoanalyse
			Kunst- & Musiktherapie
Tai Chi Chuan (subtil)	Einnehmen unterschiedlicher Perspektiven	Mitfühlender Austausch	
Qi Gong (subtil)	Jede Weltanschauung oder Bedeutung, die für einen selbst richtig ist	TM (Transzendentale Meditation)	
Yoga (physisch, subtil)		Integrale Erforschung	
3-Body Workout (physisch, subtil, kausal)		Vipassana Meditation	
		Das 1-2-3 Gottes	

Abbildung 31[121]

in eine bestimmte Richtung.[122]
Wenn wir zum Beispiel sagen, dass menschliche Wesen Zustände wie Wachen, Träumen und Tiefschlaf erleben, schreibt Ihnen das nicht vor, was Sie im Wachzustand

---

[121] Ebd. S.170f.

[122] Das stimmt nicht. Obwohl der Inhalt nicht erzwungen wird, zwingt die Form in ungeheurer Weise, denn es ist die Form der vier Quadranten, und es wird stillschweigend davon ausgegangen, dass die Quadranten, die Stufen, die Ebenen, die Zustände, die Typen unerschütterlich wahr und richtig sind. Hierdurch wird sehr stark bestimmt, wie und was man beobachten muss, von ‚Neutralität' kann also keine Rede sein.

denken oder im Traum sehen sollen. Es besagt einfach, wenn Sie umfassend sein wollen, sollten Sie darauf achten, dass Sie Wachzustände, Schlafzustände und formlose Zustände mit einbeziehen.

Das Gleiche gilt, wenn es heißt, dass alle Begebenheiten vier Quadranten – oder Dimensionen „ich", „wir" und „es" – haben. Damit wird dem „Ich", „Wir" oder „Es" nicht vorgeschrieben, was sie tun sollen. Es bedeutet lediglich: Wenn Sie versuchen, alle wichtigen Möglichkeiten einzubeziehen, sollten Sie sichergehen, dass Sie die Perspektiven der ersten, zweiten und dritten Person mit einbeziehen, da diese in allen Hauptsprachen der Welt vorkommen.

Weil das IBS ein neutraler Bezugsrahmen ist,[123] können wir genau deswegen mit seiner Hilfe in praktisch jede Situation mehr Klarheit und Anteilnahme einbringen und sie umfassender begreifen, was unsere Aussichten auf Erfolg beträchtlich vergrößert; ganz gleich, ob dieser ‚Erfolg' unsere persönliche Transformation, soziale Veränderungen, berufliche Leistungen, Fürsorge für andere oder einfach unsere Lebensfreude betrifft.

Aber am wichtigsten ist wahrscheinlich: Weil jede Disziplin das IBS anwenden kann – von der Medizin bis zur Kunst, von Wirtschaft, Spiritualität und Politik bis zur Ökologie –, kann zum ersten Mal in der Geschichte ein gründlicher und fruchtbarer Dialog zwischen all diesen Disziplinen beginnen. Jemand, der das IBS in der Wirtschaft benutzt, kann leicht und effektiv mit einer Person ins Gespräch kommen, die das IBS in Poesie, Tanz oder bildender Kunst anwendet, einfach weil die beiden

---

[123] dito.

jetzt eine gemeinsame Sprache haben – oder das gleiche Betriebssystem verwenden –, mit der sie kommunizieren können.[124] *Wenn Sie das IBS benutzen, können Sie damit nicht nur Hunderte von verschiedenen ‚Software-Programmen' anwenden, sondern all diese Programme können jetzt auch miteinander kommunizieren end voneinander lernen und auf diese Weise die evolutionäre Entfaltung zu noch umfassenderen Dimensionen von Sein, Wissen und Handeln fördern.*

Aus diesem Grund haben Tausende von Wissenschaftlerinnen und Wissenschaftlern, Lehrerinnen und Lehrern gemeinsam die Integrale Universität *ins Leben gerufen, die erste integrale Lerngemeinde der Welt (www.integraluniversity.org). Weil all die zahlreichen verschiedenen menschlichen Tätigkeitsbereiche, die bislang aufgrund unverständlicher Jargons und Begrifflichkeiten isoliert waren, mit Hilfe des IBS beginnen können, wirklich effektiv miteinander zu kommunizieren, können jetzt alle Disziplinen miteinander reden und voneinander lernen. Das war bislang nirgendwo in der Geschichte effektiv der Fall, und deshalb fängt das integrale Abenteuer in der Tat*

---

[124] Dass IBS ein Kontext, eine materialistisch-spirituelle Perspektive ist, wird hier negiert. Man könnte die vier Quadranten und ihren jeweils eigenen Kontext untersuchen, dann würde man sehen, dass der Quadrant RO die materialistisch-naturwissenschaftlichen Ergebnisse enthält; der Quadrant RU die materialistisch-soziologischen Ansichten bezüglich der sozialen Entwicklung; der Quadrant LU entspricht den soziologisch-psychologischen Erkenntnissen der materialistischen Soziologie, Anthropologie und Psychologie; der Quadrant LO zeigt die materialistischen Erkenntnisse der Psychoanalyse, Psychologie usw. – Wilber erweitert diese ganz materialistischen wissenschaftlichen Erkenntnisse durch seine buddhistische Erfahrung und umgekehrt. Das ergibt dann den ‚neutralen Rahmen'.

gerade erst an.[125]

All das läuft auf einige wenige simple Punkte hinaus. Sie haben die Fähigkeit, in ihrem Wachstum und ihrer eigenen Entwicklung Selbst, Kultur und Natur zu immer höheren, umfassenderen und tieferen Seinsformen zu entwickeln, indem Sie sich von der isolierten Identität eines ‚Ich' zur vollständigen Identität eines ‚Wir' zur noch tieferen Identität von ‚wir alle' – von allen fühlenden Wesen überall – bewegen, während sich Ihre eigene Fähigkeit zum Wahren, Guten und Schönen vertieft und erweitert.[126] *Ein immer größeres Bewusstsein, das immer mehr umarmt und sich im Selbst verwirklicht, in der Natur verkörpert und in der Kultur zum Ausdruck bringt.*

Das also heißt es, Körper, Verstand und Geist in Selbst, Kultur und Natur weiterzuentwickeln.

Das ist die außergewöhnliche Absicht und das außergewöhnliche Ziel des integralen Ansatzes, und wir würden uns von Herzen freuen, wenn Sie sich uns bei diesem aufregenden Unternehmen anschließen.

Ein neues Abenteuer und eine neue Politik warten hier, ja sogar eine neue Revolution (was auch immer damit gemeint ist, M.M.) *zeichnet sich ab am Horizont. Sie spüren das, nicht wahr?*

Neue Arbeit, die getan, und neuer Grund, der entdeckt werden will, neue tiefe Freuden, die erzählt und Herzensgeheimnisse, die enthüllt werden wollen, wenn das Herz zu voll ist, um sprechen zu können; zu stark leuchtet, um sehen zu können, zu

---

[125] Dank Ken Wilber, der den Rahmen dazu entwickelt hat, der also über aller geschichtlichen Entwicklung steht. Das – materiell-spirituelle – Korsett, in das er den lebendigen Menschen, der sich nach menschlicher innerlicher Weisheit sehnt, einschnürt, wird einfach negiert. Die Quadranten werden in

[126] Bezug auf Inhalt und Form als unerschütterlich wahr und richtig hingestellt. Dies sind alles Postulate, die scheinbar durch die Holontheorie und die Quadranten begründet sind.

unendlich ist, um gehalten werden und zu ewig, um berührt werden zu können. Doch das nur, weil es unmittelbar hier und jetzt ist, näher als dein eigener Atem, dir innerlicher als deine eigenen Gedanken und GEIST, näher als sie alle, dieses dein Inneres, das jetzt diese Seite liest, die Welt betrachtet und sich fragt, was das alles bedeutet, wenn Was-das-alles-bedeutet Du bedeutet. Nicht das Du, das gesehen werden kann, sondern das Du, das sieht.'

Innerhalb dieser nüchternen, leicht überschaubaren ‚Integralen Lebenspraxis' braucht man eigentlich keine Kunst, diese kann eventuell als Schmuck hinzukommen – oder als Freizeitbeschäftigung und Selbstdarstellung. Holons immer weiter abwärts, Holons immer weiter aufwärts. Dieses ‚Urprinzip' lässt sich schwierig in einer Verbildlichung ausdrücken, hat also schon an sich kaum Beziehung zur Kunst.

Wilbers Vision ist in allen vier Quadranten eine Skala. Sucht man die Kunst darin, dann wäre die Musik nur eine Tonleiter, die Malerei ein Farbenspektrum, die Poesie ein Alphabet. Teil-Ganze in Teil-Ganzen... Mit diesen lässt sich nicht musizieren, malen, schreiben, denn sie sind in ‚höher' und ‚niedriger' gegliedert. Die Quadranten Ken Wilbers müssen Skala bleiben, denn der GEIST ist ja mit seiner jeweiligen Äußerung ganz eins. Man kann nur endlos künstliche (nicht künstlerische) Formen wiederholen, die zeigen: Holons immer abwärts, Holons immer aufwärts. Kunst kann hier nie *Sinnbild* sein, denn das wäre ein Rückfall in ein niedrigeres Holon.

Die integrale Vision von Wilber kann nie etwas *anderes* zum Ausdruck bringen als nur immer wieder Holons in Holons in Holons. GEIST und Erscheinung *sind* immer schon völlig eins, es braucht keine Kunst, damit der GEIST erlebt werden kann. Die Welt selbst ist das einzige reale Kunstwerk, der Mensch kann ihr nichts hinzufügen.

Wilber nennt in den Worten Gebsers einige postrationale, poststrukturelle, postmoderne Künstler, die zur Überwindung des ‚selbstdefinierten Ich' und des ‚Zeitalters des Menschen' angesetzt haben sollen:[127] In der Musik Schönberg und Strawinsky (Gebser: ‚die neue Musik ist aperspektivisch insofern, als sie die früheren Festlegungen durch Metrum, Tonalität und ästhetische Gesichtspunkte zu überwinden trachtet'). Wir hören jedoch Verstandesabstraktionen, die mit der Tonleiter der zwölf Töne (Schönberg) analysiert und kombiniert werden können, wo das Gemüt nichts mehr empfinden kann oder muss – denn das Gemüt gehört zum ‚Reich des selbstdefinierten Ich'. ‚Reines Denken' nennen vielleicht auch gewisse ‚Anthroposophen' dieses Kombinieren der Töne in Intervallen. Auch in der ‚anthroposophischen' Musik unterliegt man dem Irrtum, dass das Gemüt nicht mitschwingen soll; reine Abstraktionen werden zum Klingen gebracht, anders als bei Schönberg und Strawinsky, aber ebenso abstrakt.

Als Maler nennt Wilber mit Gebser Delacroix und Cézanne: ‚Delacroix revoltierte gegen die Tyrannei der geraden Linie, und Cézanne stellte als erster die Herrschaft der Perspektive ernsthaft in Frage'.

Kunst kann nach Wilber nicht als Expression einer erlebten Idee betrachtet werden. Darüber sind wir im Schau-Logik-Zeitalter hinaus. Der Mensch muss verschwinden, nur GEIST-MATERIE gibt es, und diese ist endlos, verläuft im Dasein in endloser Verkettung in der Höhe (Tiefe) und in der Breite.

---

[127] Ken Wilber, Eros, Kosmos, Logos, S. 241.

Wollte man dies zeichnen oder bildhauen, malen oder komponieren, so müsste man *Arabesken* schaffen.

In den der islamischen Kunst entstammenden Arabesken wird nicht das Göttlich-Geistige ausgedrückt, auch nicht eine menschlich erlebte Idee oder eine Wahrnehmungsqualität, die mehr ist, als die Sinne sehen können. Gott darf nicht abgebildet werden, denn die Welt *ist* sein Abbild, unmittelbar, ohne Zwischenraum. Allenfalls ist die Arabeske ein Zeichen für das Endlose des Gottes. Eine nonduale Form ist es, die durch die künstliche Wiederholung wie formlos wirkt. Weiter, immer weiter, kein Anfang, kein Ende, Holons immer abwärts, Holons immer aufwärts, Kontext im Kontext im Kontext, Perspektive in Perspektive in Perspektive.

Wer also wesenhaft erfahren möchte, was Ken Wilber vertritt, sollte Arabesken anschauend erleben, Arabesken (als Musikstücke) erlebend anhören. Dann versteht man auch die ‚I am Big Mind'-Kontemplation als Arabeske: Was wird, was ist, was war – immer dasselbe, endlos weiter, endlos zurück, integrierend, nicht differenzierend. Differenzierung ist nur die Vorstufe des Integrals, immer wieder, in endloser Folge.

Die Formen sind schön gestaltet, jedoch künstlich geschaffen, schmuckhaft, interessant, schwindelerregend weiterführend, aber ohne eine tiefere Bedeutung als nur diese: ewige Verkettung alles Seins mit dem GEIST.

‚Das All ist Ich-Ich. Ich-Ich ist Leere. Die Leere manifestiert sich ungehindert. Ungehindert manifestierend ist selbstbefreiend. Im Zen würde man das natürlich alles viel einfacher sagen und unmittelbar auf nur dies deuten:

Der alte Weiher
Ein Frosch springt hinein –
Wasserplatschen.' [128]

Im westlichen GEIST-Materialismus tritt Zen in einem höheren Holon auf. Das Bild dafür ist die *Arabeske.*

Im Vergleich zu der Tonskala Ken Wilbers ist die anthroposophische Geisteswissenschaft eine Symphonie, ein Ausdruck dessen, wie Gott mittels der Tonleiter musiziert hat und noch immer musiziert. Im Vergleich zu Wilbers Farbenspektrum ist die Anthroposophie ein reiches, tiefsinniges Gemälde; im Gegensatz zu seinem abstrakten Alphabet ist sie die okkulte Schrift, durch die die geistige Welt sich lesen lässt.

Welche Idee gibt uns die Anthroposophie von der Kunst an sich? Was ist ein Kunstwerk und wie geht ein echter Künstler vor?

In der Natur findet man eine erhabene, vollkommene Schöpfung. Wollte der Mensch versuchen, die Natur *als* vollkommene Schöpfung künstlerisch nachzubilden, könnte sein Versuch nur scheitern. Kein Mensch vermag dies – die wirkliche Natur wird immer vollkommener sein als jede Nachbildung. Der absolute Gegenpol zur Natur wäre die Arabeske, weil diese völlig losgelöst von aller Wirklichkeit gestaltet ist.

Kunst bildet die Mitte zwischen beiden Polen. Der Mensch vermag in einer Erscheinung etwas zu erleben, was sich *nicht* unmittelbar sinnlich wahrnehmen lässt.

---

[128] Ken Wilber, Eros, Kosmos, Logos, S. 380.

Man könnte dieses ‚Etwas' eine Idee nennen. Verschiedene Menschen werden dieselbe Idee verschieden erleben. Der Künstler hat eine Fähigkeit, diese Idee nicht nur *erfassen*, sondern auch *gestalten* zu können. Der Maler kann in seinem Gemälde mehr zeigen als das, was die Wirklichkeit den Sinnen zeigt. Der Musiker kann in seiner Komposition mehr hören und erleben lassen als das, was musiktechnisch vollkommen wäre. Er handhabt nicht nur die Musiktheorie und seine Erkenntnisse und Erlebnisse der Töne und Intervalle: Diese sind nur das Material, in das die eigentliche Musik verkörpert wird.

Dieselbe Idee, verschieden erlebt, führt zu verschiedenen Kunstwerken. ‚Die Idee' ist als menschliche Teilnahme an dem Göttlichen zu verstehen. Der Mensch ist Vermittler des Göttlichen, prägt es durch seine Technik dem Material ein. So wird für denjenigen, der ein Kunstwerk anschaut oder anhört, dieses Göttliche unmittelbar erlebbar. In der wahrhaften Kunst *scheint* also das Göttliche unmittelbar im Materiellen – und wir verdanken es dem Künstler, dass wir dies als Geschenk einfach hinnehmen können.

Sie könnte sogar ‚abstrakt' (d.h. nicht ‚naiv', nicht sinnlich, nicht natürlich) sein, diese Kunst, also sinnlicher Ausdruck eines Erlebens der Idee im sinnlichkeitsfreien Element. Dann würde man nicht zu Picasso oder Karel Appel gelangen, auch nicht zu Mondrian, obwohl er sich vielleicht dem realen Abstrakten genähert hat. Sondern man würde zum Beispiel die Kunst und Architektur des alten *Goetheanums* finden, als Versuch, das übersinnliche Erleben und Erkennen im Sinnlichen unmittelbar erlebbar zu machen.

Hier jedoch möchte ich ein anderes Kunstwerk als Beispiel anführen. In dem obigen Sinne ist wahrhafte Kunst immer *religiös*. Sie braucht keine religiösen Themen zu haben, sie ist *an sich* religiös, weil sie das Göttliche zur Erscheinung zu bringen versucht. Dass ich hier ein Kunstwerk besprechen will, das auch inhaltlich religiös ist, hat mit seiner *Bedeutung* nichts zu tun. Dieses Kunstwerk bildet eine wahrhafte Mitte zwischen Naturalismus und Künstlichkeit, denn es bezieht sich auf das höchste Kunstwerk der Natur: den Menschen. Trotzdem sieht man in der Anschauung des Kunstwerkes den Menschen nur mittelbar.

Im Buch ‚Umstülpung' von Hans Bonneval[129] findet man viele Aussagen Rudolf Steiners, die dazu auffordern, aufrufen, meditative Übungen in der Umstülpung zu machen. Sie machen das Denken beweglich und imaginativ, erlösen es aus der Wortgebundenheit und der gewöhnlichen Gedankengebundenheit. Alle Denkkräfte werden dem Bild und dem Bilden als Tätigkeit hingegeben. Man muss sich sehr anstrengen, um die Umgestaltungen genau mitzumachen. In diesem Buch steht folgendes Zitat (aus GA 214):

‚214/9/57
... die ganz andersartige[n] Erfahrung[en], die wir haben, wenn wir in der geistigen Welt sind, als hier in der physischen ... hängen so zusammen, daß wir ganz umgestülpt sind. Wenn wir hier den Menschen so umstülpen könnten, daß wir sein Inneres nach außen wenden würden, daß also zum Beispiel das Innere, das Herz dann die Oberfläche des Menschen wäre – er würde dabei nicht leben bleiben als physischer Mensch ... –, aber wenn man ihn umstülpen könnte, im Herzen innerlich anfassen und ihn so

---

129 Hans Bonneval, Umstülpung als Schöpfungs- und Bewusstseinsprinzip, Verlag Ch. Möllmann, 4. Auflage 2008.

wie einen Handschuh umstülpen, dann bliebe er nicht ein solcher Mensch, wie er hier ist, dann vergrößerte er sich zu einem Universum. Denn wenn man sich in einem Punkt ins Herz hinein konzentriert und dann die Fähigkeit hat, im Geiste sich selber umzustülpen, dann wird man diese Welt, die man sonst erlebt zwischen dem Tode und einer neuen Geburt. Das ist das Geheimnis des menschlichen Inneren, welches nur in der physischen Welt nicht nach außen gestülpt werden kann. Aber das menschliche Herz ist eine umgestülpte Welt auch, und so hängt wiederum zusammen die physische Erdenwelt mit der geistigen Welt. Wir müssen uns gewöhnen an dieses Umstülpen. Wenn wir uns nicht daran gewöhnen, so bekommen wir nie eine richtige Vorstellung von dem, wie sich eigentlich die hiesige physische Welt zu der geistigen Welt verhält.'

Dieser Aufruf traf mich sehr, und mit meiner im lebendigen Denken bildhaft ausgestalteten anatomischen Formenerkenntnis versuchte ich – mit einiger Scheu, denn es schien fast, als ob ich ein Heiliges umgestalten wollte... –, das Herz einzustülpen, um es umstülpen zu können.

Ich stellte mir das Innere des Herzens vor, mit seinen Septen, seinen Klappen und seinen Papillarmuskeln. Sollte Rudolf Steiner wirklich meinen, man sollte diese äußerlichen Formen sich umstülpen lassen? Versuchen darf man es ja, denn wenn es nicht richtig wäre, würde man wohl das Unrichtige empfinden – z.B. durch das Erleben der Unmöglichkeit, so etwas zu denken.

Die Septen gelangten also an die Außenseite des Gebildes, aber so, dass sie beim Zurückstülpen wieder Septen werden würden. Dasselbe sollte mit den Papillarmuskeln geschehen. Und die Glätte der Außenseite käme nach innen. Aber bei diesem Umstülpen müsste man den ganzen Menschen mit umstülpen, und weil er im großen Weltenall drinnen steht, auch dieses ganze Weltenall...

Plötzlich gestaltete sich das sich umstülpende Herz mit diesen ‚Septenbalken' und seinen Muskeln kurz in ein bekanntes Bild. Eine Kathedrale schaute ich einen Augenblick lang, und die Septen und Muskeln erschienen als die Strebepfeiler und Strebebögen an der Außenseite der Kathedrale. Ich habe viele Kathedralen und Dome in Europa besucht, aber eine schien mit dieser Imagination zu verschmelzen: die Kathedrale ‚Notre Dame de Chartres'.

Vor siebzehn Jahren besuchte ich die Kathedrale von Chartres zum ersten Mal, und die Erinnerung an den Eintritt in ihr Inneres steht mir noch immer lebendig vor der Seele. Dieses Innere lässt sich mit keiner anderen Kirche vergleichen. Architektonische Kenntnisse habe ich nicht, und auch die Ausführungen über die ‚Belles Verrières' habe ich nicht gelesen. Ich schloss mich keiner Führung an, denn alle Auslegungen könnten die großartigen Impressionen nur verdunkeln. In ein Mysterium trat man ein, nicht in eine Kathedrale.

Die Touristen wollen gerne hören, was alles in den Glasfenstern abgebildet ist. Die ganze biblische Geschichte, die Leben der großen Heiligen, das Alte und Neue Testament: alles scheint da in farbigen Bildern geschrieben zu stehen. – Für mich fielen die inhaltlichen Bilder gleichsam von meinem Erleben ab. Es blieben die Impressionen der Farben, heilig wie nirgendwo sonst auf der Welt sanft das Auge berührend. Es blieben auch die Bleiformen, in denen das Glas gehalten wird. Heilige Farben, von Fenster zu Fenster wechselnd; sich wandelnde Formen, von Fenster zu Fenster wechselnd.

Vier Fensterrosen, westlich, östlich, südlich, nördlich ... durch die verschiedenen Lichteinfälle zu verschiedenen Welten geworden, die sich im Laufe des Tages verwandeln.

Und dann diese merkwürdige, geheimnisvolle Tatsache: Am 21. Juni eines jeden Jahres, wenn der Himmel die Sonne durchlässt, trifft ein Sonnenstrahl genau zur Mittagsstunde einen besonderen Stein. Im westlichen Seitenschiff des Südquerschiffes ist in der grauen Pflasterung eine weiße Fliese eingemauert, in die ein goldschimmernder Metallzapfen eingelassen ist. Jener Sonnenstrahl dringt durch das (‚Saint-Apollinaire' genannte) erste Fenster in der Westmauer des Querschiffes, weil sich genau an der richtigen Stelle kein gefärbtes, sondern durchlässiges Glas befindet – und der Goldknopf glänzt auf.[130]

Aus diesem beispielhaft angeführten Detail möge hervorgehen, wie genau durchdacht die Architektur ist, wie versucht worden ist, jeden Stein, jedes Fenster, jede Farbe usw. genau dort zu platzieren, wo sie hingehören.

Die Farben kann ich hier nicht wiedergeben, auch auf Fotos kommen sie der Wirklichkeit nicht einmal nahe. Man muss sie in der Gesamtheit erleben können – und dann auch in jedem Fenster für sich. Ein Beispiel der Formen kann ich jedoch leicht geben.

---

[130] Siehe: Louis Charpentier, Die Geheimnisse der Kathedrale von Chartres, Gaia Verlag, Köln 1990.

Der barmherzige Samaritan

St. Margaretha und St. Katharina

St. Jakobus (XIII. Jh)

Abbildung 32: Formbeispiele der Fenster von Chartres

Im Versuch, das Herz umzustülpen, leuchtete also ein Erleben davon auf, in Notre Dame de Chartres ein umgestülptes Herz zu betreten. Ist man im Innern der Kathedrale, so befindet man sich im Makrokosmos, um sich herum die Geheimnisse des Menschenwesens – also eigentlich eine Anthroposophie. Beim Umstülpen findet man den menschlichen Leib außer sich, als Umkreis. Die Geheimnisse des Ätherischen müssen wohl in diesen Farben und Formen von Chartres zu finden sein. Und die

Geistesgeschichte der Menschheit, die in den Fenstern zu lesen ist, wäre die Akasha-Chronik. Man selbst, gleichsam der Mittelpunkt der Kathedrale, scheint ein umgestülpter Sternenhimmel zu sein, ein realer Geist-Punkt. Und zwischen diesem und der Akasha-Chronik wird sich der Himmel finden...

Draußen, im hellen Tageslicht unter der physischen Sonne, ist alles wiederum so, wie es immer ist. Nur die Türme, die Bildhauereien, die Strebepfeiler und Bögen erinnern an das heilige Innere. Der Eingang befindet sich im Westen, und von außen sieht man eine nüchterne Version der westlichen Fensterrose. Keine Farbe, nur eine Art steinernes Spitzenwerk. Ein abstrakter Abglanz des im Innern der Kathedrale erlebten Lebendigen, so berührt es einen. Tritt man dann wieder ein und wendet man sich dieser Fensterrose von innen zu, so sieht man in einer Zwölfheit ausgestaltet das Jüngste Gericht. Es heißt, durch die zwölf Tore der westlichen Fensterrose betrete man das neue Jerusalem...

Selbstverständlich ist dieses Kunstwerk, das sich als eine Realität des Himmlischen Menschen erleben lässt, auch eine Unvollkommenheit. Es ist zu eckig, zu hart, zu steinern, um dem Eindruck des Lebendigen voll gerecht zu werden. Trotzdem empfindet man sich außerhalb der Grenzen des Lebens zwischen Geburt und Tod. Man ist umgestülpt, ob man dies bewusst erlebt oder nicht. Um sich herum hat man eine Ahnung des lebendigen, sündenfreien, sinnlichkeitsfreien Leibes. Die Geburt des Himmlischen Menschen, des Auferstehungsleibes, des zweiten Adam.

Das weiße Licht von außen wird zur sich wandelnden

Farbe, umfasst von sich wandelnden Formen. Der himmlische Leib ist hier Umkreis, die höheren Wesensglieder und Welten fügen sich konzentrisch auf ihn hin, von den Mauern und Fenstern zum Mittelpunkt führend, der die Mitternacht der Welt zu sein scheint.

Ein Zeugnis der europäischen Einweihung steht in Chartres. Architektur geht hier mit Plastik und Malerei zusammen, und erbaut wurde auf diese Weise die Musik des Himmlischen Menschen.

Möge der Leser im Erleben dieser das Buch beschließenden Seiten den gewaltigen Unterschied zwischen Arabeske und Chartres empfunden haben – und damit die Unmöglichkeit, auch nur die kleinste Ähnlichkeit zwischen der Armut des Integrals von Ken Wilber und dem unerschöpflichen Reichtum der differenzierten neuen Mysterien in Europa zu finden.

Curriculum Vitae von Mieke Mosmuller

1951 Mieke Crull in Amsterdam geboren.
1957-1963 Katholische Grundschule. Klavierunterricht.
1963-1969 Barlaeus Gymnasium Amsterdam. Unterricht in klassischer Gitarre und Flamenco.
1969 Beginn des Medizinstudiums in Amsterdam.
1971 Zwischenprüfung in Zahnheilkunde (kandidaatsexamen).
1972 Zwischenprüfung in Medizin (kandidaatsexamen). Ab 1972 in der Freizeit Unterricht in Querflöte und Altvioline, Mitglied eines Orchesters, eines Quintetts, Zusammenspiel (Querflöte) mit Klavier, Gitarre und Cembalo, Chorgesang.
1975 Abschlussprüfung (Doctoraalexamen) in Medizin.
1976 Wissenschaftliche Mitarbeit in der Pathologischen Anatomie, Wilhelmina Gasthuis, Amsterdam.
1977 Heirat mit Jos Mosmuller, Studienfreund und Kollege (Arzt), Umzug nach Limburg.
1978 Ärztliche Prüfung.
1978, 1981 und 1984 Geburt von drei Kindern.
1977-1979 Dozentin für medizinische Fächer an einer Hochschule für Krankenpflege (Sittard). Dozentin für Anatomie und Physiologie an einer Akademie für Physiotherapie (Heerlen).
1978-1985 Assistenzärztin in einer psychiatrischen Klinik (Brunssum), Weiterbildung zur Hausärztin, Universität Maastricht, Hausärztin mit eigener Apotheke (Limbricht/Sittard), Dozentin für medizinische Fächer in der Ausbildung zur Wochenpflegerin (Sittard), Ärztin in Beratungsstellen für Mütter von Säuglingen und Kleinkindern, Mitglied der Fortbildungskommission für Hausärzte in Limburg, Mitglied des Teams für Sexuologie am Institut für geistige

Gesundheitssorge (GGZ), Sittard.
1982 Beginn des Studiums der Homöopathie, u.a. an der Royal Academy of Homeopathy, London.
1983 Begegnung mit der Anthroposophie Rudolf Steiners.
1984 Mitglied der Anthroposophischen Gesellschaft.
1985 Umzug nach Den Haag, Beginn mit systematischer Meditation, Teilnahme an den Konferenzen der anthroposophischen Ärzte in Den Haag. Mitglied der NVAA, Nederlandse Vereniging van Antroposofische Artsen.
1985-2003 Allgemeinpraxis für Homöopathie, anthroposofische Heilkunst, Studium von Querflöte, Violine und Klavier.
1986 Mitglied der Freien Hochschule für Geisteswissenschaft.
1986-1988 Vorstandsmitglied der Rudolf Steiner Klinik in Den Haag.
1988-2000 Leitung einer Lesegruppe Anthroposophie.
1989/1990 Seminare für die anthroposophischen Ärzte und Therapeuten der Weleda und der Rudolf Steiner Klinik, Den Haag.
1990-1991 Dozentin an der Akademie für Eurythmie in Den Haag.
1992-2002 Vorträge über das Denken als Grundlage für anthroposophische Spiritualität in vielen New-Age-Zentren in den Niederlanden und Belgien. Seminare mit Christine Gruwez in Gent und Antwerpen. Vorträge für Freunde über das reine lebendige Denken und die Kategorien von Aristoteles. Seminare für Mitglieder des internationalen Vereins für Hochbegabte ‚Mensa' (selbst kein Mitglied). Studium der ‚Theorie des kommunikativen Handelns' von Jürgen Habermas und Publikation einer Entgegnung/Kritik (1998).
1994 Veröffentlichung des ersten Buches ‚Suche das Licht,

das im Abendlande aufgeht'.
1994-2008 Autorin von 20 Büchern (Philosophie, Anthroposophie, Romane, siehe Literaturverzeichnis).
1995-2000 Gespräche mit dem Kabarettisten Toon Hermans über Gott, Glauben und Humor, aufgezeichnet im Buch ‚Gewoon God' (1998/2008).
1998 Austritt aus der Anthroposophischen Gesellschaft wegen des Standpunktes in der Rassismus-Frage.
2003 Umzug nach Baarle Nassau.
ab 2004 Buchpräsentationen, Seminare in Amsterdam, Klavierstudium.
2007 Veröffentlichung des Buches ‚Der Heilige Gral' in deutscher Übersetzung.
2008 Veröffentlichung von ‚Stigmata und Geist-Erkenntnis', ‚Der lebendige Rudolf Steiner. Eine Apologie' und des Romans ‚Inferno'.
2009 Veröffentlichung von ‚Eine Klasse voller Engel. Über die Erziehungskunst' und ‚Arabeske. Das Integral Ken Wilbers'. Seminare in den Niederlanden, Belgien, Deutschland und Dänemark.

Geistiges Curriculum Vitae von Mieke Mosmuller

Als Kind eines evangelisch-reformierten Vaters und einer katholischen Mutter wurde ich im katholischen Glauben erzogen und erlebte auch die religiösen Gewohnheiten und Inhalte der väterlichen Familie mit. Die religiöse Erziehung war nicht stark durch eine Kirche geprägt, mehr durch den christlichen Inhalt an sich. Ich ging in eine katholische Grundschule und ein städtisches Gymnasium, wo ich neben den modernen Sprachen und den exakten Fächern die klassischen Sprachen und Geschichte studieren musste. Durch die griechische Mythologie wurden auch die biblischen Inhalte und der Glaube an sich fragwürdig – weil auch sie mythisch zu sein schienen.

Mein Vater – der schwer krank war und im Krankenhaus lag – starb plötzlich, in meiner Anwesenheit, als ich acht Jahre alt war. Dieses Ereignis hat das weitere Leben sehr stark beeinflusst, es führte schon früh zu einer Art Bewusstsein, dass der Mensch ein sterbliches Wesen ist, dass am Ende des Lebens für jeden Menschen der Tod steht – und dass es immer unerwartet einen definitiven Abschied geben kann. *‚Memento mori!'* wurde ein Lebensthema…

Das Bewusstsein der Sterblichkeit und der Verlust an Glauben wurden im Gleichgewicht gehalten durch die Freude an der menschlichen Begegnung, an der Freundschaft und an der Harmonie in der Musik. Der innerliche Zweifel an der Unsterblichkeit und dem Geist wurde im Grunde durch einen Spruch geheilt, den ich in einem Roman las: ‚Lord, grant me the serenity, to accept the things I cannot change; the courage to change the things I can; and the wisdom to know the difference.' Später habe ich erfahren, dass dies Worte von Franz von Assisi seien. Wie die schönste Musik gaben mir diese Zeilen die Zuversicht wieder.

Trotzdem war das Medizinstudium ein Ringen mit dem Tod als Erscheinung. Der katholische Glaube konnte mir nichts mehr geben. Eine Teilnahme an einer Studiengruppe zur jüdischen Philosophie und der Thora brachte wiederum eine tröstende Zeile: ‚Und dennoch werde Ich immer bei dir sein…'

Das Ringen mit dem Medizinstudium und dem Beruf als Ärztin dauerte vom 18. bis an das 32. Lebensjahr. Dann las ich die ‚Theosophie' Rudolf Steiners – in einer Nacht – und das Ringen war vorüber, die Einsicht vollkommen. Diese Wirkung des Buches bewies dessen volle Wahrheit, denn in nur einer Nacht wurde das Rätsel der Sterblichkeit gelöst – nicht nur in der Erkenntnis.

Im 33. Lebensjahr machte ich die erste Bekanntschaft mit der ‚Philosophie der Freiheit'. Einige Jahre später, als ich meine Mutter, die eine furchtbare Krankheit durchmachte, in ihren letzten Jahren miterlebte, habe ich, eigentlich um mich aufrecht zu erhalten, die ‚Philosophie' als Übungsbuch meditativ durchgearbeitet und sie mit der Philosophie von Krishnamurti verglichen. Ich wollte die ‚Philosophie der Freiheit' nicht nur lesen – denn verstanden war sie schon – ich wollte sie Abschnitt für Abschnitt wirklich *tun*, ausführen, in der eigenen Seele prüfen, untersuchen. Was geschieht, wenn ich das Denken zu beobachten versuche? Wie rufe ich meine Gedanken zurück? Was ergibt sich dann? Was ist die sinnliche Wahrnehmung, was geschieht, wenn ich etwas mit dem Auge anschaue, mit dem Ohr anhöre, wie finde ich den Begriff usw. Die innerliche Anstrengung führte dazu, dass das

Buch sich immer mehr in *einem* Gedankenfluss tätig denken ließ. Als es dann einige Monate geruht hatte, trat in der Meditation das erste Mal die Erfahrung der Umwandlung des toten Denkens in lebendige reine Denkkraft ein – die mich danach nie mehr verlassen hat, die sich immer mehr zu einem Schauen des Geistes erweiterte und noch immer erweitert. Dieses Denken stellte sich von Anfang an als ein ehrfurchtsvolles Erleben des Logos dar, immer mehr von Ihm erfüllt: ‚Die erste Gestalt, in der Christus an die menschliche Seele herantritt, ist die des Denkens.'

Die erste Erfahrung liegt bereits mehr als zwanzig Jahre zurück in der Vergangenheit. Sie ist gereift...

Die Verwandlung des toten Denkens in eine lebendige Denkkraft hat sich immer mehr zu einem Schauen des Geistes erweitert. Es wurde mir gegeben, die Erkenntnis*theorie* in einen Erkenntnis*praxis* umzuwandeln. Die Theorie ist so logisch wie der Beweis des Lehrsatzes von Pythagoras. Wenn die Theorie zur Tat wird, geschieht etwas wie ein Realwerden einer mathematischen Beweisführung. Jeder Schritt konnte auch *eingesehen* werden, wird jedoch durch das *Geschehen* erst vollkommen bewiesen, bestätigt.
Zuerst gab es eine Denkkraft, die in der Aktualität als reine leere und bewegende Kraft kontempliert werden konnte. Dann erwachte der innere Zuschauer, der nicht nur die reine Denkkraft aktuell anschauen kann, sondern auch den von Inhalt erfüllten Denkprozess. Damit wird das bekannte ‚nie' (S. 43 in ‚Die Philosophie der Freiheit') überwunden, die Unmöglichkeit gilt für den Verstand, nicht für das lebendige Denken. Man erlebt sich ab diesem Moment tatsächlich als zwei getrennte Wesenheiten, ein Gedankenwesen und einen Denker, bzw. als den Ge-

dankenprozess und denjenigen, der denkt.

Dieses neuerwachte Selbsterkennen, das unmittelbare Anschauen und Erkennen des Denkprozesses in seiner Aktualität, habe ich die dreizehnte Kategorie genannt – eine Kategorie, die nicht nur erkennend verwendet wird, sondern die auch schafft, wodurch man erst wirklich selbst schafft und geschaffen wird. Das Ich erweist sich als aus derselben Geistsubstanz gewoben wie seine Begriffe *und* seine Sinneswahrnehmungen. So tritt die Vereinigung des Ich mit der Welt auf, nicht in Form einer künstlichen Konstruktion, sondern durch geistgemäße Erweiterung der Selbsterkenntnis. Gedanke und Denker vereinigen sich immer mehr *und* bleiben als getrennte Wesen erlebbar. In dieser Einheit erweitert sich der Denker auf die Welt der Wahrnehmungen und findet dort eine andere Form derselben Welt wieder.

Ich fand diese Vereinigung ausgedrückt im Band ‚Philosophie und Anthroposophie' von Rudolf Steiner, und zwar an mehreren Stellen, sowohl philosophisch, als auch anthroposophisch. Philosophisch: ‚So lässt sich erkenntnistheoretisch der Satz fundamentieren, ‚dass im reinen Denken ein Punkt erreichbar ist, in dem Realität und Subjektivität sich völlig berühren, wo der Mensch die Realität erlebt." Anthroposophisch: ‚Setzt er da ein und befruchtet er sein Denken so, dass dieses Denken von da aus wiederum aus sich herauskommt, dann ergreift er die Dinge von innen. Es ist also in dem durch einen reinen Denkakt erfassten und damit zugleich geschaffenen Ich etwas vorhanden, durch das wir die Grenze durchdringen, die für alles andere zwischen Form und Materie gesetzt werden muss.'

So weit entwickelte ich das reine lebendige Denken und fand ich den moralischen Willen, den Willen, der als tä-